组织能力的
杨三角

企业持续成功的秘诀

第3版

杨国安

——

著

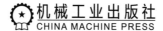

机械工业出版社

CHINA MACHINE PRESS

面对当前国内外的机遇与挑战，AI、出海、新业务增长成为企业家普遍关注的战略重点。要想确保这些战略高效执行，而不流于战略计划，组织能力的升级和支撑至关重要。组织能力的"杨三角"是杨国安结合学术理论和企业实践自主开发形成的组织诊断和建设框架，目的是系统地提升团队整体战斗力，确保企业转型和成长。

"杨三角"的内容与时俱进、不断迭代，从专注实体经济的 1.0 版、互联网时代的 2.0 版，发展到智能创新时代的 3.0 版。基于作者多年组织能力实践的经验，本书第 3 版加入了企业在组织能力诊断和"开药"过程中更精细化的思考。

北京市版权局著作权合同登记　图字：01-2024-4958 号。

图书在版编目（CIP）数据

组织能力的杨三角：企业持续成功的秘诀 / 杨国安著 . -- 3 版 . -- 北京：机械工业出版社，2025．6（2025.9 重印）.
ISBN 978-7-111-78737-2

Ⅰ. F279.23

中国国家版本馆 CIP 数据核字第 2025BR7347 号

机械工业出版社（北京市百万庄大街 22 号　邮政编码 100037）
策划编辑：石美华　　　　　　　　责任编辑：石美华　戴樟奇
责任校对：马荣华　李可意　景 飞　责任印制：李 昂
涿州市京南印刷厂印刷
2025 年 9 月第 3 版第 3 次印刷
170mm×230mm・17.5 印张・1 插页・281 千字
标准书号：ISBN 978-7-111-78737-2
定价：89.00 元

电话服务　　　　　　　　　网络服务
客服电话：010-88361066　机 工 官 网：www.cmpbook.com
　　　　　010-88379833　机 工 官 博：weibo.com/cmp1952
　　　　　010-68326294　金 书 网：www.golden-book.com
封底无防伪标均为盗版　机工教育服务网：www.cmpedu.com

组织力是一家企业持续发展的根基，杨国安教授在这方面的洞见，有自己的学理思考，也有长期指导中国优秀企业积累的丰富实战经验。组织背后是人，对于企业怎么"以人为本"地发展，这本书带给了我很多有益的启发。

——滴滴创始人兼首席执行官　程维

管理智慧如同经典文学，能跨越商业周期助力企业变革发展。《组织能力的杨三角》再版，便是其价值的证明。美的在大力推进数字化与全球化的进程中，深切领悟到组织能力的关键作用。书中关于员工能力、思维和治理框架的内容在美的的决策中多有体现，如"航系培养计划"提升员工能力，创新文化激发人员潜能，在海外拓展时，优化组织边界，印证了书里的组织能力动态迭代观点。推荐此书给未来打造世界级企业的新时代管理者：向外寻路时，也要向内求解。

——美的集团股份有限公司董事长兼总裁　方洪波

再伟大的学术创见，若未经实务的挑战和验证，也无法证明其价值。杨教授的三角形组织能力框架，在 2000 年宏碁转型变革中的成功实践，已充分说明其效用和价值。如今，杨教授愿意分享他独到的学术创见和宝贵的实战经验，嘉惠华人企业，和本人"不留一手"的理念一致，不仅令我敬佩，亦乐为推荐。

——宏碁集团创始人、智荣基金会董事长　施振荣

凡管理理论，由繁入简难，能广泛应用于企业实践更是难上加难。杨国安教授的"组织能力杨三角"模型，却是有效应用的典范。九阳自应用"组织能力杨三角"模型起，就进行组织能力的定期诊断和改善，创新等核心能力得到持续提升，品牌愈加受到消费者的喜爱和业界认可。欣闻教授《组织能力的杨三角》一书再版，并增补了近年来新的理论研究成果和案例实践，颇为期待。

——九阳创始人、SharkNinja 和 JS 环球生活董事长　王旭宁

企业基层搞作业，中层做管理，高层谋经营。所谓经营者，一则制定战略规划，二则培养组织能力。作为杨国安教授组织能力课程的闻道者，我深受教益。故曰：先有组织能力，后有百年老店。期盼杨教授的这本新书能在企业界风行，让更多的企业家引以为同道！

——HashKey Group 董事长兼首席执行官　肖风

日常经营管理中，在没有掌握管理理论框架时，最困难的就是公司的组织能力建设。学习了杨国安教授的"杨三角"理论，如获至宝！"杨三角"以其实用性征服了我。就像修行的人不断用功、不断精进，通过不断地学习和感悟，我逐渐掌握了绩效考评、接班人选择，以及把隐性知识显性化的"秘诀"，也把公司逐渐做强做大。这本书经过杨教授精心打磨，堪称经典中的经典。真诚地希望"杨三角"理论在更多的企业中得到应用。

——海丰国际控股有限公司董事长　杨现祥

身处生物医药行业，我深刻体会到组织能力对企业成功的重要性。杨国安先生的《组织能力的杨三角》（第 3 版）在原有理论的基础上，进一步结合了智能创新时代的特点，针对不同行业、客户类型和企业生命周期，提供了更加精细化的组织能力建设框架。在生物医药这样高度知识密集的行业，如何打造员工能力、塑造思维模式、优化组织架构，都是我们面临的挑战。这本书为我们提供了一套实用且经得起实践检验的管理工具，推荐给每一位致力于提升企业组织能力的管理者。

——信达生物董事长兼首席执行官　俞德超

我真诚推荐《组织能力的杨三角》（第 3 版）。这本书不仅是理论的精华，更是实践的指南。杨教授以实践沉淀管理框架，深入浅出地讲解了如何在不同时代、根据不同企业特性和市场环境，构建和提升组织能力，非常贴合我们的需求。新版内容更新及时，对于想要在全球竞争中站稳脚跟的企业来说，这是一本不可多得的好书。

——传音控股董事长　竺兆江

2008年，腾讯10岁，正处于快速发展的关键时期，我有幸结识杨国安教授，并在杨教授的协助下开展对腾讯组织能力的全面提升工作。

如今，腾讯快27岁了，无论业务范围、人员数量还是营收规模，都远超17年前的想象。我们经历了从PC互联网到移动互联网的迭代，从消费互联网到产业互联网的升级，开始迎来AI等新技术引发的新一轮科技与产业革命，并更深入地参与全球产业创新生态。作为腾讯的高级管理顾问，杨教授是公司多次重大战略和组织调整的亲身参与者，也是腾讯人才体系和组织能力持续提升的实战指导者。

多年来，杨教授始终保持对新兴产业和最新管理理念的强烈兴趣。他扎根一线，带领团队钻研全球优秀企业前沿经验，探索适应腾讯与产业发展的管理理念，取得了丰硕的理论和实践成果。这些日积月累的努力，让他逐渐成为一位融合理论与实战、兼具全球视野与中国经验的世界级企业实战教练。

　　科技企业的真正"护城河",是宝贵的人才和优秀的团队。任何科技企业都不可能靠传统优势独领风骚。如果企业的战略、产品和技术不能主动应变、快速革新,就会随时掉队。这些应变和革新,都要靠人才和组织才能落地。

　　面对百年未有的机遇与挑战,每个企业都像逐浪之舟,驶进全球市场的汪洋,往往面临前所未有的风浪。这需要我们不断突破,持续提升企业核心竞争力。新版《组织能力的杨三角》,回应了今天中国企业家普遍关注的战略重点,相信能够帮助更多像腾讯一样追求卓越的企业乘风破浪,朝着星辰大海更进一步!

马化腾
腾讯集团董事会主席兼首席执行官

　　中国企业站起来！这是 20 世纪 80 年代我在香港念大学时的梦想和渴望。1981 年的圣诞假期，我第一次踏进内地，通过参加香港大学的学生交流团，我来到南京大学和清华大学进行学术交流。这次交流活动让我感到非常震撼，通过与内地学生一起唱歌、聊天和生活，我深刻地体会到我是一个中国人，而不仅仅是香港人。接下来的几年时间，我不断到内地旅游、交流和调研，深刻地感受到中国地大物博、资源丰富，然而如何调动人的积极性，如何通过有效的方法进行管理却是当时中国社会面临的普遍挑战。大学三年级，为了响应建设四个现代化的号召，我决定攻读管理学博士，以专业知识帮助祖国的经济发展。转眼间已经过去 40 多年，陪伴和助力中国企业家成长和公司发展一直是指引我在专业方面努力的北斗星！

　　1986 年我获得美国密歇根大学商学院全额奖学金赴美攻读博士，在那里得到戴维·尤里奇（Dave Ulrich）、韦恩·布罗克班克（Wayne Brockbank）和诺埃尔·蒂奇（Noel Tichy）几位世界级人力资源管理大师的启蒙，对战略人力资源管理产生了浓厚的兴趣。在密歇根大学就学期间，除了巩固和提升学术理论基础以外，更蒙几位恩师器重，我开始参与管理咨询顾问工作，为美国《财富》500强企业提供服务。1990年毕业后，我在美国执教多年，1996年被密歇根大学派回中国香港地区，负责该商学院的亚太区业务。1998年下半年，应宏碁集团创始人施振荣的诚邀，我到中国台湾地区创办集团企业大学——宏碁标杆学院。2000年年底，宏碁集团的业务发展遇到重大挫折，我临危受命，被调回总部担任集团首席人力资源官，协助施振荣发动和进行世纪变革，并建立以绩效、客户和执行力为导向的企业文化。

2002年下半年，宏碁集团转型取得阶段性成功，我决定功成身退，重新回到学术界，以便整理和分享过去10多年来在企业实践、管理咨询和教学研究方面的心得。由于在1997年我曾代表密歇根大学担任中欧国际工商学院学术委员会的委员，其间应邀以客座教授身份任教，中欧国际工商学院的学术氛围给我留下了深刻印象，所以在2004年我决定正式加入中欧国际工商学院，举家迁到上海，重新全职任教十年，其间有幸认识很多中国优秀企业家，在课堂内外互动中我更多地理解了中国企业家面对的机遇与挑战。

2008年获腾讯邀请，我成为腾讯高级管理顾问，深度参与腾讯的快速成长与转型，同时成立腾讯咨询，在组织管理方面赋能腾讯众多优秀战略伙伴，后兼任腾讯青腾教务长，助力中国不同领域企业家的成长。在过去16年参与腾讯组织能力建设的过程中，我深刻体会到实体经济企业与互联网企业、To C企业与To B企业、不同发展周期的企业在组织管理方面的不同需求和特点，大大丰富了我对组织能力建设的精细化理解。

从1981年第一次踏进内地到现在已经40多年了。在这期间，我见证了国家、企业、人民的崛起和强盛。我也拿到了管理学博士学位。中国企业经过40多年的改革开放在世界舞台上也站起来了！但是，面对世界百年未有之大变局，中国企业要进一步在世界舞台上与世界一流企业同台竞赛，赢得全世界客户的信赖和尊敬，简单依靠中国完整供应链和廉价劳动力已经不够了，必须拥抱科技创新，在产品和服务方面实现更多的创新和差异化，而不是同质化竞争和相互之间越来越"卷"。与企业的硬实力（如资产、资金、厂房设备、渠道等）相比，软实力（如知识产权、品牌、人才、文化、组织管理等）的提升，将是企业在智能创新中取得胜利的更为关键的因素。

组织能力"杨三角"是我结合学术理论和企业实践、自主开发形成的组织诊断和建设框架，目的是系统地提升团队整体战斗力，确保企业转型和成长。在美国密歇根大学和中欧国际工商学院，成千上万的高管学习了"杨三角"理论框架和工具并高度认可。"杨三角"在企业实践中，也助力了包括宏碁、腾讯等众多知名企业的组织能力建设。面对当前国内外的机遇与挑战，AI、出海、新业务增长都成为企业家普遍的战略重点。要想确保这些战略高效执行，而不流于战略计划，组织能力的升级和支撑至关重要。

面对时代的变迁和科技的进步，"杨三角"的内容也不断迭代，从专注于实体经济的1.0版、互联网时代的2.0版，到近年智能创新时代的3.0版。基于多年组织能力实践的经验，本书第3版加入了企业在组织能力诊断和"开药"过程中更精细化的思考，包括所在行业的特性（劳动密集行业还是知识密集行业）、服务客户的类型（To C企业还是To B企业）和企业的生命周期（成长期、壮年期还是衰老期）。相信本书能够为企业界带来一套简易实用、经得起实践考验的管理框架。

本书共有四个部分。第一部分讲述有关组织能力建设整体思路的内容，第1章先分析当今中国企业在这个历史契机下所面临的机遇与挑战，从而说明组织能力建设的迫切性。第2章介绍组织能力的内涵和建设。第二部分系统地介绍建设组织能力的三大支柱：员工能力（第3～6章）、员工思维模式（第7章）、员工治理方式（第8～9章）。第三部分补充了企业组织能力建设必须结合自身情况的三大因素，包括第10章的行业特性、第11章的客户类型和第12章的企业生命周期。第四部分是我个人给企业家的一些忠告，第13章指出中国企业如何实现经营战略和组织能力的跨越，成为世界级企业。

本书得以成书出版并非仅凭我个人的智慧和努力，必须要感谢多位老师、企业高管和同事多年来的支持和协助。首先，我要感谢密歇根大学的启蒙老师（特别是戴维·尤里奇），他们多年来一直指导我、鼓励我，并提供了很多学习和发展的机会。其次，我也要感谢在企业界多年共事的"老师"和"老板"——宏碁集团创始人施振荣先生和腾讯集团的总办团队。此外，我的"杨三角"理论得以不断优化，实则有赖于和各行各业的众多企业高管长期的互动与多年来的案例研究积累，在这里我也要特别鸣谢为本书作推荐序的马化腾先生和撰写推荐语的八位企业家，以及在本书中我引用的多家杰出中国企业和多位中国企业家。

本书的修改再版和案例更新，腾讯前同事聂颖姝起了关键作用，也感谢腾讯咨询李晓红，腾讯前同事赵丽丽，腾讯青腾的刘玉龙、陈宇、王亮亮、高裕虹和青腾众多其他同事的协助校对和修正。机械工业出版社的编辑老师在本书的出版过程中提供了非常专业的协助和指导。此外，我要特别感谢我的太太 Jenny 多年来的默默支持、鼓励和提醒。

最后，谨以此书献给正在努力打造世界级企业的中国企业家和高管，你们的韧性、创新、奋斗正在改写着中国的历史，在你们的推动下，中国必将更加繁荣富强！

目
录——
CONTENTS

第一部分　组织能力建设的整体思路

第二部分　组织能力建设工具

第三部分　组织能力建设应用情景

第四部分　给中国企业家的一些忠告

组织能力建设的整体思路

▼

第 1 章
CHAPTER 1

组织能力：企业成败的关键

天时地利下的中国企业崛起

改革开放 40 多年来，中国经济迅速增长，成为世界第二大经济体。1979 年至 2023 年我国经济年均增长 8.9%，远高于同期世界经济 3% 的平均增速，我国对世界经济增长的年均贡献率为 24.8%，居世界第 1 位。

2024 年国内生产总值（GDP）首次突破 130 万亿元，达 1 349 084 亿元，同比增长 5%。经济增量相当于一个中等国家一年的经济体量，经济增速在世界主要经济体中名列前茅，是世界经济增长的重要动力源。

2013 ～ 2022 年，中国经济总量占世界经济的比重从 12.3% 上升到 18% 左右，货物贸易总额连续 6 年位居世界第一，对世界经济增长的年平均贡献率超过 30%，一直是推动世界经济增长的最大引擎。

中国已经成为名副其实的"制造大国"，我们打造出了全球产业门类最齐全、产业体系最完整的制造业，规模居全球首位。在 500 种主要工业产品中，我国有四成以上的产品产量位居世界第一；制造业增加值达到 39.9 万亿元，占全球比重约 30%。

2013 年至 2023 年，中国以年均 3% 的能源消费增速支撑了平均 6.6% 的经济增长，是全球能耗强度降低最快的国家之一，中国的清洁能源产业更是形成了全球领先优势。

这一切都表明：中国已经崛起为全球经济舞台上的一支重要力量。21 世纪将是中国的世纪，也是能够把握这一独特历史机遇的中国企业和中国企业家的世纪。

改革开放的天时

中国在古代曾有过经济的辉煌。即使是在 1820 年，中国的 GDP 依然占全球总额的 30% 以上。此后，由于内忧外患，经济一路下滑，20 世纪 50 年代 GDP 仅占全球总额的 4%。从 20 世纪 70 年代后期开始，改革开放后的中国走上了经济复兴之路，令世人瞩目。

40 多年来，中国的改革开放为中国企业的崛起创造了天时，一批批优秀的中国企业抓住商机脱颖而出。这些企业有的在本土市场游刃有余，成为行业领袖；有的已在全球舞台取得一席之地，甚至获得了行业的话语权，成为不可低估的中国力量。韩国贸易协会国际贸易通商研究院 2022 年发布的《2020 年全球出口市场市占率第一产品》分析报告显示，中国市占率排名第一的产品最多，有 1 798 个产品在全球出口市场所占份额排名第一，其次是德国 668 个、美国 479 个、意大利 201 个、日本 154 个。

新兴产业中如新能源汽车、新能源、新一代显示器、动力电池等，中国对外出口在全球所占比重最高。

在诸多产品领域中，"中国制造"位于全球领先地位（见表 1-1）。2023 年，在全球主要商品与服务的 50 个品类中，中国在个人电脑、冰箱、洗衣机、光伏电池、造船和香烟 6 个品类的市场份额位居世界第一。这些数据都显示出，中国企业已经快速崛起，逐渐成长为全球经济舞台上一支重要力量。

表 1-1　中国制造占全球市场份额（2023 年）

产品	中国制造占全球市场份额（%）
汽车	36
冶金	60
家电	56
手机	53
机器人	50
服装	50
造船	49.8
化学	36
建筑业	30
芯片	30
食品	26
半导体	6

资料来源：根据经济合作与发展组织（OECD）数据统计。

中国市场和资源的地利

除了天时之外，中国特有的市场和资源优势则为中国企业的崛起提供了地利。在一些产品领域，如家电、新能源汽车，由于中国市场规模庞大，在全球市场中的份额举足轻重，如果能在中国成为行业领袖，就自然会名列全球前三位——市场规模为中国企业奠定了一个在全球竞争的重要基础。

此外，中国市场对创新的包容性也使其成为中国企业改善产品品质、孵化创新的基地。1995 年，以 200 多万元人民币创立的比亚迪，从镍镉电池起家，而后进军锂电池领域。最初，比亚迪锂电池的质量较差，但由于当时广东沿海严厉打击走私，导致低端假冒电池市场紧张，这就给比亚迪创造了机会，生产低价锂电池卖给替代市场。比亚迪首先通过在国内市场练兵，逐渐扩大规模、积累经验，改善产品品质，然后进军国际市场。就这样，比亚迪在每一个产品领域都形成了先利用中国市场练兵再进军国际市场的路径。

如今，比亚迪凭借其领先的科技、优质的产品和完善的产业链，赢得了全球消费者的青睐。自 2022 年起，比亚迪已超越特斯拉成为电动车领域全球销量第一品牌，其产品遍布 50 余个国家和地区、200 多个城市：在秘鲁，100 台 K9FE 纯电大巴合同总额超 4 亿元；在新加坡，比亚迪组成了该国最大规模的纯电动出租车队；在泰国，101 台 e6 的成功交付，刷新了该国最大规模电动车交付纪录……

以比亚迪所在的新能源汽车领域为例，中国的市场规模优势、供应链优势、人才和技术优势以及产业政策优势多管齐下，让我们看到中国企业的崛起绝非偶然。

此外，中国丰富的劳动力资源也为中国经济和在华企业提供了人口红利。

根据 2023 年数据，中国有 14.096 7 亿人，其中 16～59 周岁的人口有 8.648 1 亿人，占比 61.3%，接近于美国和欧洲的劳动力总和的两倍。根据国际劳工组织 2021 年的统计数据，中国劳动年龄人口的劳动参与率更是超过 76%。从人口素质、人口分布、劳动力产出和劳动参与度等各方面情况来看，中国的劳动力资源优势将在相当长的一段时间内持续对经济增长产生推动力。当然，展望中长期的未来，中国人口结构也存在着老龄化和少子化的隐忧。产业转型升级和新质生产力变得更重要。表 1-2 展示了中国不同年龄段人口规模占比及变化趋势。

表 1-2 中国不同年龄段人口规模占比及变化趋势 （单位：亿人）

年龄段	2023 年	1 年变动	5 年变动	10 年变动	20 年变动
		2022 年	2018 年	2013 年	2003 年
0～4 岁	3.88	-0.43	-2.01	-1.8	-1.17
5～9 岁	6.11	-0.18	0.58	0.53	-0.45
10～14 岁	6.39	0.03	0.95	1.24	-2.37
15～19 岁	5.79	0.28	0.7	-0.35	-2.58
20～24 岁	4.97	-0.13	-0.98	-3.74	-1.82
25～29 岁	5.69	-0.2	-2.43	-2.64	-1.91
30～34 岁	7.64	-0.45	-0.5	0.25	-2.07
35～39 岁	7.99	0.38	0.84	0.45	-1.62
40～44 岁	6.83	0.02	-0.47	-2.45	-0.61
45～49 岁	6.91	-0.29	-2.03	-1.86	-0.58
50～54 岁	8.54	-0.3	0.08	2.32	2.22
55～59 岁	8.16	0.02	2.06	1.84	3.73
60～64 岁	5.7	0.72	-0.24	0.49	2.08
65～69 岁	5.5	-0.04	0.71	1.99	2.21
70～74 岁	4.35	0.28	1.31	1.86	1.88
75～79 岁	2.66	0.17	0.67	0.76	1.19
80～84 岁	1.59	0.04	0.29	0.45	0.84
85～89 岁	0.91	0.04	0.31	0.44	0.64
90～94 岁	0.33	0.03	0.15	0.19	0.25
95 岁以上	0.06	0	0.02	0.03	0.04

资料来源：数据 GO 公众号"中国各年龄段人口比重 20 年巨变"（基于国家统计局的抽样统计数据）。

在中国充沛的劳动力供应中，一部分是吃苦耐劳的蓝领工人。这一低成本的劳动力资源为中国制造创造了有利条件。在微波炉品牌排行榜中，"隐形巨头"格兰仕连续十年蝉联第一，它之所以能成为全球市场的"微波炉大王"，成功因素之一就是把中国的劳动力优势发挥到极致。格兰仕员工三班倒，生产线24小时都处于高速运转状态，格兰仕的一条生产线的产能是欧美企业的6～7倍。除了众所周知的蓝领工人优势，中国另一大劳动力优势是工程师和技术人员的供应量。2023年，中国高校毕业生人数约为1 158万人，在全球大学生总量的占比达到29.8%。工程师和技术人员的大量供应使中国企业有能力实现新的竞争差异化，从低成本制造优势升级为低成本创新优势。

1991年成立的医疗设备生产企业迈瑞就充分利用了中国的工程师资源。它从一流大学中选拔毕业生进入迈瑞，经过两三年的培训，这些本土培养的工程师就可达到欧美工程师80%的研发水平，但成本只有对方的20%。公司利用中国工程师红利对全球客户应用场景进行深入洞察，研发了针对不同细分市场的定制化产品，其产品在质量和性能上毫不逊色于GPS（GE, Philips, Siemens）等跨国公司的产品，而价格可以优惠20%～25%。利用这一低成本创新的优势，迈瑞在国内市场上打败了跨国竞争对手，积累了经验和信心，从而进军海外市场。

2008年，迈瑞以2.02亿美元收购美国医疗器械商Datascope的生命信息监护业务，一跃成为该领域全球第三大品牌。2013年，迈瑞的销售额达到12.14亿美元，其中海外市场销售占54%。即便是在2008年全球金融危机期间，迈瑞的业务仍保持了快速增长。2021年，迈瑞以约5.4亿欧元收购芬兰海肽生物（HyTest）100%的股权。这家公司的主营业务是体外诊断（IVD）、抗原抗体等试剂原材料的研发生产及抗体服务，它是全球知名的专业IVD原材料供应商，在专业原料厂家中数一数二。各业务线的快速增长使得综合排名上升，2022年，迈瑞在全球医疗器械企业中排名第27位，较2021年上升4位，较2020年的第36位上升9位。

具备全球竞争力的新一代中国企业正在崛起

正是由于拥有这样得天独厚的巨大市场、充沛勤奋的人力资源和充足的原材料等本土优势，一批中国企业抓住机遇迅速壮大，成为行业领袖。其中的突出代表是华为和天合光能。

华为　1987 年创立的华为，经过 30 多年的发展，已经成为一家业务遍及全球 170 多个国家和地区，并且全球领先的信息与通信基础设施和智能终端供应商。华为长期坚定不移地将每年销售收入的 10% 以上投入研发，并从中国高校招聘大量的优秀人才。2023 年年底，华为在中国、德国、瑞典、美国、印度、俄罗斯、日本、加拿大、土耳其等地设立 16 个全球研发中心，在 20.7 万华为人中，超过 55% 的员工从事创新、研发与开发，累计获得专利授权 14 万件。2023 年，华为销售收入 7 042 亿元人民币。过去几年，华为经历了重重考验，但无论是在 5G、AI、云计算等前沿领域，还是在智能手机、智能汽车、智慧家居等消费电子领域，华为都以其创新力展现出强大的技术实力。

天合光能　天合光能公司创立于 1997 年，主要业务包括光伏产品、光伏系统、智慧能源三大板块。光伏产品包括光伏组件的研发、生产和销售；光伏系统包括电站业务及系统产品业务；智慧能源主要由光伏发电及运维、储能智能解决方案、智能微网及多能系统的开发和销售等业务构成。天合光能以"打造天合主导的行业新生态，促进天合成为光储智慧能源领先者"为战略目标，致力于成为全球光储智慧能源解决方案的领导者，助力新型电力系统变革，创建美好零碳新世界。全球化是天合光能的战略，它在早年便开始了全球化布局，天合光能起步于江苏常州并在此设立了全球总部，2022 年，天合光能又在上海设立了国际总部，积极加强全球化人才队伍建设，近年来引进了来自 70 多个国家和地区的国际化高层次管理和研发人才。公司在瑞士苏黎世、美国硅谷、美国迈阿密、新加坡、阿联酋迪拜设立了区域总部，并在马德里、悉尼、罗马等地设立了办事处和分公司，在泰国、越南、美国、印度尼西亚、阿联酋建立生产制造基地。

如今，天合光能在全球拥有近 50 000 名员工，其核心产品 210mm 光伏面板组件累计出货量位列全球第一，截至 2024 年第一季度，天合光能光伏组件全球累计出货量超 205GW，相当于 9 个三峡水电站的装机量，约等于在全球种了 151 亿棵树。全球著名能源研究与咨询机构伍德麦肯兹（Wood Mackenzie）发布的"2024 年全球光伏组件制造商排名"显示，天合光能凭借丰富的制造经验、垂直一体化布局、高可靠性和可融资性、卓越的 ESG 成绩，以 81.7 分的成绩位列榜单第二，再度彰显了天合光能领军者的地位。

以华为、天合光能等为代表的中国企业的全面崛起，让世界看到了中国企业的力量，中国企业已经成为世界舞台上不容忽视的重要组成部分。

经营环境的变化与挑战

虽然拥有天时地利的优势，中国企业的成长却并非一帆风顺。自从2001年中国加入世界贸易组织（WTO）之后，在全球经济一体化趋势下的中国市场上，越来越多的传统行业被颠覆。国内外竞争对手的挑战、劳动力成本的上升、客户期望的提高，以及商业模式的不断创新、技术发展带来的颠覆性变革、产能过剩和经济转型等诸多因素都给中国企业的持续发展带来了重重挑战。近年来，美国对中国产品增收关税、中美多领域的脱钩断链、全球地缘政治紧张加剧、以人工智能为核心的数智科技突飞猛进等因素，都使得转型中的中国企业面临着机遇与挑战并存的局面。

同质化竞争严重

国内的一些行业，如果没有高筑的技术、法规等壁垒，只要市场上出现获利空间可观的商机，很快会涌现出大批的跟随者以较低的价格冲入市场，行业利润迅速下降。加上地方政府对实体经济的鼓励和扶持，从钢铁、水泥、煤炭、电解铝、平板玻璃、石化等传统行业，到光伏、风电等新兴产业，都存在一定程度的供需失衡，需要依靠出口才能消化产能。但欧美国家基于自身产业发展和就业保障，又以不同方式对中国出口产品设立障碍，这倒逼中国企业在国内市场更卷。中国目前正处在转变发展方式、优化经济结构、转换增长动力的攻关期，经济发展前景向好，但也面临着结构性、体制性、周期性问题相互交织所带来的困难和挑战。

地缘政治和逆全球化带来新的挑战

地缘政治紧张局势也是影响全球贸易趋势的重要因素，根据世界经济论坛的《2024年全球风险报告》，冲突、贸易紧张和经济动荡导致全球地缘政治框架更加不确定。地缘政治全球未来理事会将这种转变描述为"一个新的、更加纷争的地缘政治时代，曾经稳定和合作的秩序有可能被更加动荡和分裂的全球格局所取代"。

自第二次世界大战以来，稳定的全球秩序促进了全球分工的供应链的建立，从而促进了全球贸易的流通。以中美互补关系为例，中国作为全球最大的制造经济体，可以为美国（全球最大的消费经济体）提供价廉物美的各类产品。但是经济效率明显不是各个国家考虑的唯一因素，政治安全、选民意向等其他政治考量，让本来最合理的全球经济分工布局被打乱。

政策法规调控市场需求和资源供应

在中国的经营环境中，国家规划和政策深切地影响着企业的经营发展。部分行业（如房地产、金融、医疗、教育等）受国家政策的影响更为明显，法规的变化和不确定性关系到这些行业内企业的兴衰。例如，针对不少大中城市的房地产价格持续上涨的现象，政府从 2006 年起采取了一系列的措施，从利率、土地供给、住房结构、税收、贷款、外资准入等方面对过热的房地产市场进行调控，使得一批投机冒进、内部管理不善的开发商被市场淘汰。2020 年"三条红线"政策进一步控制和规范房地产行业的发展。

数智科技给传统产业和企业带来新机遇和新挑战

随着数字化技术的迅猛崛起，传统成功模式已不再适用于新时代，数智化转型升级的重要性已成为共识。企业家知道要拥抱变革，但是缺乏信心和方法。

被誉为"鞋王"的百丽就是经历了数智科技所带来的挑战和机遇的典型例子。1990～2010 年，百丽依靠自身丰富的品牌矩阵、广泛的渠道布局、自营的供应链这三大"法宝"取得了高速发展。"有女人的街道就有百丽"已成为百丽的成功秘诀之一。但是随着线上电商的快速发展，线下渠道受到冲击，同时用户需求改变、品牌和产品设计老化等问题逐渐显现。2010～2011 年百丽曾尝试拥抱电商业务，但是在根深蒂固的线下渠道为王的文化下，电商业务无法真正发展起来，很多优秀的高管都陆续离职。

2017 年百丽集团决定退市，实行私有化，借助外力重新出发，全面拥抱数字化科技，打造以客户为中心的核心竞争力。这些说明传统的成功模式已经不再适用于新时代，必须进行深度变革。经过几年深度变革，全面拥抱线上线下全渠道，实现供应链的数智化升级，百丽重新焕发活力，人效、坪效和业绩都得到明显提升。

　　总结百丽的案例可以发现，数字化转型升级首先需要企业家的洞察、决心和勇气，若企业家没有想清楚，或者没有坚持，数字化转型是难以取得成功的。

企业持续成功的两大关键

　　虽然改革开放后的中国企业得天独厚，能享受天时地利的优势，但面对竞争越来越激烈，技术变化的速度越来越快，客户要求越来越高的经营环境，企业要取得持续的成功实属不易。由于拥有学者、企业高管和高级顾问等不同身份，笔者有幸近距离研究、观察和辅导很多不同行业的企业，当我看到很多企业的兴衰成败之后，深切体会到面对现今挑战不断加剧的经营环境，企业要持续成功必须掌握两大关键成功因素：正确的战略方向以及合适的组织能力。我把企业持续成功的方程式表达为：

持续成功 = 战略方向 × 组织能力

　　这两个因素之间是相乘关系（而不是相加关系），其中一项不行，企业就无法获得成功。如果企业空有正确的战略方向，却没有合适的组织能力，即使商机出现，也无法把握。例如，虽然采取并购战略可以为某类企业带来很多协同效应，但是如果企业没有并购整合的能力，只会赔了夫人又折兵。反之，如果企业拥有很强的组织能力，但没有能够根据外部环境的改变及时调整战略，原有的组织能力反而会成为企业取得成功的羁绊。

正确的战略方向

　　找到正确的战略方向，公司才有可能获得成功。国内环境商机无限，然而一些中国企业没有明确的战略，坚持机会导向，或者有了战略却没能在执行中坚持最初的选择，受短期利益诱惑走上了多元化道路，盲目扩张，把企业送上了不归路。迈瑞致力于为客户创造价值，在进入医疗设备市场的时候，前董事长徐航根据迈瑞的资源优劣势选择了中端细分市场切入，这一细分市场不是跨国公司的重点，对品牌的要求相对较低。迈瑞注意到了外国企业在产品和服务上存在弱点（例如产品开发不能满足中国市场需求，售后服务周期冗长等问题），因此有针对性地研发适用于中国环境、满足不同细分市场需求的高性价比产品，并设立 24 小时以内的售后服务反应机制，为迈瑞赢得中国市场奠定了基础。中集集团在集装箱领域取得全球销量冠军以后，并没有被胜利冲昏头脑，盲目多元化发展，而是经过慎重而周密的市场分析，根据自身的核心优势，选择了相关业务，进入了半挂车领域。但必须注意的是，企业的经营环境始终在不断变化，所以企业的战略也必须根据内外环境的改变而及时调整，否则同样的战略也有可能在未来使企业遭遇失败。

合适的组织能力

仅有正确的战略方向是不够的，企业还必须依靠强有力的团队和组织，才能确保自己比竞争对手更快、更好地执行战略。战略很容易被模仿，但组织能力难以在短期内被模仿。迈瑞能为客户创造更高的价值，也是因为拥有优秀的管理团队、专业的研发人员和公司在技术研发上的持续投入。1995 ～ 1997 年，公司致力于研发新一代的产品，两年内没有任何产品上市。虽然面临财务压力，遇到资金周转紧张、部分创始人退出的困难，前董事长徐航等人靠着信心，依然坚持了下来。迈瑞不断地寻求以更快的速度推出第二代、第三代产品，从一个默默无闻、代理国外二流厂商产品的企业起步，到由自行研发监护产品入手，扩展为拥有四大产品线，击败跨国企业，成为中国市场上的领跑者，最终走向海外。中集集团成功的背后也同样有着优秀团队的支撑，一支"中集化、专业化、国际化"的人才队伍确保了中集集团在实施并购战略的时候，能够快速地把企业文化和管理模式复制到被并购企业里，有力地支撑了企业的快速成长。

无论是制定正确的战略方向，还是打造合适的组织能力，关键在于企业最高领导者和领导团队的能力、判断和坚持。成功企业的背后都有着高瞻远瞩、认定方向就坚持不懈的领导者。他们不被外界的浮躁风气所干扰，抓准战略方向，专注于主业，然后脚踏实地地打造组织能力，一步步做强做大。迈瑞的前董事长徐航富有远见，针对跨国公司的弱点和自身的优势，选择中端细分市场切入，在迈瑞研发新产品遇到困难时不放弃，坚持公司的投入；同时创造良好的工作环境和领导机制，避免出现独揽大权、唯我独尊的局面，充分发挥团队的作用，降低了运营风险，确保了企业的稳健成长。比亚迪董事长王传福是个发明家，对技术近乎痴迷，为了搞研发，投入大量资源，毫不吝惜。1996 年，王传福担任总经理，月薪 4 000 元，他却舍得支付 6 000 ～ 8 000 元的月薪招收硕士生、博士生做电池研发，并买了 400 万～ 500 万元的设备给这些引进的人才使用，当时这些设备在国内很少见，只有两所高校才有。由于王传福在技术上的大力投入，尽管比亚迪在镍镉电池行业起步时间较晚，但在短短两年之后，就拉开了和国内同行之间的距离，并成为首批进入锂电池生产领域的内地厂商。王传福强调企业不能急功近利，而要注重中长期的发展，因此公司进入任何一个产业，一定会建立庞大的研发部门，把核心技术搞懂搞透。王传福认真钻研的精神影响了公司的员工。正是有了这样的钻研精神，比亚迪才敢于进军汽车行业，才有了 2006 年的全国产量增幅冠军、销量增幅冠军、国内单品中级家庭轿车销量冠军的"三冠王"F3 的诞生，才有了 2013 年年底采用最新 DM Ⅱ 双模技术的插电式混合动力车"秦"的上市。

　　如果缺乏正确的战略或与之匹配的组织能力，企业只能如昙花一般，虽然拥有开放时的绚丽，却难以持久。秦池、爱多、熊猫手机这样的企业曾经是中央电视台的"标王"，但仅靠砸广告换来的营销成功只能让企业胜一时而不能赢一世。依靠不规范的资本运作而辉煌一时的德隆公司，由于领导者急功近利、贪多求快的心态，被引上了灭亡之路。在房地产行业里，顺驰没有充分考虑到外在经营环境存在的风险，不顾自身财务和管理能力的局限，一味追求超高速的发展，最终迫使领导者孙宏斌出让股权，退出企业。昙花一现的企业还有很多，曾经的中国首富如国美黄光裕、尚德的施正荣、恒大的许家印，都因为战略方向出错或者组织能力缺失，导致企业衰退甚至破产。它们和前文所述的成功企业形成鲜明对照，引人深思：中国企业究竟怎样才能把握历史赋予的契机，在中国和全球舞台崛起，实现基业长青？

组织能力：基业长青的基础

　　虽然战略方向和组织能力在企业的持续成功中同等重要，但在现实中，组织能力在推动企业持续成功中起了更大的作用。这从我在过去二十多年与数以千计的中国企业高管的互动中可以体会到。绝大多数的高管都认为，与战略方向相比，组织能力的高低，更能决定企业可否持续性地取得成功。这是因为，战略的重新制定常常只需要高层领导团队的参与，快则几周，慢则数月，新的战略便可出炉，但是打造组织能力耗费的时间却要数以年计，并且需要公司上下全体员工的投入才会见效。因此，组织能力建设是更为艰难，但对企业取得成功至关重要的一件大事。遗憾的是，企业领导者的兴趣和工作重点通常集中于讨论公司战略，而往往把提升组织能力的难题交给人力资源部门去解决。要使员工能力得到真正的提升，制订计划很容易，但是获得各级主管的积极投入，让他们在承受业务压力的同时，担负起培养员工的重任却很难；写一些企业核心价值观的标语贴在墙上只要几分钟，但是让这些价值观成为员工心中的信念、工作实践中的准则，却很耗时耗力；重画一张组织图很容易，可是完成职位调整，把合适的人放到合适的岗位上，却非常棘手，因为职位调整涉及权力的重新分配。事实上，任何变革措施，如果没有公司最高领导层的支持和推动，人力资源部门都很难取得实质性成果。因此，组织能力（而不是战略方向）常常成为遏制企业发展的主要瓶颈。

在多年的教学、研究和企业辅导过程中，我看到组织能力的薄弱是中国企业失败或受挫的主要原因。这促使我下定决心撰写此书，希望通过此书为中国企业提供打造组织能力的思维框架和工具，并介绍中外优秀企业在打造组织能力上的成功经验，帮助有志于成为行业领先者的中国企业抓住历史契机，打造组织能力以配合战略实施，先在中国市场取得成功，进而走向全球，成为世界级的中国企业，乃至世界级的世界企业。

参考资料

[1]　辛本健. "中国信心"来自哪里 [N]. 人民日报海外版，2009-02-03.

[2]　《2024 年全球风险报告》(世界经济论坛)。

[3]　华为公司官网 (https://www.huawei.com/cn/corporate-information)。

[4]　天合光能公司官网 (https://www.trinasolar.com/cn/our-company)。

第 2 章
CHAPTER 2

组织能力的内涵和建设

何为组织能力

在第 1 章中，我们提到中国有很多"烟花企业"，它们能在短期内凭借创始人的敏锐直觉和运筹帷幄的能力抓住商机、调动资源迅速崛起，但是这些企业却难以持续成功，它们所缺乏的正是扎实的组织能力。组织能力（organizational capability）指的不是个人能力，而是一个团队（不管是 10 人、100 人或是 100 万人）所发挥的整体战斗力，是一个团队（或组织）竞争力的 DNA，是一个团队在某些方面能够明显超越竞争对手、为客户创造价值的能力。真正的组织能力具备以下特点。

独特性、深植于组织内部、不依赖于个人、可持续性

每个行业都有为数众多的公司参与竞争，它们各自的战略和组织能力都不尽相同。例如，电脑行业的戴尔采用的商业模式是直销模式，它所需的组织能力是

速度和定制，而中国联想采用的商业模式是分销模式，它所需的组织能力则是效率和低成本。丽思卡尔顿酒店面对的是高端尊贵的客户，它的组织能力是卓越服务，无论到全球哪一家丽思卡尔顿酒店，你都能享受到同样卓越的个性化服务，这和锦江之星、如家此类以低成本、便利为竞争优势的经济型连锁酒店完全不同。海底捞则是为顾客提供超出其预期的极致服务，与小龙坎、小肥羊等强调独特风味的火锅店得以区分开来，在餐饮行业中独树一帜，快速成长为中国餐饮行业的领军企业。中国有很多能人企业，企业领导（尤其是企业总裁）能力超强，企业可以在他们的英明领导下取得快速成长，但是由于整个企业的成功依赖于少数个人，通常在能人离开或出现问题后，企业就会走下坡路甚至瘫痪。这类企业强的是个人能力，而不是组织能力。组织能力靠的不是个人，它深植于组织内部，是整个团队的战斗力，并且是可持续的，可以帮助企业实现基业长青。

为客户创造价值

组织能力必须能够为客户创造价值并得到客户认可。美国西南航空公司的目标客户是短途、高频率飞行的顾客，它为客户提供的价值是"低成本、速度和快乐"。生产新能源汽车的企业很多，但提起比亚迪，大家都知道经过多年深耕和持续的技术创新后，现如今它的产品极具性价比，同时质量又有保证。中国是家电生产大国，海尔以服务脱颖而出。与之相反，假如企业具备的能力很独特，但不是客户所需要的，这些能力则不能算是真正制胜的优秀组织能力。

超越竞争对手

企业的组织能力必须超越竞争对手。在竞争激烈的家电领域，美的集团作为中国最大的家电企业，常年在空调、冰箱、洗衣机等 To C（面向消费者）领域名列前茅，近年更进军智慧能源、医疗、制造等 To B（面向企业客户）领域。2024 年更是实现营业总收入 4 091 亿元，远超竞争对手。这得益于美的从 2012 年就开始的数字化，使得公司在生产、制造、营销等各个方面的效能极大提升。在中国市场，迈瑞在产品质量和跨国公司相当的情况下以低成本、定制和服务超越竞争对手，最终在国内市场取得了领先地位。

优秀的公司往往能在两三个方面展示出众所周知的组织能力，组织能力必须与公司战略匹配。组织能力必须专注，不然无法集中资源建立优势，容易变成"四不像"，样样都不专不精。组织能力也不是仅依靠几个人或几个部门，它必须是全员配合，打造整个组织所需要的差异化能力。而且需要特别提醒的是，评判公司组织能力比较客观的裁判是客户，而不是管理团队自身，要避免陷入"卖花赞花香"的情况。

在我与众多企业互动的经验中，其实很多企业家或高管已在脑海中隐隐约约地选择了公司所需具备的组织能力，但因为他们没有刻意地把这些公司赖以制胜的组织能力明确下来，以致各层级主管和员工没法在工作中集中精力和资源来建设这些能力，客户也无法清晰地体验公司所希望创造的价值，最终公司对内对外都丧失了提高竞争力的契机。

如何系统地打造组织能力

清楚定义何为组织能力之后，接下来的问题便是如何打造组织能力，确保战略的实施。要解决这个问题，应该是由外而内地思考：首先，公司必须分析自身所处的经营环境，制定正确的战略方向；然后，公司依据选定的战略方向，明确两三项与战略最直接相关的组织能力，如创新、低成本、服务等。本章附录 2A 提供了组织能力的规划模板，以便企业应用；附录 2B 介绍了常见的组织能力以供参考。最后，如何才能打造支持战略实施的组织能力呢？我认为，它必须有三个支柱的支撑（见图 2-1）。

员工能力（employee competence）

支撑组织能力的第一个支柱是员工能力，即公司全体员工（包括中高层管理团队）必须具备能够实施企业战略、打造所需组织能力的知识、技能和素质。也就是说，公司员工会不会、能不能做出与组织能力（如创新、低成本、服务等）匹配的决策和行为。如何培养员工能力？企业需要回答以下几个具体问题：

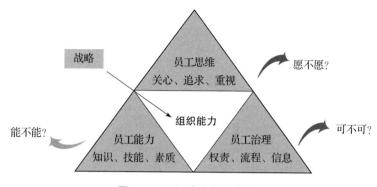

图 2-1　组织能力杨三角框架

- 要打造所需的组织能力，公司具体需要怎样的人才？他们必须具备什么能力和特质？
- 公司目前是否有这样的人才储备？主要差距在哪里？
- 如何引进、培养、保留、借用合适的人才和淘汰不合适的人才？

员工思维（employee mindset）

员工会做不等于愿意做，因此打造组织能力的第二个支柱是打造员工的思维模式，让大家每天在工作中所关心、追求和重视的事情与公司所需的组织能力匹配。公司要考虑的具体问题包括：

- 什么是主管 / 员工需具备的思维模式和价值观？
- 如何建立和落实这些思维模式和价值观？

员工治理（employee governance）

员工具备了所需的个人能力和思维模式之后，公司还必须提供有效的管理支持和资源才能让这些人才充分施展所长，执行公司战略。这里需要注意的是，员工治理不是指工作制度，因为在打造三大支柱时都需要制度保障（如针对员工能力的招聘制度、针对员工思维的考核制度）。员工治理关注的是公司为员工创造了什么便于工作的管理环境和支持政策。在员工治理方面，公司要考虑的具体问题包括：

- 如何设计支持公司战略的组织架构？如何平衡集权与分权以充分整合资源，把握商机？
- 公司的关键业务流程是否标准化和简洁化？
- 如何建立支持公司战略的信息系统和沟通交流渠道？

员工能力、员工思维模式和员工治理方式这三个支柱缺一不可，而且组织能力要坚实，三个支柱的打造必须符合两个原则：①平衡（balance），即三个支柱都要强，而不单是其中一两个强；②匹配（alignment），即三个支柱的重点都必须紧密围绕所需组织能力设计。

在此基础之上，公司有许多工具可以用来打造这三个支柱。例如，在打造员工能力方面，公司可以建立员工能力模型（也称为胜任力模型或素质模型），通过行为评鉴中心和360度反馈等手段评估员工能力，利用人才盘点建立接班人培养体系，并通过导师制、培训课程、线上课程、行动学习和观摩学习等方式提升人才能力。在打造员工思维模式方面，公司可以运用的方法和工具包括：高层主管以身作则、平衡计分卡、KPI设定及分解、客户满意度调查、激励计划、末位淘汰等。在打造员工治理方式上，公司常用的方法和工具包括：架构重组、流程再造、六西格玛、客户管理系统、ERP、知识管理等。这些本身都是很好的方法和工具，但是不能盲目跟风使用，业界流行什么就用什么，而应依据公司组织能力的要求和存在的差距来挑选。假如公司最大的弱项是员工能力，则架构重组不一定是最优选择，企业更应关注人才引进和培养。假如公司最大的弱项是员工思维模式，大家有能力但不愿意做或不敢做，则企业必须优先关注的工具是绩效管理和激励体系。**三个支柱的强弱决定我们挑选什么工具来强化组织能力。一旦选定所需的工具后，工具设计的重点，如考核的指标、再造的流程、培训的重点，必须聚焦在公司所需的组织能力上。**比如，一个以"创新"为组织能力的考核体系与以"低成本"为组织能力的考核体系就截然不同。遵循平衡和匹配的原则，三个支柱才能坚实而紧密地围绕所建设的组织能力（附录2C提供了组织能力诊断工具之一：问卷调查）。

下面我将通过海底捞、美的和京东的案例，具体分析企业如何有效地运用这三个支柱打造企业要获得成功所需的组织能力。

海底捞：用"心"服务打动顾客

网上流传着很多关于海底捞为顾客服务的故事，甚至有人创造了"地球人无法阻止海底捞了""人类不可战胜的海底捞"等各种夸张的"海底捞体"。海底捞的特色服务贯穿于顾客进店到离店的整个过程中：顾客等候过程中有免费上网、棋牌、擦皮鞋、美甲等服务，以及免费饮料和免费的水果、零食提供；就餐过程中，服务员发自内心地微笑和为顾客擦拭油滴，下菜捞菜，递发圈，送擦眼镜布，15 分钟提供一次热毛巾，续饮料，帮助看管孩子，喂孩子吃饭，拉面师傅现场表演；店里还设有供小孩玩耍的游乐园；洗手间设有美发、护肤等用品，还有免费的牙膏、牙刷、漱口水。顾客打个喷嚏，就有服务员送来一碗姜汤。更有过生日时氛围满满的《生日祝福歌》，演唱会门口的大巴车，员工跳"科目三"……海底捞一次又一次刷新我们对极致服务的认知。

服务的关键在于人，海底捞是如何让员工发自内心地主动为顾客提供个性化服务体验的呢？关键就在于组织能力（见图 2-2）。

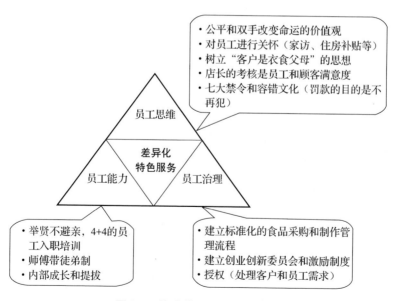

图 2-2　海底捞组织能力分析图

员工能力

- 举贤不避亲。海底捞店面的快速扩张需要大量的服务人员，海底捞鼓励员工推荐自己的亲戚朋友和老乡到海底捞来工作。目前海底捞有50%以上的新员工来自员工介绍。新员工进入企业后先不签劳动协议，而是接受一个"4+4"的培训。4天由人力资源部集中培训，让员工学习企业的文化、制度、工作要求等；4天到门店现场培训，让员工在最短时间内了解公司情况。之后，再由双方决定是否签订劳动协议。

- 师傅带徒弟。所有的员工从入职开始，海底捞都会安排一名老员工带着新员工，手把手地教导，不论是工作还是生活，老员工都会给新员工无微不至的帮助和关怀。通过这种一带一的师徒制，许多员工很快成为海底捞的管理骨干。一位服务员回忆起自己在海底捞的第一位师傅说："我刚来海底捞时只有一双鞋子，因为门店生意好，跑来跑去不太适应，脚很痛，师傅立即把自己的鞋给我穿。师傅除了生活上对我特别好，工作上也特别细心，我犯错她不是第一时间跑过来批评我，而是首先过来安慰我，跟我讲怎么做，让我感觉很细心和有耐心。"

- 海底捞的学习发展中心创建于2010年，致力于推动企业战略发展、传承企业文化制度、沉淀企业最佳业务实践、培养具备实战经验的后备人才干部。海底捞坚持"双手改变命运，智慧成就梦想"的理念，针对门店不同岗位人员开设不同的专项培训班，涉及不同类别的课程，包括文化类、制度类、业务技能类、知识素养类、沙盘拓展活动等，并通过线上线下培训平台的延伸，实现员工随时随地灵活学习，赋能企业全员，推动企业可持续发展。

- 内部成长和提拔。海底捞店面管理人员都必须从最基层的服务员做起，海底捞总裁张勇的弟弟也不例外。在此基础上，海底捞为员工设计了不同的发展路径。服务人员的发展既可以走管理路径（普通员工、领班、大堂经理、店经理、教练组），也可以走专业技能路径（普通员工、先进员工、标兵、劳模、功勋）。支持部门人员则容许从外部引进，加入助理、专员、主管、经理、高级经理等不同层级。员工可以根据自己的兴趣，在企业内部申请转岗和选择自己的发展路径。海底捞的迅猛发展为员工创造了快速成长的机会，海底捞北京北奥店的王军平仅用了两年的时间就从刚入店的服务员当到了现在的店长。相比于整个行业平均 28.6% 的员工流失率而言，海底捞员工流失率保持在 10%，三个月以上员工流失率仅为 7%。

员工思维

年轻时读过卢梭的《社会契约论》等书的张勇，平等、自由的观念早已在他心里留下深深的烙印，张勇一直坚信"平等的意识将激发员工更大的工作热情，把海底捞当作自己的事业来做"。

- 双手改变命运。海底捞在坚持平等主义的基础上，提出了"双手改变命运"的理念，所有店长、小区经理都来自企业底层，很少有空降的。"不是我们不愿意外聘，也不是说外聘的人不优秀，而是因为职位就那么多，如果都外聘的话，'双手改变命运'就变成了一句空话。"张勇这样解释。而要改变命运和成就自己，张勇要求员工必须认真对待每一位顾客，"因为是他们为我们支付了房租、水电费，是他们给我们发了工资、奖金，是他们给了我们共同发展的机会，他们才是我们真正的老板"。公平公正的工作环境和双手改变命运的价值观激发了员工的主人翁意识和创新精神，让每一个去海底捞的顾客享受到了发自内心的微笑和真诚的服务。北京北奥店大堂经理吴娇娣自豪地分享如何在海底捞改变自己的命运："我是张大哥（张勇）的老乡，以前想都不敢想的名牌，我现在也可以消费了，以后还打算在北京买房。"为了确保文化的传承，海底捞很早就强调在开新店时必须保证30% 的老员工压阵。

- 关心体恤员工。在海底捞这个大家庭里，每一位领导都要对员工的成长负责，而且要从吃、住、行、成长等方面做到真正地关心员工，体恤员工，倾心建构了海底捞和谐大家庭。张勇说："我们的管理很简单，因为我们的员工都很简单，受教育不多，年纪轻，家里穷。只要我们把他们当人对待就行了。"针对员工的住宿，海底捞规定必须让所有员工住配有空调的正式住宅小区的两三居室，不能是地下室，而且走路到门店的时长不能超过 20分钟，每套房子还配有能上网的电脑和负责卫生的宿舍管理员。针对夫妻双方都在公司的，海底捞专门制定了房租报销制度、夫妻探亲假制度、陪同假制度等。针对员工子女教育问题，海底捞制定了子女教育津贴制度，给予不同层级的人员不同金额的教育补贴。另外，为了使员工子女得到更好的教育，公司还在四川省简阳市开设了学校，为海底捞员工子女免费提供教育，解决员工后顾之忧。此外，海底捞设立了"父母补贴""员工补助专项基金"等其他各类福利，帮助员工家庭。海底捞管理人员还要定期和不定期地亲自到员工家中进行家访，了解员工家中情况。在海底捞，员工基本上每天饭桌上都会有一两道可口的荤菜，周末有水果吃，晚上9点还有面包和酸奶作为夜宵；如果生病了，也不用担心，会有宿舍管理员照顾，同事们会带来饭菜，领导还会来看望。一位海底捞的员工这样解释为什么在海底捞员工都会抢着加班："因为公司会给加班的员工提供加班餐，第二天还可以晚些到门店上班，加班的时候店经理还会对你嘘寒问暖，并安排员工或亲自护送女员工回宿舍。"

● 关注员工和顾客满意度。在绩效管理上，海底捞与业内通行的以营业额和利润来考核店长不同，顾客满意度与员工满意度，这两项指标基本决定了海底捞对一个店长的评价。这两项指标没有量化的标准，一般都是由分区总经理到店里转10分钟来做出基本判断。这些从基层上来的管理者，多年来积累形成的直觉和判断力，让他们觉得任何量化的评价办法都有很大的漏洞，特别是对于满意度这种指标。海底捞的店长不对门店的营业额负责的原因之一就是门店的位置，如果店址选得不好，店长再努力，营业额也不会太好，但是只要店长可以保证顾客满意，保证员工工作积极性高，这就已经是对营业额提升的最大贡献了。门店员工的绩效考核一个月进行一次，并根据相应的考核进行级别升降。员工的工资主要取决于员工级别，而奖金主要与门店翻台率挂钩，与营业额和利润也没有直接关系。目前，与同业相比，海底捞员工工资位于中等偏上水平，如果考虑到为员工提供的各项丰厚的福利，海底捞在人工和服务方面成本的压力则比同行要大得多。

● 七大禁令和容错文化。海底捞设置了包括不准撒谎、不准背叛家庭、不准赌博等七条禁令，员工工作中犯错误也会进行罚款，但是惩罚不是目的，只要员工在随后的三个月内不再犯，罚款会原封不动地退还给员工。

员工治理

2023 年，在成立 30 年的关口上，海底捞推动组织进行变革以激发一线创新活力。为了让组织更加扁平化，海底捞把原来跨区的家族制变成了区域教练制，去掉了中间层，大区教练分区域管理全国门店，目的是让大区教练更加贴近一线。图 2-3 与图 2-4 分别为 2021 年海底捞组织架构和 2023 年海底捞组织架构。

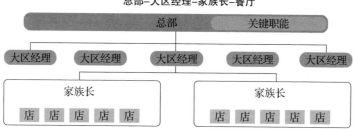

总部–大区经理–家族长–餐厅

■ 大区经理：负责统筹管辖区域内门店拓展、工程、定价、门店评级等工作。

■ 家族长：大区经理下设家族长负责管辖范围内的门店，原有小区经理岗位已和家族长岗位合并，避免层级冗余。家族长除了肩负选拔培养店经理、传递企业文化的责任，更要对家族内门店的管理、经营负监督指导责任。

图 2-3　2021 年海底捞组织架构

注：依据 2021 年海底捞业绩报告绘制，以海底捞官方信息为准。

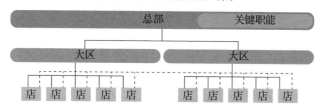

总部–大区经理/区域教练制–餐厅

■ 区域化管理：公司目前对海底捞餐厅采用区域化管理，按地理区域划分为 19 个片区。

■ 大区经理：各大区经理负责辖区内门店运营、新店及落后店辅导等工作，并向集团高级管理层汇报。

图 2-4　2023 年海底捞组织架构

注：综合 2023 年海底捞业绩报告与公开资料绘制，以海底捞官方信息为准。

● 建立标准化的食品采购和制作流程。为了确保食品安全，海底捞除在成都设立底料生产基地，还与美国夏晖公司合作，在北京、上海、西安、郑州建立了四个标准化的食品加工基地和配送中心，并在基地附近租种土地，统一生产、加工和配送日常所需的各类菜品。各分店厨房只需将菜品拆箱、切片、按重量标准装盘上桌。同时，海底捞还建立了菜品安全的追溯制度和检验、记录制度，并设立了专门的检验室对每天采购和产出的菜品和成品进行全程质量监控；门店专设 48 小时各类菜品留存柜，确保食品质量的全程可控。在物资的采购过程中，海底捞采购部、技术部和物流部共同制定采购物品的品质标准，由采购部门总部和片区负责物品询价和日常采购，由品控部门和收货部门根据共同制定的品质标准进行收货。财务、物流部门也会对采购部门的价格进行定期和不定期检查，采购总部的稽查部门则负责各片区采购的日常稽查工作。

- 建立创业创新委员会和奖励创新。在海底捞，员工只要有新想法、新点子都可以上报，一经门店试用就可立即获得 50 ～ 100 元不等的奖励。为鼓励创新，海底捞在总部还专门设置创业创新委员会，负责评选各门店筛选后提交上来的创意，确定哪些创意可以在区域或全国加以推广。在海底捞火锅店，员工的服务创意或菜品创意一旦被采纳，就会以员工的名字来命名，并根据产生的经济效益给予员工一定数额的奖金。"包丹袋"就是典型的一例。这是一个防止顾客手机被溅湿的塑封袋子。由于是一位名叫包丹的员工最早提出了这个创意，该创意就用该员工的名字命名。如此一来，对于海底捞的员工来说不但得到了尊重，还给了更多员工以鼓励。"创新在海底捞不是刻意推行的，我们只是努力创造让员工愿意工作的环境，结果创新就不断涌出来了。"张勇说。海底捞每天都会涌现大量的新点子，海底捞的演唱会接待、夜市摆摊、洗头服务等，都是一线员工根据市场需求自主创新的结果。这种自下而上的创新机制，使海底捞能够快速响应市场变化，满足消费者的多样化需求。

- 授权和倾听员工心声。海底捞公平公正对待员工的一个体现就是信任和尊重员工。海底捞的每一名普通服务员，就算是最基层的，都拥有免单权，不论什么原因，只要员工认为有必要，都可以给客人免费送一些菜，甚至免掉一餐的费用。各层级的管理者都具有相应金额的财务审批权。"海底捞现在十几个亿的产值，你不可能每个东西都自己去买，即使都自己去买也难免有错。每个决策，不管谁做，其实都有风险，企业犯错很正常，我们能容忍，而且必须容忍。"张勇说，"有不安全感，通常是因为过于看重自己了。"同时，为了倾听员工心声、维护员工权益，公司成立了员工呼叫中心，员工可以拨打 24 小时免费热线电话向公司反映问题，公司有专人解决、回复。与此同时，公司早在 2008 年就组建了工会组织，各片区、各门店都设有工会专员，张勇多次向工会提出："每一个工会会员都必须明白一个基本道理，我们不是在执行公司命令去关心员工，而是真正意识到我们都是人，每个人都需要关心与被关心，而这个关心基于一种信念，那就是'人生而平等'。"因此，解决员工困惑，关心员工成长成为工会工作的重中之重。另外，创办多年的《海底捞文化月刊》也致力于"暴露管理问题，维护员工权益"，切实为员工服务。

美的：通过科技创新，保持低成本、高效率，要么第一，要么唯一

家电行业是个成熟而又持续追求创新的行业，需求多变、竞争激烈，是一个非常"卷"的行业。美的公司之所以能够在竞争中脱颖而出，离不开其坚定地打造科技创新的组织能力。

员工能力

美的创始人何享健对人才十分重视，他曾说过："宁愿放弃 100 万元销售收入，也绝不放过一个有用之才。"美的集团现任董事长方洪波的成长历程被外界津津乐道。方洪波最初进入美的时是集团内刊编辑，后来经过多次轮岗、升职，逐渐成为美的最优秀的职业经理人。

- 为了夯实公司的科技创新组织能力，美的持续引进高端人才，拥有研发人员超 23 000 人，国内外专家及资深工程师 400 多名，硕士、博士超过 7 000 人。同时，为了更好地激活企业的发展活力，美的集团还保持着每年校招 2 000 多名大学生的力度。围绕全球不同国家员工的不同职级晋升发

展需要的专业知识和技能，美的建立系统的专业课程体系，在过程中引入
行动学习法，帮助每位员工深度分析岗位工作经历，促成个人能力提升及
视野拓展。同时，美的集团还建立一套完善的员工继续教育（含学历教育）
帮扶体系，鼓励员工提升学历和能力，拓宽员工晋升通道。此外，美的还
拥有成熟的梯队人才培养体系，形成独特的航系（启航 - 远航 - 领航）培养
模式，分别培养经理、总监、总经理的后备人才。

员工思维

- 关于创新，2021 年，董事长方洪波在《致美的人的一封信》中分享道："走
  老路，永远无法到达新的彼岸。无论你身处什么部门、什么岗位，我们都
  希望你保持成长思维，打破边界。面对挫折坚持不懈，在批评中学习，大
  胆尝试承担风险。VUCA 时代，我们更加需要这种勇于探索、拥抱变化的
  精神，来应对日益复杂的外部环境。"
- 美的建立了管理类、经营类、技术类的全过程创新激励机制，覆盖创新来
  源、创新过程、创新成果等维度，并且激励形式灵活多样，如创意大赛、
  外出培训、项目奖励、优先晋升、薪资补贴、福利倾斜等。已经举行 30 年
  的美的科技月，旨在驱动和激发内部创新突破，美的为此设置了高额的项
  目和个人奖励，至今投入的奖金累计已近 5 亿元。
- 美的对科技创新体系的建设要从硬软件两方面协同共进，并在研发上打造
  "自由、宽松、开放"的企业内部环境。不仅如此，美的集团包括财经、人
  力资源等在内的所有政策都将围绕着科技领先战略而展开，同时还将进一
  步扩大海外研究中心的布局。
- 当然，对科技人才来说，薪酬福利只是一方面，真正能够令他们释放创
  新能量的其实是自由、宽松的科研氛围。美的为科研人员提供足够的空
  间和自由，也鼓励研究人员做更多前沿引领项目，更多长期项目。相应
  地，对研究人员不再强化短期 KPI，更注重长期的能力和表现；对于研究
  组织，也不特别关注它在半年、一年里的表现，而更在乎它的长期价值和
  贡献。

员工治理

- 为了提高研发和科技创新的效率，从 2014 年起，美的就致力于建构"四级研发体系"的组织架构，集团层面的四个技术组织包括中央研究院、智能制造研究院、AI 创新中心、软件工程院，负责前沿技术、共性技术的研发。前沿技术为将来 3～5 年甚至更长时间推出的产品做技术储备，共性技术则可以应用于不同的事业部。事业部层面则涵盖个性技术的研究和个性产品的开发。其中，个性技术的研究主要聚焦核心技术突破和下一代平台储备，个性产品的开发则主要应对具体事业部需要上市的新品开发需求。
- 让技术研究与产品开发在组织上进行分离，各个层级明确分工又相互协同，从而确保科技创新既能支持短期经营，又能布局中长期项目，使美的在竞争中发挥持续优势。

京东零售：成本与效率，打造全球最值得信赖的零售及零售基础设施服务商

1998 年，刘强东在北京中关村租下一个 4 平方米的摊位，开始了他的创业之旅。多年努力之后，京东从一家代理销售光磁产品的小公司，发展成为覆盖全球的自营式电商巨头。2024 年，京东集团全年收入 11 588 亿元人民币，全国工商联发布的"2024 中国民营企业 500 强"榜单中，京东集团位居榜首。

自 2023 年推行低价战略以来，京东一直在持续"撒钱"补贴商家与用户。行业中的普遍定律是，大力的补贴措施会对利润造成影响，但京东反而实现了更优的利润水平。这与京东的精细化运营策略有关。京东的低价战略并非一味补贴，更无心卷入价格战，而是重在提高商业生态的经营效率。一方面，京东对技术的持续投入让京东得以不断优化供应链的各个环节，通过效率提升来实现健康降本；另一方面，京东对价格优惠的优质商品进行有效扶持，让商家更有动力提供有竞争力的价格。

在电商行业增速放缓、平台竞争极其激烈的当下，京东仍然能够在各项用户指标上实现增长，核心在于做好了零售的本质：成本、效率、用户体验。

图 2-5 是京东商城组织能力分析图。

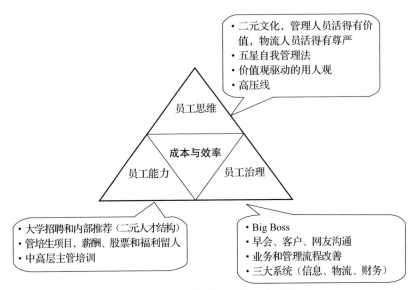

图 2-5　京东商城组织能力分析图

员工能力

"我们的发展理念就是先人后企，即先去发展团队，再发展公司。没有好的人，什么都没有。"刘强东说。

- 二元人才结构。京东商城的人才结构是典型的二元结构，从集团总部来看，绝大多数员工都是研发人员，具有典型的互联网高科技企业属性；但是从全国来看，2025 年京东 60 多万名员工当中一大半是配送、仓储和客服人员，变成了一个物流企业。刘强东说："在北京，干满三年的快递员，拿到手的工资应该没有低于 7 000 元的。公司除了给他们缴纳法定的五险一金，还买了两个商业保险——一个是意外伤害险，一个是补充医疗险。我们每个月按时发工资，从来没有拖过他们一天一分钱的工资。年底还有双薪，优秀的配送员我们还送股票。去年在北京工作满 5 年的京东配送搞了个聚会，所有的配送员都在老家的县城里买了房子，父母也接到城里，小孩也在城里接受小学和初中教育。因为这样，我们的配送员都很珍惜这份工作，都很努力、很敬业。我们很多配送员甚至回去以后能够把全村的人都带过来，一个村子的年轻人都在北京送货。"

- 管培生项目。京东获得来自今日资本 1 000 万美元的第一笔风险资金之后，
  除投资物流系统建设之外，就将资金用于启动管培生项目。为了吸引最优
  秀、价值观最符合京东的优秀毕业生，京东不仅给出优厚的待遇，还赠送
  股票，员工晋升也很快。这些管培生进入京东后，除了集中学习，将会通
  过 180 天轮岗，全方位了解京东业务。刘强东对管培生项目的关注度远远
  超出了其他企业的领导，除了参与授课，也会抽出大量时间与管培生谈心
  交流，甚至亲自带领管培生在实际工作中摸爬滚打。京东的管培生项目从
  2007 年启动至今，已经培养了超过 200 位管理者。
- 中高层主管培训项目。对于有潜力的老员工，京东也会组织管理干部培训
  班，这些参加培训的员工半年内不用上班，专门接受培训。2010 年，刘强
  东做了一个决定，从这年起，公司斥资 6 000 万元陆续将中高层主管送去
  读 EMBA 课程。京东计划将总监级以上的人全部送到中欧、人大、北大、
  清华去接受 EMBA 教育。

员工思维

随着京东的快速发展和团队的迅速扩大，京东也面临着价值观稀释的问题。
这些年京东除了举办大量的文化工作坊（Workshop），公司高管也成了企业文化培
训的宣讲大使。

- 二元文化。针对二元人才结构，京东提出了不同的价值观，对于八九成来
  自农村的物流人员，京东核心价值观是希望他们能够"活得有尊严"，而对
  于总部的研发人员和管理人员，京东则是希望他们能够"活得有价值、有
  责任"。
- 五星自我管理法。京东针对管培生项目开发了一个叫"五星自我管理法"
  的框架体系，从拼搏、价值、诚信、欲望、感恩五个方面，打造员工坚韧
  不拔、持之以恒的品格，这个课程由刘强东亲自开发。
- 价值观驱动的用人观。从中欧学成之后，刘强东对员工的评判标准进行了体
  系化和框架化梳理，根据员工能力和员工价值观来选拔和评价每一个员工。
  京东将人员分为五类：第一类是价值观和能力得分都很低的人，京东称之为

"废铁"，这种人在招聘的时候就不应该招进来，即便有漏网之鱼，发现后也要让他立即走人；第二类是价值观得分很高，但能力不行，京东将这类人称为"铁"，会给他们包括转岗和培训在内的三次机会，三次不行再请他们走人，毕竟企业不是一个慈善机构；第三类则是能力和价值观得分都非常高的人，京东称之为"金子"，这些人在京东会获得股票、升职、加薪的机会，并有望成为公司的管理层；80% 的员工都属于第四类，京东称之为"钢"，能力和价值观都不错，京东会给他们机会并培养他们，争取将他们发展成"金子"；最后一类，就是能力很强但价值观与公司不符的人，京东称之为"铁锈"，遇到"铁锈"，京东会倾尽所有的力量将其清除，以免腐蚀他人。

- 高压线。"到今天为止，我们和政府打交道中，京东绝对不送一分钱。"刘强东说，"在京东，销售人员不允许跟供货商吃饭，吃饭的话，要求给上面领导发邮件，而且要经过公司合规部门备案。这两个步骤不做，都视为贪污行贿，哪怕你是高管都会被开除。"因为行贿受贿吃回扣，京东每年都会开除十几个员工。

员工治理

- Big Boss 机制：刘强东于 2018 年提出并逐步推广的一种新型组织管理模式，旨在通过权力下放和绩效激励，提高组织的灵活性和效率。它的核心理念是将权力下放到一线团队，让基层组织能够自主决策，让"听到炮声的人"呼唤炮火，从而实现开源节流、充分发挥组织活力的目的。组织思路是将每一个细小的业务单元视为一个独立的经营实体，每个业务单元拥有独立的采销经理和采销专员，每个实体的管理者都是一个真正的"Boss"，负责该单元的经营决策和绩效管理，业绩优秀的团队和个人可以获得高额提成，提成上不封顶，激发员工的积极性和创造力。

- 多渠道沟通。京东有一个坚持了 15 年的习惯，风雨无阻，就是每天上午 8 点半开早会，全国每个仓库的主管经理都参加早会，主要讨论三件事。第一，需要跨部门沟通协调的事情。比如说由于下雨，导致某个城市的配送延迟了，需要发通告。第二，各个区域汇报前一天的销售运营情况，有没有发生过什么事情，比如说停电、网络断线，因为在实际工作当中，各种各样的事情都会发生。第三，呼叫中心会把前一天接到的客户电话进行汇总，找到改进点，主管经理在早会上讨论怎么来改，以便为客户提供更好的用户体验。另外，京东也很注重与消费者和供货商等的沟通，每年每个区域都有大量的用户见面会。刘强东也花费很多时间与用户进行交流。"后台投诉我可以随时看到，呼叫中心的录音我也经常会调来听，从用户的视角来看待企业，就会发现我们的很多问题。如果说我们的问题和消费者没有关系，我认为这不是大的问题。但是只要问题和消费者有联系，就是公司的大问题。只要保持与核心客户的接触，就可以让我们绕开很多严重的战略性错误。"刘强东这样解释与用户沟通的目的。自注册新浪微博后，微博也成了刘强东了解客户体验的渠道，每天都有大量顾客通过"@京东刘强东"的方式发出各种抱怨。

- 改善业务和管理流程。京东 2009 年和 2010 年先后进入了日用百货和图书音响领域，实现了从 IT 到 3C，再到综合型网络零售商的跨越，2011 年和 2012 年京东又先后拓展了奢侈品业务和酒店预订业务，主要目的就是满足客户一站式购物的需求。除了模仿沃尔玛的"一站式购物"，京东还在网上推出了"天天低价"，确保商品价格上的竞争优势，在服务上更是做到了"煞费苦心"。2004 年，京东在全国首创的即时拍卖系统——京东拍卖场正式开业，用户能够以超低价买到自己喜欢的商品，而且能够体验到在京东商城购物的刺激、有趣。2006 年，京东产品博客系统正式开放，开创了全国第一家以产品为主体对象的专业博客系统，为广大网友提供了一个发表产品技术或者使用方面评论的交流平台，增强了购物体验，提高了购买满意度。2007 年，京东在北京、上海、广州三地启用移动 POS 上门刷卡服务，既便利了消费者，提升了交易速度，又大幅提高了销售量。2009 年，京东尝试提供一系列特色上门服务，包括上门装机服务、电脑故障诊断服务、家电清洗服务等，这使消费者不仅能在京东商城买到物美价廉的商品，还能够获得更多贴心服务，安享舒适生活，此举成为探索 B2C 增值服务领域的重要突破。2010 年，京东在北京等城市率先推出"211 限时达"配送服务，在全国实现"售后 100 分"服务承诺，随后又推出"全国上门取件""先行赔付"、7×24 小时客服电话等专业服务。2011 年，京东推出"GIS 包裹实时跟踪系统"；获得宏碁电脑产品售后服务授权，同期发布"心服务体系"，开创了电子商务行业全新的整体服务标准。2012 年，京东推出了"地铁快递"，用户可以直接到地铁便利店自行提取货物，同时"自提柜"业务上线，能够支持用户 24 小时自助提货。正是这种"煞费苦心"的不断创新，让京东服务在电商中做到了"无与伦比"。"我们的用户包括消费者、供货商和卖家，这三类都是我们的用户。"刘强东说，"就供货商回款而言，京东的账期是 45 天，只有同行的 1/3。" 2012 年 10 月，京东低调收购网银在线，悄然入局第三方支付市场。"以前都是通过快钱什么的，快钱不能直接转到卖家头上，而是转到京东来，京东再把钱通过人工方式，分到一个个卖家头上去。我们财务的压力很大、很痛苦。现在有了支付系统之后，我们也实现了 T+1 的模式。前一天收到钱，第二天就可以把钱分到平台上的各个合作伙伴。"刘强东说。京东商城收购网银在线之后，在获得宝贵的支付业务许可证的同时，还拥有了自己的支付体系，对用户信息和用户体验的掌控能力会更强。

- 三大系统建设。刘强东说："要想使你的成本更低、效率更快，你就需要很多系统去支撑，我们有三个系统——信息系统、物流系统和财务系统。"按照刘强东的比喻，淘宝天猫就像网上的万达商城，是一种平台模式，京东则更像网上的沃尔玛、家乐福、苏宁、国美，是自己采购，然后销售，因而其信息系统不仅包含了类似天猫的交易平台，还包括支撑交易后面的仓储体系、配送体系、售后体系和客服体系的信息系统。除了市场上已有的非常成熟的财务系统，其他的系统都是京东自己开发的。今天在京东总部的 5 万多人当中，从事 IT 研发工作的人员超过 80%，规模不亚于一家大、中型软件开发公司。除了信息系统外，京东还自建了物流系统，而且将物流系统做到了"最后一公里"的配送。善于算账的刘强东说："顺丰服务非常好，但问题是我们用不起。京东平均每个订单重量为 3.6 公斤，按照顺丰标准每个包裹配送费接近 40 元，如果按照每单 400 元计算的话，就吃掉我们 10% 的利润，从行业毛利率来看，把所有的毛利率都给顺丰一家了。申通、圆通呢？因为是加盟模式，在核心城市的服务还不错，但是到了三四线城市，大量的加盟站点暴力分拣的现象触目惊心，手机变砖头的事件层出不穷。2007 年我们的投诉 72% 来自物流，实际上来自配送环节。"京东从 2007 年开始自建物流至今，其供应链网络已经可以覆盖全国超过 99%的地区。2024 年 11 月 14 日发布的京东物流业绩报告显示，公司营收增长至 444 亿元，净利润 25.7 亿元。京东物流采取 B2C 模式：供应商的商品生产出来后，会被存储到京东物流在全国运营的 43 座"亚洲一号"大型智能物流园区和超过 1 600 个仓库，消费者下单后，这些商品被拣选出来，再经由数百个分拣中心，被超 2 万辆货车分发到全国近 2 万个终端配送站，最终由 30 多万名自营配送人员送货上门，交到几亿消费者手中。消费者能以非常便宜的价格，享受"半日达""当日达"这样世界领先的配送速度，依靠的正是这个体系的效率与稳定。

- 在京东，财务系统被定义为核心竞争力之一，其建设的效果直接决定了"成本与效率"是否具备领先优势。早在 2010 年之前，京东商城刚刚起步，产品主要聚焦在 3C 品类，以电子数码产品为主，此时的集团战略主要以业务为中心，财务起到配合业务的作用，财务系统建设以迎合多品类的业务需求为主。随着经营规模的不断扩大，对财务管理系统的要求进入了精益求精阶段，需要提升财务与业务之间的沟通效率。经过不断优化，整个系统最终实现了新流程易上手、易使用的目标。2024 年京东 618 累计下单7 428 亿元，面对这样的交易额，京东的财务系统完美通过了考验。

从以上三个案例可以看出，服务、制造和零售三个不同行业的企业，面临的经营环境不同，行业制胜的关键因素不同，因此公司所选择的战略和组织能力也各不相同，所采取的打造员工能力、塑造思维模式和建立员工治理的方式、工具也自然不一样。但它们有一个共同属性，就是：每个企业都能紧紧围绕各自战略厘清所需的组织能力，进而围绕各自的组织能力设计与之匹配的管理工具，进行三个支柱的建设，最终三个公司也在各自的竞争领域中取得了成功。如果张冠李戴，把海底捞的做法直接拷贝到美的，美的永远也无法实现科技创新。由此可见，公司必须要从所在行业的经营环境出发，制定正确的战略，选择合适的组织能力，并根据组织能力的要求来设计相应的管理工具，建立和强化组织能力的三个支柱。

"组织能力" 不仅是人力资源部的事

组织能力听上去好像是人力资源部的事情，实际上很多企业也是这么做的。然而，把责任仅仅丢给人力资源部门是不行的。组织能力的打造是一个长期的过程，需要多年的努力，更需要整个企业从上到下的认同和努力，特别是需要企业"三群人"的共同承诺和积极投入，这样才能高效而成功地建立组织能力。这"三群人"包括：

- CEO/总裁。作为公司的最高领导人，他的决策决定了公司的资源配置方向和工作重点，他的言行对下属有着表率作用。因此，要打造组织能力，首先就需要总裁的承诺和投入。他的作用主要体现在三个方面：首先，他必须重视人才和组织能力的建设；其次，他必须要求其他主管同样对组织能力建设予以高度重视；最后，在遇到困难和要做出艰难的决定时，他的坚持或放弃将决定组织能力的打造是否会化为泡影。例如，当前不少企业就考虑削减在人才培养上的投入，从短期看，这确实可以减少成本，但从长期看，却不利于公司整体员工能力的提升，妨碍企业在经济复苏时抓住商机，不利于长期组织能力的打造和企业竞争力的提升。

- 人力资源团队。人力资源部门直接和间接掌握着人员配置、发展、评估、奖励、组织设计、信息传递的工具，是帮助总裁打造组织能力的强有力的帮手。然而，一些人力资源主管不论走到哪家公司，都按同样的方式办事，这种做法不利于公司打造组织能力。因为每家公司的战略和文化不同，需要打造的组织能力也有差异。所以，人力资源部门必须要从本公司的战略出发，思考让公司在市场中得以制胜的组织能力是什么样的，在此基础上考虑如何建设组织能力的三个支柱，最后再设计合适的人力资源工具去强化三个支柱。

- 直线主管。即使 CEO 重视组织和人才发展，人力资源部门也设计和开发了围绕组织能力建设的工具，但假如直线主管不愿意投入时间和精力把工具落实，不愿意致力于人才和团队的发展，公司也难以实现期望的组织能力。事实上，国内有不少公司有个误解，认为人事的问题是人力资源部门的问题，员工的培训、绩效、保留等问题，都是人力资源部门应该处理的工作。事实上，研究证明，直线主管才是最有效、最能影响到员工的培养、激励和保留的人。因此，直线主管必须担负起自己在打造组织能力方面的责任。

附录 2A　组织能力的规划模板

公司可以就组织能力建设进行两三天的研讨会，参与的人员包括总裁、人力资源主管和直线主管，他们就公司要打造的组织能力和具体的行动方案展开头脑风暴，达成共识。战略人力资源规划的重点是要优先考虑两三种主要组织能力和几项人力资源举措（见表 2-1）。

表　2-1

概　念	问　题	看　法
运营环境	影响公司成败的战略趋势有哪些？ ● 技术发展 ● 客户和市场变化 ● 竞争对手 ● 法令改变 ● 供应商 ● 其他	
战略方向	在这些战略趋势下如何取胜？ ● 公司想在何处竞争？ 　产品 　地区市场 　目标客户群 ● 我们如何超越竞争对手？ 　成本领先 　技术领先 　客户导向 　服务 　速度 　质量 　便利性 　其他	
组织能力	我们需要何种组织能力？ ● 确定两三个关键的组织能力 ● 如何衡量这些能力的成功与否	

（续）

概　念	问　题	看　法
人力资源体系	人力资源／管理体系如何设计？ • 人员配置（招聘、调动、晋升、淘汰） • 发展 • 评估 • 奖励 • 组织设计 • 信息传递	

附录 2B　常用组织能力字典

这里列举了一些公司常用的组织能力供读者参考。

- 灵活弹性：具有高度灵活性和弹性，可适应新的竞争环境。
- 创业精神：具备创业精神，能创建新的事业或开拓新的市场。
- 创新：具备创新能力，能开发新的产品、服务、流程或经营模式。
- 速度：能比对手更迅捷地完成任务（如推出新产品、交货或服务客户等）。
- 自主综效：指既能保持不同业务的自主独立性，又能兼顾联合作战的整体效能。
- 全球运营管理：企业运作、企业文化与企业领导力皆具全球性运营管理能力。
- 客户导向：以满足客户需求为组织和运营管理的重点。
- 技术领先：成为本行业的技术领先者。
- 低成本：以较竞争对手更低的成本生产产品。
- 渠道开拓管理：能有效开拓／管理经销渠道。
- 服务：能提供更优质的服务。
- 质量：能制造更高品质的产品。
- 学习力：能比对手学得更快。
- 生产力：能每年不断提升生产力。
- 联盟：能与各种组织结成联盟。
- 并购：能有效并购其他公司。
- 外包：能有效将非核心业务外包。

附录 2C 组织能力诊断工具

根据企业自身的实际情况，外部顾问可以帮助企业设计评估战略、组织能力和三大支柱的相关问卷，并让不同层级和部门的主管以及员工填写问卷，以了解公司在这些方面的现状和存在的问题。以下是简单的例子（见表 2-2）。

表 2-2

评估维度 \ 同意程度	1	2	3	4	5	6
战略						
1. 我清楚地知道公司的战略方向						
2.……						
3.……						
4.……						
5.……						
组织能力						
6. 和主要竞争对手相比，我们公司的产品具有更强的竞争力						
7.……						
8.……						
9.……						
10.……						
员工能力						
11. 公司清楚了解执行新战略所需的人才						
12.……						
13.……						
14.……						
15.……						
员工思维模式						
16. 公司清楚了解执行新战略所需的核心价值观和行为准则						
17.……						
18.……						
19.……						
20.……						
员工治理方式						
21. 公司清楚了解执行新战略所需的组织架构						
22.……						
23.……						
24.……						
25.……						

参考资料

［1］ 海底捞变阵（https://www.thepaper.cn/newsDetail_forward_27851131）。

［2］ 美的官网（https://www.midea.com.cn/About-Us/Innovation/research-centers）。

［3］ 京东官网（https://about.jd.com/company）。

［4］ 刘强东. 刘强东自述：我的经营模式［M］. 北京：中信出版集团股份有限公司，2016.

第二部分

组织能力建设工具

▼

第 3 章

CHAPTER 3

打造员工能力

找对人：制胜团队的必要条件

美国 NBA 赛事是篮球迷们绝不会错过的比赛，各支球队都有自己的明星球员，但是如果都由最佳球星组成梦幻队的话，这支球队是否一定能赢得冠军？答案是未必。球队的实力不仅来自于球员高超的个人能力，很大程度上还要依靠大家能力的互补和默契配合，例如，有的善于投篮得分，有的善于抢篮板，有的善于防守。球队的胜利靠的是整个团队的战斗力。与此同时，整体团队的战斗力也必须依靠每个成员的能力，没有单个球员的扎实功力，团队也很难持续胜利。

要在中国市场乃至全球市场制胜，企业需要打造如低成本、质量、速度、服务、创新或定制化等方面的组织能力。而要打造好这些组织能力，就需要强化和组织能力匹配的员工能力（见图 3-1）。和赢得篮球赛需要团队的战斗力一样，企业的成功靠的不是少数几位明星员工，而是整群人共同作战发挥的能力。例如，河南许昌的零售企业胖东来因为独树一帜的贴心服务火爆全网，被称为零售业的"海底捞"、超市业的天花板。胖东来强调的员工能力是专业服务，这一能力必须是从营业员、收银员、清洁工、保安员到门店主管等每个部门的每个员工所共同具备的，这样才能通过优质的服务被客户所感知到。胖东来有一个特色服务，那就是"全民皆兵"。在胖东来参观时，笔者遇到一位顾客要的某品牌牛奶售罄，顾客随便拉住一名扫地的大姐寻求帮助，不到 3 分钟，问题就得到了解决。在胖东来，任何员工面对客户询问，要么他会直接解决，要么他会找到能解决这个问题的人。这就是我们讲的，员工能力不是一个人的能力，而是集体的能力。对于追求创新的知识密集企业如谷歌、OpenAI、苹果等，人才密度非常关键，需要的都是在自身专业领域绝对顶级的人才，因为这些企业的创新性任务，不是靠人海战术完成的。

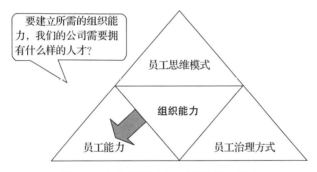

图 3-1　与组织能力相匹配的员工能力

　　员工能力是打造组织能力的三大支柱之一。但是，企业对于员工能力的要求不是一成不变的。随着外在经营环境的改变，企业的战略和与之匹配的组织能力需要调整，企业所要求的员工能力也随之变化，如此，才能持续支撑企业的发展。当移动互联时代到来时，在快速变化的环境中，企业需要的更多是不同领域的精英和开创性的人才，以便以创新的方式更好、更快地满足客户需求。当企业从国内走向全世界时，对管理层的能力就提出了更高的要求，他们必须具备全球经营管理的能力。当企业从贴牌代工走向经营自有品牌时，员工能力就要从低成本制造能力延伸到用户洞察能力、品牌管理能力和渠道开拓能力。如果员工能力不强，企业就难以有效实施战略并和竞争对手抗衡；如果员工能力与组织能力不匹配，企业的发展就会南辕北辙，越走离目的地越远。那么企业应该怎样系统地建立和强化与组织能力匹配的员工能力呢？我在这里介绍一个过去几十年在欧美企业与亚洲企业中广为流行的能力规划模型，可以帮助企业系统地规划人才，确保公司战略的实施。能力规划模型主要思考的问题有三个（见图3-2）。

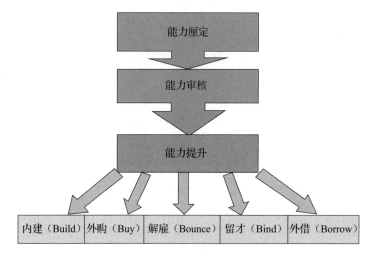

图 3-2　员工能力的规划模型

（1）能力厘定：根据公司未来三年的战略，我们需要什么样的人才？需要的人才数量是多少？这些人才必须具备什么能力？

（2）能力审核：我们目前拥有多少人才？这些人才具备什么能力？要实现公司未来三年的战略目标，这些人才在数量上是否足够，在质量上的主要差距在哪里？

（3）能力提升：了解到员工目前的能力水平与未来所要求的水平的差距之后，如果要有效提升员工能力，我们可以采取以下五个方式（5B）。

- 内建（Build）：内部培养现有人才。
- 外购（Buy）：外部招聘合适的人才。
- 解雇（Bounce）：淘汰不胜任的人才。
- 留才（Bind）：保留关键人才。
- 外借（Borrow）：借用不属于自己公司的外部人才。

从本章到第 6 章，我将向大家介绍如何运用以上的模型进行员工能力规划并通过 5B 来有效弥补企业在员工能力上的差距。

公司需要什么样的人才

能力模型介绍

建立员工能力的第一步是要选对人才。找对人，企业和人才皆大欢喜。人才如鱼得水，施展所长；企业可以确保战略实施。而找错人，不但事倍功半，还延误商机，甚至给企业带来致命的危害。或许你不相信，创建于 1763 年的百年老店巴林银行（Barings Bank）竟毁于一个 28 岁的年轻人尼克·利森（Nick Leeson）之手。他未经授权进行东京证券交易所日经 225 股票指数期货合约交易。交易失败导致巴林银行巨额亏损，最后以 1 英镑的象征性价格被荷兰国际集团收购。

人才对企业的生存和发展至关重要，尤其是在优秀的管理人才及专业人才短缺、管理体系相对薄弱的中国，人才因素的重要性显得更为突出。但什么是公司需要的人才？这是能力模型必须回答的第一个问题。能力模型（competency model），又称素质模型、胜任力模型或资质模型，是指员工胜任工作、实现企业战略目标所需的知识、技能和素质。知识和技能可以通过后天的学习和经验积累获得，但有些素质却与一个人的先天特质和早年的成长环境有关。与知识和技能相比，素质更难以培养。

能力模型在几十年前诞生时有它特殊的时代背景。当时很多欧美跨国企业由于外在经营环境发生巨变而进行大幅度的战略转型，企业的组织能力需要调整，继而对员工能力提出新的要求。我们可以借通用电气和 IBM 的例子来具体了解这一情况。

通用电气　20 世纪 90 年代，时任通用电气 CEO 的杰克·韦尔奇发现竞争日趋激烈，改变越来越快，客户要求越来越高，竞争全球化的趋势十分明显。为了适应这一环境的改变，他要求通用电气的 12 个事业群有各自的战略专注，比如照明和设备事业群需要提高生产率，金融服务事业群要通过并购实现快速成长，而医疗事业群则要强化创新能力。除此之外，他要求所有事业群都要"速度制胜，以快打慢"：通过快速推出产品、快速决策、对市场做出快速反应等措施战胜竞争对手。要具备这样的优势，企业必须做到简单和无边界管理。简单就是层级简单、流程简单、决策环节简单。所谓无边界指的是减少公司内部部门之间、层级之间，甚至是企业与外部客户、合作伙伴之间的隔阂，以确保企业能快速有效地整合信息和人才，快速反应。在这样一个背景下，韦尔奇思考公司需要什么样的人才，尤其是领导人才，因为一个官僚体系的组织所要求的人才和一个简单、无边界的组织所要求的人才完全不同。为了帮助企业转型，通用电气在当时制定了包含以下 10 个能力的领导力模型（附录 3A 有更详细的描述）。

- 愿景（vision）
- 客户 / 质量至上（customer/quality focus）
- 诚信（integrity）
- 责任心 / 投入（accountability/commitment）
- 沟通 / 影响（communication/influence）
- 共同承担 / 无边界（shared ownership/boundaryless）
- 团队建设者 / 授权（team builder/empowerment）
- 知识 / 专业技能 / 智慧（knowledge/expertise/intellect）
- 主动 / 速度（initiative/speed）
- 全球化思维模式（global mindset）

而 2001 年杰夫·伊梅尔特接任通用电气 CEO 之后，随着经营环境的改变，他发现企业现在所面临的形势与韦尔奇时代大不相同：靠并购成长的阶段已过去，企业进入要靠由创新和创业精神驱动的内部成长来发展的新阶段。这一外部环境的变化对领导人才提出了不同的能力要求。在参照了 15 家 10 年来年增长率达到全球 GDP 年增长率 3 倍的内外部公司的人才标准之后，通用电气于 2004 年年底明确了领导人才的 5 个新能力（附录 3B 有更详细的描述）：

- 市场和外部导向（market and external focus）
- 清晰战略思考（clear thinking）

- 想象力与勇气（imagination and courage）
- 吸纳和网罗人才（inclusiveness）
- 专业技能（expertise）

IBM　在郭士纳上台之前，IBM 以技术领先制胜，但是昔日的蓝色巨人跟不上行业的发展，在市场中逐渐失去优势。郭士纳上台后推行了一系列变革措施，公司战略从硬件技术领先者调整为 IT 整体解决方案提供者，以满足如通信、金融、零售等不同行业客户的需求，利用信息技术帮助这些客户提升效率和竞争力。这种战略转型要求 IBM 变成一个以客户导向和创新为组织能力的公司，对人才的能力要求也和过去大不相同。人才不能闭门造车，继续像过去那样研发出最先进的大型主机然后大力推销给不同的客户，现在他们需要倾听客户声音，在了解客户需求的基础上进行创新。当时郭士纳为了配合这一战略转型，确定了以下 10 个领导能力。

- 对客户的洞察力（customer insight）
- 创新的思考（breakthrough thinking）
- 达到目标的动力（drive to achieve）
- 直言不讳（straight talk）
- 团队精神（teamwork）
- 决断力（decisiveness）
- 培养组织能力（building organizational capability）
- 教导 / 培养（coaching）
- 工作奉献度（personal dedication）
- 对业务的热诚（passion for the business）

郭士纳对人才能力的新要求向 IBM 的员工指明了他们应该努力的方向，这成为 IBM 战略转型中的一个重要部分。而到彭明盛（Samuel Palmisano）继任之后，他发现网络时代给 IBM 的客户提出了不同的要求，IBM 的客户必须有求即应，快速反应，因此 IBM 也要做出调整，更好地帮助客户制胜。为了配合这一转变，在咨询公司的协助下，基于对在这种新环境中绩效出色、符合新价值观要求的 33 位主管的访谈，IBM 推出了 10 个更新的领导力要求。

- 与客户建立伙伴关系（building client partnerships）
- 协同合作的影响力（collaborative influence）
- 拥抱挑战（embracing challenge）
- 横向思维（thinking horizontally）
- 基于信息做出判断（informed judgment）
- 敢于承担战略风险（strategic risk-taking）
- 赢得信任（earning trust）
- 促进成长（enabling growth）
- 对 IBM 未来充满激情（passion for IBM's future）
- IBM 员工培养和社团发展（developing IBM people and community）

这些成功的例子说明：能力模型不是一成不变的，它的建构需要与战略方向和组织能力紧密联系。

专业能力与核心员工能力

在其他公司表现出色的人才到你的公司是否也能表现出色？让我们先来看看以下 3 个案例。

案例 1 某民营企业的老总从国有企业挖来一位管理经验丰富的人力资源总监，到任后却发现这位总监的思维模式与他格格不入，老总要求所有高管都要有开放学习的心态和快速反应的做事风格，而对方思维固化，不愿改变自己以往的做事方法，办事慢吞吞，把大量的时间花在揣摩各种人际关系上。结果不欢而散，这位总监几个月后就离开了企业。

案例 2 某本土企业高速发展，创业元老的能力跟不上公司的发展，因此公司重金从几家跨国公司引入了一批高管负责一些业务和职能部门。这一本土企业具有强烈的创业家文化，老板做决策通常凭直觉，花钱小心翼翼，也常常越级，和原本熟悉的"老臣子"直接沟通。这和空降兵们的做事风格大相径庭。空降兵们虽然都有十八般武艺，却难以在这家公司施展，达不到老板原本期望的成效。

案例 3　某 IT 企业从高校招聘了一批毕业生担任研发人员。为了确保招到的是专业能力最强的拔尖人才，公司专门招纳中国最顶尖大学中学习成绩最优异的学生，并且通过标准化的专业能力测试确保万无一失。但是令公司主管意想不到的是，不少学生到了工作岗位以后只醉心于个人成就，喜欢钻技术上的牛角尖。他们不考虑产品对客户的便利性，也不愿意和其他同事通力合作，导致产品研发一波三折，新产品推出进展缓慢。

这三个案例说明了一个有趣的现象：人才是相对的，不是绝对的，在一家组织表现出色的人才到了另一家组织却未必是合适的人才。

在第一个案例中，该名人力资源总监在国企是个人才，不然民营企业的老总也不会把他挖来。但令民营企业的老总没有想到的是，他自己的企业和人力资源总监所工作的国企文化差异这么大，也没有料到对方在原来单位工作了几十年之后，已难以改变自己去适应另一种反差很大的企业文化。

第二个案例在很多本土企业中很常见。在创业期，企业资源有限，难以吸引最优秀的人才，一个人常常要当几个人用，这个时候老板眼里的人才是任劳任怨、不计较薪酬、24 小时开通手机、老板一声令下马上行动的人才。到了企业规模扩大、需要建立规范的管理体系时，这些创业元老虽然对企业忠心耿耿，无奈视野和管理能力都跟不上企业的发展，这时企业最直接的做法是从跨国公司引入职业经理人。论专业能力，这些职业经理人个个都很强，但是他们到了这些创业型的民营企业中能否如鱼得水呢？情况因人而异。有些优秀职业经理人可以让企业业务和管理体系更上一层楼，但是也有不少职业经理人在民营企业失败了。其中的原因有很多，其中一个重要原因就是水土不服，老板在选人时只关注专业能力，而没有去深入了解他们的经营理念、做事方法是否和自己的企业相匹配。

在第三个案例中，这些在学业上最拔尖的学生个人能力很强，如果只看他们的专业能力，他们一定是当之无愧的人才，但在需要客户导向和团队合作的产品研发中，如果他们单打独斗，只从自己而非用户的角度思考问题、开发产品，他们就不能创造企业所期望的价值。

三个案例中的这些人的专业能力都很强，更换工作后这一点也没有发生变化，但他们在新环境中不能贡献所长的原因是另一种能力——核心员工能力的不匹配。

专业能力是指与员工从事的具体职能和工作相关的知识及技能，它直接影响员工能否达到岗位的工作要求。例如，从事财务工作的人必须了解财务会计原理和准则，而从事营销的人必须了解产品定位、价格、推广和渠道管理。核心员工能力是指针对公司全体员工，围绕公司的战略和文化，影响到组织能力的相关行为和素质，如客户导向、团队合作、速度、灵活性等。

　　通常来说，企业在考虑人才时更重视专业能力，而核心员工能力常常被忽略，其实真正适合公司的人才必须同时具备专业能力和核心员工能力。这样的员工既能把岗位要求的工作做好，同时又不乏公司整体组织能力要求的行为和素质。人们常常以为一个人才，在这个公司表现出色，那么换一个行业、换一家公司，他也应该同样出色，但结果往往出乎意料。很多人跳槽后水土不服，其中一个很重要的原因就是虽然两家公司对专业能力的要求接近，但对核心员工能力的要求不同。20 世纪 90 年代初期，宏碁创始人施振荣为了实现全球化的"龙腾计划"，从 IBM 引进了 200 多位中高层管理人员，其中包括去宏碁担任总经理的刘英武，但是过了几年其中大部分人都"阵亡"了。"阵亡"的原因并不是他们的专业能力不强，而是他们不适应宏碁的企业文化。IBM 赚钱靠花钱，投入大手笔的研发和营销费用，准备开发和销售更高端、利润更丰厚的产品和服务。但在宏碁赚钱靠省钱，在研发和营销都要求更少投入达到更高产出，高管出差乘坐经济舱，纸要两面用，也不住五星级酒店。IBM 的企业文化是美国文化，作风强势，强调通过绩效管理来提升效率，这和宏碁原有的东方式注重和谐的管理方式不同，最后决策思路和管理风格都不能磨合，只能分道扬镳。

　　因此企业在招聘的时候一定要兼顾专业能力和核心员工能力，要选择和企业匹配的合适人才。例如，微软、谷歌等高科技行业的领先公司倡导创新，需要的是一流的聪明人才，因此从一流大学找符合专业能力和核心员工能力要求的最优秀的人才，为他们提供最好的工作待遇和条件，双方都满意。以低成本为组织能力的格兰仕青睐的是符合公司战略和企业文化的"聪明的苦孩子"，喜欢招的是在内地的大学中成绩中上、家境贫寒的学生。

能力模型的益处

　　建立和应用能力模型会产生管理成本，因此企业要根据自身的发展状况决定是否应用这一工具。对于现阶段的中国企业来说，其中有一部分企业在经过十几年的高速发展之后，主管人数不断增多，但主管之间的管理风格和行为方式相差悬殊，公司的管理容易出现混乱，内部沟通协调成本增加，山头林立。在这种情况下，公司就有必要明确人才标准，建立能力模型。能力模型可以带来三个益处。

（1）帮助公司系统地进行战略转型。通过明确界定人才要求，能力模型可以帮助公司实施新战略，建立新的组织能力，让大家用同一框架，朝同一方向努力，有系统、有重点地改善行为、提升能力。这也可以在一定程度上避免不同主管凭自己的主观臆断和不同标准来选择和评判人才。

（2）系统地协调人力资源工作的重点。通过对能力模型的运用，公司的人力资源工作，如招聘、培训、考核、晋升，都可以围绕需要聚焦的能力来进行，避免不必要的资源浪费，如果招聘时不把关，员工进来后的培训就事倍功半。

（3）针对个人发展需求制订个人发展计划。通过针对各项能力的 360 度问卷调查或其他能力评估工具，员工可以了解自己需要改善的重点，并制订符合自己发展需要的个人发展计划（individual development plan），做到有的放矢，避免一刀切。

如何建构能力模型

能力模型对于公司打造组织能力、配合未来战略实施极为重要，那么，公司应该如何建构自己的能力模型呢？根据能力模型的有效性（validity）和高管的接受度（acceptability），常见的方法有四种（见图 3-3）。

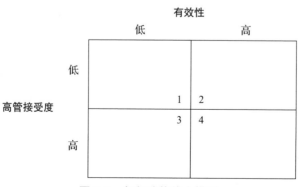

图 3-3　如何建构能力模型

　　方法1：人力资源团队进行头脑风暴，提炼出一些支持公司战略发展和企业文化的核心员工能力，但最后做出来的能力模型不一定能帮公司找出真正需要的人才标准，又因为没有高管的参与而得不到他们的支持，最后执行时阻力很大。这个方法的缺陷是人力资源团队闭门造车。

　　方法2：由外部咨询顾问操作，虽然他们的专业程度很高，但是没有高管的积极参与，最后产出的能力模型很难得到高管的认同。有一家公司的总裁曾经对我抱怨外部咨询顾问所做的能力模型耗时费力却没有成效，他说："我只要一张床，可是他们造了一间房，更糟糕的是，我跑进去还找不到床。"

　　方法3：高管之间进行头脑风暴，但是他们不具备专业的知识，最后形成的能力模型不一定被验证有效。

　　方法4：由外部有经验的咨询顾问主持，高管参与，并配以已被验证有效的能力模型字典，协助大家达成共识。

　　以上几种方法中，第四种方法的有效性和接受度最高。既可以避免高管天马行空，确保从能力字典中挑选出的能力确实是已经通过验证的，又可以通过高管的参与确保讨论结果的接受度，为未来能力模型在企业中的应用和落实打好基础。

　　在运用第四种方法建构能力模型时，可以采用以下的流程（见图3-4）。我以核心员工能力为例来说明这个流程，这个过程一般只需要一个月。建构专业能力模型和领导力模型的方法与此相同。

　　（1）行为事件面谈。先由咨询顾问或公司人力资源部运用行为事件面谈法对公司各层级业绩突出、做事方式符合公司价值观的主管和员工进行访谈，让大家在公司未来战略实施和企业文化落实方面列出

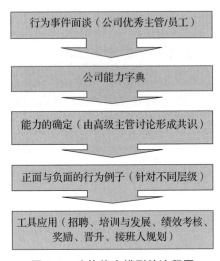

图3-4　建构能力模型的流程图

一些自认为关键的核心员工能力，并提供实在的例子。在下一章中我将更具体地介绍行为事件面谈法这一工具。

　　（2）公司能力字典。顾问对面谈的结果进行整理和提炼，形成公司能力字典。

在编辑能力字典时可以分维度考虑，帮助大家更清晰、全面地思考所需要打造的核心员工能力。我通常从四个维度进行考虑：个人效能（例如正直诚信、学习能力）、与人相处效能（例如团队合作、冲突管理）、业绩和营运效能（例如客户导向、绩效管理）、创新和变革效能（例如战略规划、管理变革与转型）。此外，在编辑能力字典时，也可以根据企业具体情况，适度参考外部标杆企业的能力模型，但是不要照搬，因为每家企业的发展阶段不同，面临的经营环境、战略、文化和组织能力不同，所要求的员工能力也不可能一模一样。

（3）能力的确定。由咨询顾问主持一天的研讨会，让高管分组讨论，根据企业未来三年的战略和要打造的组织能力，参照公司的能力字典，分别提出 4 ～ 8 项关键的能力，分组讨论之后向所有参与者报告，通过讨论达成共识。厘清核心员工能力之后，高管再进行分组讨论和汇报，明确针对各项能力的可观察、可衡量的行为指标。

（4）正面与负面的行为例子。开完研讨会之后，咨询顾问再进行相关的焦点小组访谈，明确针对各项能力和行为指标，各层级典型的正面和负面行为例子，作为 360 度评分的参考。例如，一家零售商把"客户导向"定为核心员工能力之一，它的行为指标中有一项是"聆听客户声音，准确地把握并满足客户需求"。由于一线员工（营业员）、中层主管和高层主管的工作性质、范围和高度不同，因此针对同一行为指标的正面和负面行为例子也不同。比如，营业员要做的就是在和客户的每次接触中耐心聆听，了解客户需求并推荐适合客户的商品。对于中层主管而言，他们要做的是建立了解客户需求的渠道和流程，并培训营业员有效地收集有关客户需求的信息。高层主管则更多的是分析来自基层和外部市场的客户信息和行业趋势，结合商店的品牌定位，推出满足客户目前和潜在需求的商品和服务。除了应用正反面的行为例子，其他常用的做法是提供分层次（如 1 ～ 5 分）的不同行为描述。

公司在建构能力模型时，有几点需要注意。

- 未来导向：有些公司在建构能力模型时只关注过去，在访谈中会把提问的重点放在公司过去取得成功所表现出来的能力，但这些能力未必能帮助公司取得未来的成功，特别是当外在经营环境发生改变、企业战略转型时尤其需要注意。因此在设计访谈问题和主持研讨会时要切记不要掉入过去成功的陷阱，而要专注于公司未来成功所需要的员工能力。

- 高管接受度：人力资源部门或咨询顾问在建立能力模型时常犯的错误是忽略高管，他们要么信心不足，要么怕占用高管的时间。但是，高管最清楚公司的战略、组织能力和人才需具备的能力，如果没有他们的参与和支持，最后出来的能力模型未必符合公司的战略需要，也常常难以得到他们的认同，更谈不上让他们支持能力模型的应用和落实了。因此一定要在建立能力模型的过程中让高管参与并与之达成共识。

- 聚焦：不少公司的能力模型常常做得华而不实，洋洋洒洒很多条，觉得每条都很重要。但是，这样的能力模型很难让员工记住，更不用说应用和落实了。更重要的一点是，对公司来讲，能力模型建立之后还有大量工作要做，例如，如何把能力模型应用到人员的招聘、培养、考核和晋升上，如果重点不突出，往往会导致资源分散而看不到能力改善的成果。我的建议是聚焦于对打造组织能力最为关键的 4 ～ 8 项核心员工能力，这样才能有的放矢，取得效果。

- 注重落实：公司常犯的另一个错误是本末倒置。它们往往在制定能力模型时花费大量时间，力求准确。但是，能力模型的关键在于落实，应把 80% 的精力放在后端的应用和落实上，这样才能快速地看到产出。如果前期投入大量的时间，会因为不能很快产生效果而让高管认为建构能力模型是劳民伤财。

落实能力模型的关键成功因素

建构能力模型并不难，难的是落实。让主管和员工朝着同一方向去持续努力，在 3 ～ 5 年之后他们整体体现出能力模型中所要求的这些能力和行为，并不是一件容易的事情。根据我的咨询经验，能力模型的成功落实有三个关键因素。

1. 具体的行为指标

在建立能力模型时，必须明确针对每种能力提炼可观察、可衡量的行为指标，而且这些行为指标必须是针对自己公司的，这样的能力模型才有可操作性，才能在 360 度评估和面试中使用。以通用电气的能力模型中的共同承担 / 无边界为例，具体的行为指标是：

- 坚持自信，在传统边界之间共享信息，并乐于接受新思想。
- 鼓励 / 宣传团队愿景和目标的共同所有权。
- 信任他人；鼓励冒险和无边界行为。
- 组织"群英会"作为所有人员各抒己见的载体，倾听各方意见。

如果没有这些明确的行为指标，共同承担可能被误解成谁也不用承担，无边界也可能被歪曲成可以随心所欲插手其他部门的事。

联想收购 IBM 的 PC 业务之后，根据联想新文化宣布了四个全球领导力：追求绩效（drive for performance）、赢的态度（winning attitude）、拥抱变革（embrace change）、坦诚沟通（communicate openly）。其中有关"坦诚沟通"这一项，就明确提出直抒己见（speak up and speak out），这就是针对当时中国人和美国人开会时中国人即使不同意也不说出来，让美国人误以为中国人同意了，可会后才发现沉默不等于同意。而在"拥抱变革"中有一条行为指标是快速行动和有危机感（act quickly & with sense of urgency）。有了这样的行为指标，中国人就清楚了要把自己的意见说出来，美国人就知道要比原先更快速行动。通过这样的能力和具体明确的行为要求，双方才能逐步磨合，真正融合成一个新联想。

2. 紧密连接和贯穿于各个 HR 体系

建立了能力模型之后就要在各个 HR 体系中运用。但企业常犯的错误是各个 HR 体系互相脱离，例如，在人才招聘中突出这几项能力，而在培训和晋升中又突出另外几项，这样一来能力模型重点不突出，效果不明显，员工也往往困惑到底他们应该专注在哪些能力上。所有招聘与甄选、培训与发展、奖励、接班人规划、绩效评估和解雇都要围绕能力模型来进行，只有通过长时间聚焦的运用，能力模型才能落实。企业还可以根据需要，每年厘定两三个需要重点改善的能力，循序渐进地提升员工能力。

在应用能力模型时企业要注意根据不同的能力选用不同的 HR 工具衔接。例如，有些能力是早年定型而难以改变的，如冒险、创新、诚信，这需要企业在招聘和筛选时严格把关。有些能力是可以传授的，例如专业能力，可以通过培训和自学来提升。有些能力是需要行为改变的，例如，不少主管的弱点是不听下属的反馈和建议，原因并不在于他们的听觉，而是他们觉得自己比下属要聪明，这个能力弱点是难以通过培训克服的，而是要让他们身边信任的人或外部教练注意他们的行为，发现他们旧病重犯之后通过个别反馈提醒他们改正。

对现有的人才，公司可以根据能力模型对他们进行360度评估（由下级、上司、部门同事和内外部客户进行评估），评估不记名，帮助他们了解自己的强项和弱点，针对他们问题较大的领域制订个人发展计划，运用辅导、培训、工作安排、轮岗等方式进一步提升其能力。对于新员工，企业可以在招聘中根据能力模型评估应聘者和企业的匹配度；在人员的淘汰体系中，企业也有了明确的标准，如果在一两年后员工仍然无法达到能力标准就要淘汰出局；在晋升中也有了除绩效以外的评估标准。

有关能力模型，大家常常提到的两个问题是：到底是把能力模型应用到绩效考核中，还是仅作为个人发展的参考？在打分时，到底是360度，还是270度，抑或是180度？这些问题没有固定的答案，要如何做，取决于公司期望达成的目标和现实情况。因为能力模型是一个帮公司系统转型的工具，如果公司希望大力推动转型，那把能力模型应用在绩效考核中会让大家更重视按照能力模型的要求去提升自己；如果希望温和推进，则可以先从培训和发展开始，第二年再把能力列入绩效考核。目前很多公司还是仅把360度评估用于发展而不是绩效考核。有些公司是先从高管开始打分，之后再延伸到中基层主管和员工的绩效评估中。运用360度评估有助于全方位地了解一个人，同时，因为对于能力和行为的评估本来就很主观，有8～10个人作为上级、下级、同事和内外部客户给一个人打分，可以减少评分中的主观性，但评分不可能绝对客观。在有些企业中，下属给上级打分是一个难以接受的做法，主管担心下级在打分时报复，以致不能有效管理员工，因此在这样的企业中可以先从180度或270度打分开始，等到员工接受度提高之后再引入360度评估。

3. 高管的承诺

能力模型能否在公司内落地关键在于高管，特别是CEO能否在艰难抉择时刻坚守自己的承诺。否则能力模型做得再漂亮，也只是一纸空文。但是，在业绩和能力之间，不少主管难以抉择，最后无奈妥协，对业绩好、能力差的下属睁一只眼、闭一只眼。通用电气的韦尔奇也曾面临这样的两难境地，让我们来看看他是如何抉择的（见图 3-5）。

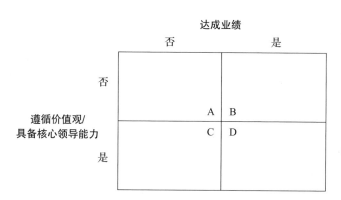

图 3-5　韦尔奇的两难境地

　　这是通用电气考核领导人所用的模型。A 类和 D 类主管比较容易处理。A 类主管既达不成业绩，又不好好遵循公司价值观，且缺乏核心领导能力，这类人直接淘汰。D 类主管业绩好，做事方法也符合公司文化，属于明日之星，等待他们的就是升职加薪。如何处理 B 类和 C 类主管通常让人为难。B 类主管业绩完成情况良好，但做事方法与公司要求相悖，通常其他公司会姑息此类主管，甚至还会看在业绩的份儿上提拔他们，但是韦尔奇的做法是淘汰。在推行能力模型后的一次全球 500 位最高级别管理者的年会上，韦尔奇宣布他上一年淘汰了 5 位主管，其中 4 位就是 B 类主管，剩余 1 位是 C 类主管。C 类主管做事方法好，但是业绩完成得不好，韦尔奇会再给这类主管一次机会，如果仍然完不成业绩，那还是得淘汰，让他们趁早去从事更适合他们的工作。

　　为什么韦尔奇会毫不犹豫地淘汰 B 类主管呢？其中一个原因是韦尔奇明白他们对组织的伤害要大于他们短期带来的贡献，如果不把他们淘汰，其他人就知道公司的价值观和要求的核心领导能力都不是玩真的，只要业绩好，其他没有关系，大家都会模仿 B 类主管，这样一来公司的制度和人力资源的工具就成了摆设，所以韦尔奇要在会上公开宣布淘汰了 4 位 B 类主管，给其他高管一个明确的信号：

通用电气的主管必须两者兼备。另外一个原因是，通用电气一直注重人才培养，每个关键岗位都有 3 个接班人，因此韦尔奇可以大刀阔斧地淘汰不合适的人。如果没有储备人才，那老总只能表面客气，背后叹气，转型也不可能成功。

需要避免的错误

通常企业在建构和落实能力模型的各个阶段都会犯错误，以致达不到预期的效果。每个阶段会犯的错误如下所示。

1. 规划阶段

由人力资源部门一厢情愿地推动能力模型，高管不认同或者表面上同意，心里并没有真正觉得能力模型重要。另外，在建立能力模型的时候，过度关注帮助企业取得过去成功的能力，而不是关注企业未来战略转型的需要。

2. 评估阶段

第一个常犯的错误是员工不了解能力模型，不了解为什么要采用 360 度打分，为了安全起见，他们偏向于打高分，这样出来的分数并不真实。第二个常犯的错误是选来打分的人不合适。有的公司为了鼓励部门之间互相支持，就采用全员打分的方式，但是不少同事之间很少有工作上的接触或者完全不了解对方，这样打出来的分数可想而知会多么不严谨。第三个常犯的错误是员工对能力的定义不清楚，不知道这些能力是什么意思，在给自己的上级、下级或平级的人打分时是参照同样的标准还是不同的标准。这些问题通常是由于缺乏清楚的针对各层级人员的正负面行为的例子，或者是人力资源部门的同事没有把这些信息和员工沟通清楚，带来的困扰是分数如何打，什么情况下打 1 分，什么情况下可以打 3 分或 5 分。如果没有清晰的打分参照说明，员工只能全凭主观判断去打分。

3. 反馈阶段

不少公司打完分后就把报告丢给员工，没有提供解读报告的支持，以便让员工正确理解报告，也没有从心理上帮助员工做出调适，使其接受报告内容。员工在看到报告时通常要经历情绪的激荡，这一过程被称为"SARAH"。他的第一反应是吃惊（surprise），想不通为什么会有这样低于他预期的评分结果；第二反应是愤怒（anger），想找出打出这个分的是谁；之后是拒绝（rejection），认为能力模型是无效的，要么打分的标准有问题，要么打分的人不公平，总之他要找一切理由来推翻报告；这时就需要教练帮他解读报告，让他平静下来，接受现实（acceptance），正确地理解和愿意接受报告内容，发现自己的确在某些方面有不足；最后是重新积聚希望（hope），愿意按照推荐或教导的方法来提升需要改善的地方。员工会有这些反应很正常，这是出于自我保护的心理。如果有专业的人员引导他，他就会正确地看待自己的这些反应，并慢慢接受报告和做出改善，否则他要么否认报告内容，要么认为报告不重要或者与他无关。

　　另一个常见的错误就是没有帮助被评价人根据报告内容制订个人发展计划，就好像病人拿到了体检报告，知道自己有高血压、糖尿病等，但医生却不告诉他应该采取什么行动去治疗。我也观察到一些好的做法，有的公司给被评价人安排一个外部顾问或者由上司帮助他解读报告内容和制订改善计划，针对他需要改善的重点，向他介绍一些改善的方法；有些公司甚至给员工提供一本"宝典"，里面介绍了应该通过什么方法去提升相应的能力。

4. 执行阶段

　　随着时间的推移，高管对能力模型失去了兴趣或把注意力转向别的事物，不再像开始时那样满怀热情地去大力推动能力模型的实施。他们一松懈，其他人马上也会松懈，把能力模型搁在一旁。又或者，高管制订了个人发展计划之后，落实情况却无人跟踪。或者有个人发展计划却没有执行，不管是培训还是工作委派，抑或是指派教练，统统都是空谈，没有付诸实践。

　　这些都是企业在建构和落实能力模型过程中常犯的错误。一些企业本末倒置，虎头蛇尾，花80%的精力去制定能力模型，而越到后面关注越少、投入的时间精力越少。但实际上，后面的应用落实阶段比建构能力模型的阶段更为重要，需要持续投入大量的精力和时间才会看到成效，才能真正帮助企业系统地建构组织能力，实现战略转型。

能力审核和规划

在明确了未来发展所需要的能力之后，企业可以针对现状和未来的需求找出差距并设法弥补。在这里，我以一个虚构的企业为例介绍能力审核和规划的流程和方法（见表 3-1）。

表 3-1　能力审核和规划

能力类型	现有能力（第二步做盘点）	能力差距（第三步找差距）	未来需求（第一步做规划）
专业能力	海外销售管理人员 发展中国家： ● 3 位符合 2025 年要求 ● 8 位可作为 2026 年的储备人才 欧美市场： ● 3 位可作为 2027 年的储备人才	量 ● 缺少 3 位 2025 年开拓发展中国家的海外销售管理人员	海外销售管理人员 2025 年：发展中国家 6 位 2026 年：发展中国家 12 位 2027 年：发展中国家 12 位，欧洲 2 位，美国 1 位
核心能力	2025 年 1 月平均分 ● 正直诚信 4.0 ● 认真尽责 3.6 ● 客户导向 3.3 ● 追求卓越 3.4 ● 团队合作与管理 3.4 ● 创新变革 3.1	质 ● 作为发展中国家销售管理储备人才的 8 位人员需要提升口语能力和对海外市场文化习俗的了解 ● 3 位针对欧美市场的销售管理储备人才需要更多了解当地文化和经营环境 ● 每个核心能力的平均分还需要提升 0.4 分，但创新变革能力差距最大	2025 年 12 月期望平均分 ● 正直诚信 4.1 ● 认真尽责 3.8 ● 客户导向 3.8 ● 追求卓越 3.8 ● 团队合作与管理 3.8 ● 创新变革 3.8 2026 年 12 月期望平均分 ● 正直诚信 4.2 ● 认真尽责 4.2 ● 客户导向 4.2 ● 追求卓越 4.2 ● 团队合作与管理 4.2 ● 创新变革 4.2

1. 背景

经过 10 年的发展，一家本土的工程机械设备生产商在中国已经达到一定规模，销售额 20 亿元人民币，员工 3 000 多人，几个细分产品在本土市场上已经进入了前五位——前三位均为跨国企业，公司也有少量的产品通过展览会外销海外市场。与跨国公司的产品相比，该公司的产品具有更高的性价比。在对全球的工程机械设备市场做了市场调研之后，该公司决定实施全球化战略，成立国际业务事业部，由一位熟悉海外市场业务的副总裁负责，分两步拓展海外市场：2025 年先进入南亚、非洲和中东的发展中国家，两年后取得质量和安全环保认证，拓展欧洲和北美市场。在进入海外市场时考虑先以代理制为主，由经销商负责设备安装、使用培训和维修。

2. 专业能力的需求和差距

考虑到两步走的全球化战略方案，公司制定了一个为期 3 年的人才规划。考虑到对公司产品、人脉和文化的熟悉度，一开始先从国内派业务员开拓国际市场，熟悉当地市场以后再找当地人管理。2025 年，需要面对发展中国家的海外销售管理人员 6 名。2026 年，随着公司拓展市场的细化，预计海外销售管理人员增加到 12 名。2027 年，公司需要新增加覆盖欧洲和美国的销售管理人员 3 名。在该公司，所有的销售管理人员必须具备的专业能力为：产品知识、市场分析、影响说服、渠道拓展与管理。这些能力从低到高分成 3 级。要满足海外市场的需求，海外销售管理人员除了要在这些能力上达到 3 级之外，还必须具备平衡抗压能力和一定的外语水平与跨文化的适应能力。按照未来 3 年的人才需求，公司内部基本符合发展中国家销售管理人员能力要求的只有 3 位，另外 8 位有潜力，但外语口语和跨文化适应能力有待进一步提升。具备开拓欧美市场潜力的人员有 3 位，有良好的产品知识和经销商管理经验，但对欧美市场的文化和经营环境了解较少。

3. 核心能力的需求和差距

发展到这样一个规模后，公司希望进一步提升管理能力，为全球化做准备，也在外部顾问的协助下建立了核心员工能力模型，包括正直诚信、认真尽责、客户导向、追求卓越、团队合作与管理以及创新变革。针对每种能力，公司明确了行为指标和高层主管、中基层主管、员工的典型正负面行为的例子。2025 年 1 月公司对所有人进行了 360 度评分，但第一次的分数只作为个人发展参考，12 月第二次打分，正式列入绩效考核（占考核的 30%），并与激励晋升挂钩。根据未来战略的需要，公司制定了 2025 年 12 月和 2026 年 12 月要达到的能力平均分。

4. 弥补能力差距的战略（5B）

- 外购（Buy）：根据能力要求，从外部招聘 3 位针对发展中国家的海外销售管理人员。

- 内建（Build）：针对核心能力的差距，公司可以安排相关的课堂培训、外部标杆访问和教练辅导。针对 8 位有可能担任 2026 年发展中国家销售管理人员的员工，公司可以安排海外市场拓展课程和内外部人员做经验分享，并安排他们去外语院校进行短期口语强化训练，一年后从中选出能力较强的 6 位。由于欧美市场的开拓难度和未来公司海外发展的战略地位，可考虑选送 3 位有潜力的人员去欧美的商学院参加 EMBA 课程进修，提升全球视野，同时熟悉当地市场和文化，建立人脉，为 2027 年做准备。

- 解雇（Bounce）：到 2025 年年底，对于达不到核心能力平均分的主管和员工，不考虑晋升。如果到 2026 年年底仍然达不到，则要降级或淘汰。

- 留才（Bind）：考虑到海外销售管理人员对实施公司全球化战略的重要性，会提高他们的薪酬福利；由于他们在海外时间较长，公司还将提供对他们家庭的支持，减少其后顾之忧。

- 外借（Borrow）：考虑聘请一名顾问，担任海外市场销售顾问，理想的人选是从同行业的跨国公司退休的、具备国际市场营销经验的高管，以项目形式指导海外市场的开拓。

以上是一个简单的能力审核和规划的模型，仅供参考，实际情况比这复杂得多。例如，要提供符合海外市场需求的产品，公司还需要研发和制造方面的专家，以进一步提升公司产品在国际市场上的竞争力，但可以用同样的方法去规划，在此不一一列举。有关如何运用 5B 弥补能力差距我将在第 4～6 章中详细介绍。这一章的关键目的是希望大家了解：公司要系统地打造员工能力以支撑组织能力建设，第一步就是明确人才标准。如果人才标准模糊，后面所做的都是无用功。要明确人才标准，可以通过能力模型这一工具来清楚地说明专业能力和核心能力，然后通过人才审核和盘点找出人才差距所在，再思考使用 5B 中的哪些工具能最有效建立所需的人才团队。在后面的三章中，我会进一步介绍人才招聘、培养、保留和淘汰等工具。

附录 3A　杰克·韦尔奇担任 CEO 时期的通用电气核心领导力模型

杰克·韦尔奇担任 CEO 时期的通用电气核心领导力模型如表 3-2 所示。

表　3-2

能　　力	行为描述
1. 诚信	<ul><li>保持行为的诚实／真实性</li><li>信守诺言；为自己的错误承担责任</li><li>坚决遵守体现通用电气行为道德规范的公司政策</li><li>言行一致，取信于人</li></ul>
2. 共同承担／无边界	<ul><li>坚持自信，在传统边界之间共享信息，并乐于接受新思想</li><li>鼓励／宣传团队愿景和目标的共同所有权</li><li>信任他人；鼓励冒险和无边界行为</li><li>组织"群英会"作为所有人员各抒己见的载体，倾听各方意见</li></ul>
3. 主动／速度	<ul><li>实现真实、有效的变革，将变革视为机遇</li><li>预测问题，提出新的更为有效的工作方法</li><li>憎恨／避免／消除"官僚作风"，追求简练、明确</li><li>理解和利用速度作为一项竞争优势</li></ul>
4. 全球化思维模式	<ul><li>体现全球意识／敏感性，愿意组建多元化／全球性团队</li><li>注重并促进对多元化／全球性团队的充分利用</li><li>考虑每一决策的全球性结果，以前瞻性眼光寻求全球性知识</li><li>信任并尊重每个人</li></ul>
5. 客户／质量至上	<ul><li>倾听客户意见，将客户（包括内部客户）满意度列为重中之重</li><li>在工作的各个方面都追求卓越</li><li>努力保证产品／服务的交付质量</li><li>坚持客户服务，在公司内部建立服务思维模式</li></ul>
6. 知识／专业技能／智慧	<ul><li>随时分享职能／技术知识和专业技能，保持学习兴趣</li><li>树立跨职能／多文化意识，展现广泛的业务知识／视角</li><li>利用有限的数据做出正确的决策，充分发挥人的聪明才智</li><li>从不相关的信息中快速整理出相关数据，抓住复杂问题的本质，并提出行动方案</li></ul>
7. 愿景	<ul><li>能制定和分享一个明确、易懂、以客户为导向的愿景／目标</li><li>有前瞻性思维，能拓展视野，激发想象力</li><li>激励其他人全力实现愿景，影响他人想法，以身作则</li><li>适时调整愿景，以反映影响企业发展的持续、快速的变化</li></ul>
8. 责任心／投入	<ul><li>积极投入，实现企业目标</li><li>体现勇气／自信，坚定信念、鼓励创新、信任团队</li><li>公正、有同情心，并愿意做出困难的决策</li><li>全方位履行职责，避免给环境造成破坏</li></ul>

（续）

能　　力	行为描述
9. 团队建设者 / 授权	• 选择有才干的人员；提供指导和反馈意见，帮助团队成员充分发挥潜能 • 下放全部任务；授权团队成员，实现工作效率最大化；自己也是团队成员之一 • 认可和奖励工作成就，营造积极 / 有趣的工作环境 • 充分利用团队成员的多样性（文化、种族、性别），以实现企业的成功
10. 沟通 / 影响	• 进行公开、坦诚、清晰、完整、前后一致的交流，欢迎提出意见 / 异议 • 仔细倾听，探索新思想 • 利用事实和合理论据来影响及说服他人 • 打破团队、职能部门以及层级之间的障碍，建立有益的关系

附录 3B　伊梅尔特担任 CEO 时期的通用电气核心领导力模型

伊梅尔特担任 CEO 时期的通用电气核心领导力模型，如表 3-3 所示。

表　3-3

能　　力	行为描述
1. 市场和外部导向	从客户的角度定义成功。契合行业的发展。预见未来。 （Defines success through the customer's eyes. Is in tune with industry dynamics. Sees around corners.）
2. 清晰战略思考	寻求以简单方案解决复杂问题。决断、专注。清晰、持续地沟通要事。 （Seeks simple solutions to complex problems. Is decisive and focused. Communicates clear and consistent priorities.）
3. 想象力与勇气	产生有创意的新点子。足智多谋，愿意改变。敢于在用人和想法上冒险。有勇气且坚韧不拔。 （Generates new and creative ideas. Is resourceful and open to change. Take risks on both people and ideas. Displays courage and tenacity.）
4. 吸纳和网罗人才	具有团队合作精神。尊重他人的想法和贡献。振奋他人、提升敬业度、建立忠诚度和承诺感。 （Is a team player. Respects others' ideas and contributions. Creates excitement, drives engagement, builds loyalty and commitment.）
5. 专业技能	具备深厚的专业知识和基于经验的信誉。持续自我提升。热爱学习。 （Has in-depth domain knowledge and credibility built on experience. Continuously develops self. Loves learning.）

参考资料

［1］ MCCLELLAND D C. Testing for competence rather than for intelligence［J］. American Psychologist, 1973（1）.

［2］ PROKESCH S. How GE teaches teams to lead change［J］. Harvard Business Review, 2009（1）.

［3］ 郭士纳. 谁说大象不能跳舞?［M］. 张秀琴, 音正权, 译. 北京：中信出版集团股份有限公司, 2015.

［4］ TISCHLER L. IBM's management makeover［J］. Fast Company, 2007-12-19.

［5］ 唐骏, 胡腾. 我的成功可以复制［M］. 北京：中信出版社, 2010.

第 4 章
CHAPTER 4

赢得人才抢夺战

外购人才的时机

当公司已经明确了所需人才的标准，下一步就是寻找人才！如果内部有现成的人才，问题会迎刃而解。但是，公司内部往往没有足够的、符合要求的合适人才。你需要的精通业务、独当一面的有经验人才可能还在成长期，拔苗助长会使他们夭折，而你已经等不及了，因为等待会让你丧失转瞬即逝的商机，这时候你需要从外部引进现成的人才。通常以下两种情况，会让从外部引进人才变得更为迫切。

1. 战略转型

这种情况通常是你的企业计划实施新的战略，进入新业务领域、新的海外市场或新客户群，而公司现有的人才不能满足战略需要。如 IBM 从硬件供应商转型为 IT 整体解决方案提供者时，它需要大量的对客户所在行业有深刻认识的专业人才，也需要有咨询行业背景的人才。这些人才和它现有的技术领先的人才相结合才能帮助客户设计和提供针对性的解决方案。2020 年，面对美国在芯片领域的围追堵截，华为公司必须快速完成规模化半导体产业链的打造，华为大量招募相关领域人才，据称，上海几家半导体设备厂商的员工挨个接到招聘电话。有公司甚至"除了总经理，基本上都接到了来自华为的电话"。近年来 AI 领域爆发了激烈的人才抢夺战，特斯拉 CEO 马斯克甚至感慨："AI 的人才争夺战是我见过最疯狂的！"在美国硅谷，包括 OpenAI、谷歌、Meta 的老板与创始人们，都亲自出面招揽顶级 AI 工程师，微软更豪掷 6.5 亿美元，把初创 AI 企业人才"一锅端"。

通过这些例子我们不难发现，在踏足一个新的领域时，企业最快速满足人才缺口的方式就是从同行挖墙脚。

2. 高速增长

在业务高速增长时，公司必须从外部大量招聘人员才能跟上业务发展的步伐。2005 年，BBA（奔驰、宝马、奥迪）在中国有 8 000 多名员工，2009 年 2 月，员工人数已经上升到 1.5 万名，目前在中国这 3 家企业拥有 1.9 万名员工。1995 年以 200 多万元资金起家的比亚迪创业时只有二十几人，2024 年员工人数已突破 90 万人，它每年都从校园招聘大量毕业生以实施其工程师的"人海战术"。

除此之外，很多优秀的中国公司也越来越重视提前布局新兴领域的人才。2023 年，腾讯公司为了在全球范围内吸引顶尖技术人才，专门推出青云计划，提出"青云直上，技塑未来"，目的就是提前布局未来新兴领域的技术人才储备，为公司未来捕捉新的增长点。

在以上两种情况下，公司必须从外部引进人才来满足战略转型和高速增长的需求。可能有的主管会问："以前中国一直是高速增长，当然需要从外部引进人才，但近年来，全球经济长期处于低迷状态，中国经济增速也开始下滑，面临经济结构转型。在这种情况下，是否还要引进人才？"诚然，当前外部环境的不确定性较高，但是，从另一个角度来讲，经济低迷和部分企业转型不理想，也为企业提供了难得的吸引行业高素质人才的机会，而且吸引人才的成本比经济高峰期要低。例如，2008 年金融危机之后，趁美国和欧洲金融界大幅裁员之际，中国一些金融机构多次组团赴伦敦、芝加哥、纽约、新加坡等全球金融人才聚集地区，招聘包括风险管控、资产管理、宏观研究、金融工程等在内的高端金融人才。很多在华的跨国企业冻结招聘，一些中国本土企业便很积极地利用这个机会进行招聘。2019 年甲骨文中国区研发中心裁员 900 人，消息传出后，企业、猎头闻风而动，招聘网站上招聘者搜索"甲骨文"近 10 万次，华为、腾讯、阿里巴巴等多家公司，更是直接把招聘广告打到了甲骨文公司的园区内，可谓求贤若渴的真实写照。

因此，企业在考虑吸引人才的时候，不能只考虑短期的运营压力，还要从长期组织能力的打造出发吸纳和储备所需的关键人才，为经济复苏和企业长远发展做好准备。另外，公司也可以对内部人才进行盘点，对于业绩和能力欠佳的员工予以及时处理，为真正优秀的人才腾出空间。

提高人才命中率的秘诀

有些时候，你只需要从外部引进几个关键人才，有时候则是需要引进大批人才。外购人才，尤其是大规模招聘人才的时候，招对人、招错人对公司的影响可谓天壤之别。如果招对人，企业如虎添翼。苹果创始人乔布斯说过，一支由"A级"人才组成的精兵强将可以轻松胜过人数众多的"B级"或"C级"团队。而招错人，轻则延误商机，影响士气，增加招聘和培训成本；重则伤筋动骨，甚至带来灭顶之灾，如老牌的巴林银行那样走上不归路。很多企业在引进人才时重视程度不够，它们认为培训更为重要，因此把大量的精力和时间花在给员工培训上。而事实上，有些素质和天赋是难以通过培训改善的，因此，招对人比培训更为关键。有些企业在并购时对于财务资产和知识产权做了严格的尽职调查，但对于人才的尽职调查却很不到位，结果并购以后发现被并购方的管理团队在专业能力和思维模式上与并购方的预期差距很大，原本期望的团队合作和协同效应最后成了难圆的梦。因此，企业一定要严格把关，提高人才"命中率"。所谓高命中率，就是招来的人才既能在工作上有持续出色的表现，又能留在公司工作一段合理的时间。如果招来一个工作表现不佳的员工，公司又要重新招人培养；即使招来一个工作表现还凑合的员工，对公司来讲也是麻烦，因为他还没有差到要淘汰的地步，却白白占着一个位置！如果一个员工很能干，但只干了三个月就走，他带来的害处要大于益处。因此对的人才不仅要有能力，还要能留在公司工作一段合理的时间。这个合理的时间因地区、行业、企业性质和职能而有所不同。对于日本、欧洲这些相对稳定的地区来说，可能人才在一个企业工作 10 年之后跳槽是比较合理的，而对于经济高速发展、人才竞争激烈的中国市场来讲，也许 3 ～ 5 年是更为合理的时间。在中国市场上，跨国公司和民营企业的人员流动率往往高于国有企业，快速发展行业以及一些热门关键职位，如销售、研发，人才流动的频率也往往会更高。

人才命中率如此重要，企业应该如何提高命中率？我认为可以从以下四个方面（简称 4S）入手和把关：

- 标准（Standards）：我们需要什么样的人才？
- 寻找（Sourcing）：通过什么渠道找到合适的人才？
- 筛选（Screening）：通过什么方法判断候选人具备我们所需要的能力？
- 巩固（Securing）：如何确保我们看中的人才接受聘任？

标准（Standards）

1. 专业能力和核心员工能力

在上一章我提到，企业在引进人才的时候要兼顾专业能力和核心员工能力。仅有专业能力而核心员工能力与企业要求不符，这样的人才通常无法适应企业，他们难以充分发挥专业能力，就好像一株品种良好的树苗种错了地方，缺乏适宜的土壤和阳光，它还是难以茁壮成长。反之，如果只顾核心员工能力而忽略专业能力，找到的人也无法胜任工作，因为没有天赋才能的人即使反复培训也是事倍功半，难以掌握工作的要领。例如，如果让喜欢和数字打交道、天性谨慎的财务人员去做成天和人打交道的客户接待或者去从事技术创新的工作，对公司是损失，对他也是折磨。

优秀的企业在找人的时候就会充分考虑其行业特性、公司文化对专业能力和核心员工能力的要求。以下是一些来自不同行业的例子。

　　中集集团　作为世界集装箱行业的领导者，中集对人才有明确的标准：德才兼备与"中集化、专家化、国际化"。"德"的基本标准是遵纪守法、具有社会责任感，认同遵守集团的价值理念，诚信、敬业、认真、负责；"才"的基本标准是符合工作职责要求，并具备创造出业内一流业绩的素质和技能。"德"是必要条件，"才"是充分条件。在德才兼备的基础上，中集集团进而对中高层管理人员和专业人员提出了"中集化、专家化、国际化"的标准和要求。首先，人才要做到"中集化"，和中集志同道合，认同中集的企业文化和核心价值观，认同中集要成为世界级企业的远大抱负和追求，具有中集员工典型的精神风貌、工作作风和行为方式。其次，人才要"专家化"，在相应的专业领域，具备先进适用的专业知识和能力，能够完成专门化任务并形成自身的核心专长和竞争力。最后，人才要"国际化"，具有全球视野，熟悉国际市场及通行商业规则，具有跨文化、跨国界的适应能力和经营管理能力。

　　腾讯　作为中国最大的互联网公司之一，腾讯有着严格的选人用人标准及流程。相较于很多其他行业，互联网行业其实并不唯学历论，本科学历的员工一般是互联网公司的主力人群。然而想要加入腾讯并不容易，首先必须符合腾讯"有梦想、爱学习的实力派"的选人标准，同时要具备岗位所需要的专业技能和素质；另外，腾讯在任何岗位的招聘上，都特别强调用户和产品思维。马化腾在2024年员工大会中提到："之前我说做产品要'上心、入定'，其实最重要的是，你要真的热爱，要每天用，用心体会用户的感受，要真正回到我们的产品、服务、内容上，全力去想、去做，而不是做个PPT给领导汇报，对上、对下管理那么简单。这非常重要。干部要自己穿透到一线，如果该产品自己都不怎么用，那肯定是不合格的。"与极高的选人标准对应，腾讯也非常重视雇主品牌建设，腾讯的HR同样要基于用户和产品思维思考如何做好招聘工作——基于候选人的诉求和特点，用最恰当的方式，吸引和评估人才。针对在校学生群体，腾讯HR推出了《鹅厂wò谈会》，用年轻人喜欢的"综艺"方式，让大家换个角度了解真实且有趣的腾讯。

　　美团　作为一家平台型企业，除了一线的地推铁军、客服铁军、仓储配送铁军外，美团更是拥有庞大的中后台团队、产品研发团队、管理团队。美团会从四个方面考察候选人：专业能力，发展潜力，文化匹配度，如果是管理者还要看领导力。但不同的业务和岗位也会有一些倾斜，比如，一位美团高管就讲过：在新业务发展初期，企业应该更看重专业上是否有成熟的经验和认知，可以聘用更有经验的人；而对于一个行业领头羊的业务，则不应该太看重专业能力，更应看重其成长潜力和带领公司破局的能力。这时，招募一些跨界的高潜人才是更好的选择。另外，美团在招聘时也非常喜欢用数据说话，美团会对在职员工进行数据分析，找到那些更适合在美团发展的人才画像，并以此作为未来招聘的参照。

亚马逊 作为全球领先的零售科技公司，亚马逊以客户导向、创新和长期主义见长，成功孵化和掌握不同客户需求的商机。创始人贝索斯对人才要求非常严格，在招聘、晋升和淘汰时，都会按照 14 条领导力原则对其充分评估：

- 客户至上（Customer Obsession）
- 主人翁精神（Ownership）
- 创新简化（Invent and Simplify）
- 决策正确（Are Right，A Lot）
- 选贤育能（Hire and Develop the Best）
- 最高标准（Insist on the Highest Standards）
- 远见卓识（Think Big）
- 崇尚行动（Bias for Action）
- 勤俭节约（Frugality）
- 好奇求知（Learn and Be Curious）
- 赢得信任（Earn Trust）
- 刨根问底（Dive Deep）
- 敢于谏言，服从大局（Have Backbone；Disagree and Commit）
- 达成业绩（Deliver Results）

2. 过去的成就和未来的潜力

在招聘的时候大家都会去考虑应聘者过去的学历、经验是否能满足目前公司岗位的需要。但是很多公司发展很快，对人的能力要求也水涨船高，因此在招聘中也要考虑应聘者是否具备潜力，能否在工作中有持续良好的表现。否则他可能第一年表现良好，第二年就跟不上公司发展的速度，变成公司发展的瓶颈。微软、华为等领先企业都看重潜力而非学历和经验。

那么，什么样的人具有发展潜力呢？第一是他的企图心和成就动机。如果一个人胸怀大志，不满足于已有的成就，就会有较强的内在动力和学习意愿驱动，从而不断地挑战更高的目标。这点可以通过在面谈中了解应聘者的长期发展目标和以往应对一些重大挑战时的表现来了解。第二可以看他的学习能力，即能否很快地学习新的知识和技能。这个可以从询问他以前的学习和工作转换的情况入手，了解他应对新问题时是否思路清晰、抓得住重点，是否有良好的学习习惯和方法，是否能有效地把学习的内容付诸实践，为公司创造价值。以下是不同公司评估潜力的标准和方法。

壳牌   公司在招聘管理和领导岗位时注重应聘者的长期发展潜力，而不仅仅是目前的工作能力。因此，会对应聘者进行分析力、成就力和关系力（Capability/Achievement/Relationship，CAR）评估。其中，分析力指智力和理性思维；成就力指获得成就的动力和坚持不懈；关系力指团队合作及个人影响力。公司通过行为式面谈和技术能力表述来评估应聘者在该职能领域内的业务能力，通过案例分析评估应聘者的长期发展潜力。这种对潜力的评估在员工进入公司后还会每两年进行一次。

联想   公司会从4个方面看人才的潜力：成就动机（是否愿意把事情做好）、聪慧（如敏锐的判断、快速的决策）、学习能力和前瞻力。针对每一条，公司都有具体的行为指标供评估者观察判断。

所以，从选人的标准来讲，每一家企业都要从自己的战略和组织能力出发，清晰地描绘自己对千里马的独特要求，兼顾专业能力和核心员工能力、过去的成就和未来发展潜力，制定较全面和平衡的标准，才有可能找到符合要求的人才，提高招聘时人才的命中率。

寻找（Sourcing）

1. 被动渠道还是主动渠道

人才的标准已经定好，但是茫茫人海，公司所要的人才在哪里呢？很多公司找人或是在自己的网站上登广告，或是去外部的招聘网站发信息，或是参加一些招聘会，或是去校园招聘，抑或是找猎头公司。这一类的找人渠道有个共同点，就是守株待兔，等人才上门，我称之为"被动渠道"。反之，有一些公司锁定某一群人主动出击。例如，通用电气寻找全球化的人才时喜欢招退伍的军人，看重的就是他们的纪律性和执行力，以及来源于在世界各地工作的跨文化管理能力。格兰仕喜欢招内地大学中成绩中上、家境贫困的学生，看重的就是他们吃苦耐劳的精神。我将这种目标明确的找人方式称为"主动渠道"。常见的主动渠道包括员工推荐、内部猎头、提供实习机会以及从竞争对手或者合作伙伴那里找人。这些方法的共同点是公司对应聘者了解较多，因此命中率要高于被动渠道。

- **竞争对手 / 合作伙伴**：如果是从竞争对手或者合作伙伴那里找人，公司通常因为和人才有较长时间的接触而对人才比较了解，找对人的可能性就会提高，并且由于互相之间有一定的感情基础，人才加盟的可能性更高。例如，广西柳工的曾光安董事长就很留意合作多年的公司是否有合适的人选，通过这一途径，他请了几位老外加盟柳工，对柳工实施全球化战略起到了一定的作用。现任贝壳董事长兼 CEO 彭永东就是 2009 年作为 IBM 咨询顾问为链家提供战略咨询服务而结识链家创始人左晖，因为彼此思路高度契合，后来正式加入公司，担任副总经理，主导了链家的线上化与平台化进程。

- **员工推荐**：员工推荐也是一个很好的找人途径，但是，要看是表现好的员工的推荐还是表现差的员工的推荐，因为"近朱者赤，近墨者黑"。公司可以追踪员工所推荐的人员的表现。如果表现优秀，可以给推荐人一定奖励。反之，如果员工所推荐的人员表现一般或者很差，那么这些员工的推荐将来就要慎重考虑了。

- **内部猎头**：不少公司喜欢用猎头公司，但猎头公司和公司利益不一致，猎头关心的是早日达成交易，因此有可能投其所好，把人包装成公司想要的样子。微软的做法是用内部猎头。微软要找的是聪明且有雄心的人，因此，不仅仅看重学历和经验。虽然微软每月都会收到 15 000 份左右的简历，但公司更重视的是主动渠道。公司有 35 位专职人员负责和 100 所大学的大学教授紧密联系，以了解学生情况，每年会从各所大学招 600 个实习生。另外，公司还有 300 位内部猎头负责社会招聘。这些人到处参加行业的各种活动，寻找业内的高手和有影响力的人并找机会邀请，虽然对方不一定马上会加入微软，但这些内部猎头会和他们保持联系，稍有时机便再次向他们抛出橄榄枝。微软之所以任用内部猎头，是知道优秀的人才通常都是工作找他，如果不主动出击，很少有机会获得这样的人才。因为微软花了很大精力去寻找目标人才，公司也得到了丰厚的回报，招来的人才不仅能力强，成为公司竞争优势的来源，也比较稳定，员工流失率只有行业平均水平的一半。

● **提供实习机会：**有些公司通过一些校园竞赛，给竞赛的获胜者提供实习机会；有些则是列出具体的实习生标准，瞄准专业领域前 5% ～ 10% 的学生、奖学金获得者或各类社团、学生会的干事。给学生提供实习的机会，不但可以有较长的时间观察和了解学生的能力和潜力，还可以利用这一机会和他们建立感情，更容易吸引他们毕业后加盟。但要注意的是，学生也因为有实习机会而对公司有较深入的了解，如果实习期间他的上司和同事对他不友好，或者他发现这个公司经营管理方面漏洞很多，他加入这家公司的可能性就很低。

2. 内部挑选还是外部挑选

不同公司有不同的文化和做事方法，有些公司在填补岗位空缺时主要考虑公司内部人选，很少从外部引进人才，例如日本的公司、一些中国的央企、宝洁、海底捞、胖东来等，而另一些公司在填补关键岗位时愿意开放地从外部引进空降兵。例如，李宁公司和阿里巴巴由于公司发展的需要会引进来自跨国公司的职业经理人。人才从内部挑选和从外部引进各有利弊，通常公司的选择与企业文化、人才培养体系和发展阶段有关。内部挑选的好处是能够鼓舞士气，让员工看到在公司有发展前途。此外，因为平时接触较多，主管对下属的能力、潜力等各方面情况知根知底，可以对他们做出更全面的评估，能够提拔更适合的人选。而对于从外面引进的人才，毕竟了解的机会有限，准确评估的难度更大。但是内部选拔也有弊端，如果一个公司很少从外部引进人才，很容易形成"近亲繁殖"，大家思维类似，难以突破和创新。同时，这也容易导致拉帮结派的现象，并且由于内部人才库中的人员有限，公司的人才培养体系要非常强才有可能源源不断地输送能满足公司成长需要的人才，这在企业转型和高速发展时是很大的挑战。反之，如果主管偏向于外部引进，虽然多元化的人才组成有利于产生创新的思路和方法，但是内部的员工会觉得不给他们发展机会。因此在正常情况下的稳妥做法是以内部挑选为主（70%～80%），外部引进为辅（20%～30%）。如果企业面临较大的战略转型和变革，则可以更多地从外部引进人才，尤其是在企业的高层。例如外部引进占 40%，内部挑选占 60%。内部挑选还是外部引进，关键要看企业希望达成什么目标，什么样的人才最具备实现这一目标的能力。例如，现在的比亚迪以内部培养和选拔人才为主，每年从校园招聘数千名大学生并为他们提供优于同龄人的发展机会，2021 年起更是每年招聘上万名大学生。这些人工作两三年就有可能成为部门经理，有的事业部总经理才 30 岁出头。所以，只要有能力，这些人才在比亚迪会前途无量。但是，比亚迪在刚进入汽车行业时，由于内部缺乏懂行的专家，王传福就亲自出马去请专家，这也让比亚迪少走了不少弯路。联想在收购 IBM 的 PC 业务之后，先后请 IBM 和戴尔的人担任 CEO，这也和业务的需求有关。联想自己的主管当时缺乏全球运营和管理的经验，因此，向这些有跨国管理经验的主管学习、对公司、个人都是更稳妥的做法。

此外，如果的确要引入空降兵，为了避免空降兵的失败和企业的损失，首先，公司主管要有务实的考虑，要想清楚这些空降兵的引入是为了达到阶段性的目标，还是为了达到企业的长期战略目标（例如，帮助企业建立某一专业领域内的能力、培养管理岗位的接班人等）。其次，公司主管要对所引进的空降兵做更全面的了解，除了考察他们的专业能力之外，还要了解他们的价值观与做事方式是否和自己企业的文化相符，他们是否能调整自己以适应企业，进入企业后他们可能会遇到什么样的挑战，是否能清楚界定他们的职责，以及如何帮助他们融入企业（如前三个月配备一位导师）。公司主管可以针对这些问题和所引进的人才做深入的沟通，知彼知己，再做决定。

筛选（Screening）

一旦确定人才标准和渠道来源后，接下来的挑战是如何评估和判断谁是最合适的人选。市场上的工具五花八门，对人才的专业知识和技能水平比较容易判断，例如英语水平可以通过笔试和口试了解，让应聘者上机操作就能判断应聘者的计算机编程能力。但是，一个人的核心能力（如动机、特质、价值观和自我概念）和潜力就很难判断，也很难改变，而这些方面才是决定一个应聘者是否能适应某个企业、胜任某个工作的关键。例如，抗压能力对在海外做销售的人员很重要。公司应该运用什么工具来挑选符合要求的人选呢？有些主管喜欢看面相；有些主管相信血型；还有些招聘者喜欢看字迹。这些方法是否有效呢？可能偶尔也能找到合适的人，但并不科学，他人也难以模仿。的确，有些主管通过人的面相、血型和字迹就能准确地判断一个人的个性和特点，这通常是来自于经验的积累和他本人敏锐的观察力与准确的判断力，换一位主管，即使用同样的方法，也没法选对人。

相对而言，有些工具更为客观和科学，在一些大公司中也被普遍使用。例如，个性和心理测试、结构化和非结构化面谈、行为事件面谈、背景调查和评鉴中心。

- **个性和心理测试**：包括 Caliper、Harrison、Hogan、MBTI、PDP 等测试。通过填写问卷的形式，帮助企业了解人才的个性、动机、特质等。这些测试的好处是标准化、成本低、比较客观、操作方便，可以作为初步筛选的工具。不足之处是这些测试参照的数据大多来源于西方国家，而且无法根据企业要求定制问题，测试结果的解读也有一定难度，需要由经过专业训练的人员协助分析和反馈。

- **结构化和非结构化面谈**：面谈是最常用的一种评估手段。有时企业在面谈之前，会先安排电话访谈做初步筛选。面谈的好处是可以当面观察一个人的言行举止，了解应聘者的表达能力、逻辑思考能力、职业规划和兴趣爱好，缺点是对访谈人的要求较高，有经验的应聘者往往会投其所好，给出访谈人期望的回答而不是真实的回答。为了减少主观性，很多公司采用多轮面试或者集体面试的方法。按照面谈内容和程序的标准化程度，面谈可以分为结构化和非结构化两种。结构化面谈是按照事先拟定的访谈提纲，对所有应聘者以同样的顺序问同样的问题；非结构化面谈则是比较开放性的，针对不同人的情况，面谈人会问不同的问题，通常适用于级别较高的岗位招聘，对访谈人的要求也更高。另外，在访谈人的选择上也有讲究。除了上级和人力资源部门的人之外，有些公司还安排将来与该岗位合作关系密切的同事一起参加面试。在美国西南航空公司，客户也参与面试，选择他们喜欢的雇员。这些做法也是为了挑选到能和同事合作默契、能让客户满意的员工。

- **行为事件面谈**（behavior event interview）：这是结构化面谈的方式之一。它通过一系列对真实事件而不是假想事件的询问，了解应聘者是否具备公司所要求的能力。公司在准备面谈前，先根据公司和岗位要求的关键能力准备相关的问题，也要对访谈人做培训，确保大家掌握访谈要领并有一致的评估标准。有关行为事件面谈的要领，可以归结为 STAR 模型：S——情景（situation），T——任务（task），A——行动（action），R——结果（result）。以抗压能力为例，可以询问应聘者过去经历过的最大挑战是什么，让他描述当时的情景，他面临的任务和挑战是什么，以及他为什么会觉得压力大，他遇到压力时是怎么想的，采取了哪些行动，最后的结果是什么。通过对这些细节的深挖，访谈人可以判断应聘者提供的信息是否属实，他在压力之下的表现是怎样的，他能够承受多大的压力。

- **背景调查**（reference check）：因为应聘者通常把自己讲得很完美，并且有意掩盖一些自己的问题和缺点，因此可以通过对应聘者以往的同事、上级、下级、同学和朋友做背景调查来更全面地了解应聘者。由于这些人员是由应聘者提供的，他一定会选和自己关系好的人，这些人通常都会对应聘者给出较高的评价。要了解这些评价的真实程度，可以在提问的时候让对方举例说明，并对细节刨根问底，才能得出有参考价值的回答。另外，公司也应通过自己的渠道去了解应聘者过去工作的绩效和行为，对于一些面谈和测试难以判断的素质（如诚信），更需通过背景调查进行判断。

- **评鉴中心**（assessment center）：西方国家企业较多地用这种方法评估中高层管理者。它综合了各种测评方法，由多个观察者以情景模拟的方式来观察和评价应聘者的行为，具体包括文件筐处理、角色扮演、无领导小组讨论、演讲、案例分析以及个性和心理测试等方法。文件筐处理就是让应聘者模拟一位主管，在规定时间内处理各种文件、邮件，由此判断这个人的计划、分析、决策能力和灵活度等。在角色扮演中，应聘者扮演一个指定角色与另一个角色（通常由一位评估人或者受过培训的专业人员扮演）交谈。例如，模拟的场景可能是让他面对一位想离职的员工或者来投诉的顾客，由此来判断他的沟通能力、激励下属的能力和危机处理能力。无领导小组讨论就是大家在一个平等的小组里就一个指定话题进行讨论，最后进行小组汇报，观察者可以根据应聘者们在小组中的表现评估他们的逻辑思考能力、沟通能力、领导能力和团队合作能力等。评鉴中心的测评人员包括企业内部人员和外部咨询顾问。这一方法的优点是采用了多种手段、由多个观察者评估，并且模拟的情景也和实际工作中遇到的情况相似，因而能比较准确地判断应聘者的能力，缺点是比较费时，开发和操作成本高。

如果企业是从内部提拔人才，因为对人才观察的时间较长，可以参考近几年的业绩和360度评估的数据，对人才的判断会比较准确。而从外部招聘时，由于没有直接的信息来源，在筛选时就要更加谨慎。以上提到的这些工具，如果从单一工具来讲，它们的可靠度（reliability）和有效度（validity）都不高。因此，在筛选的时候公司要根据岗位的重要性和能力要求，选取合适的评估工具。对于关键的岗位，最好采用多种评估工具、多向度（由多位评估者从不同角度评估）的方式，并且运用更为有效的改良工具（如行为事件面谈、评鉴中心），才能提高命中率。

巩固（Securing）

经过筛选，你终于找出了心仪的人才。现在的问题是：你拿什么吸引他们加入你的公司？幸运的情况下，无人与你抢夺这些人才，但事实是，很多情况下你看中的人才别人也看中了。面对这样的竞争，你该怎么办？

1. 有竞争力的薪酬

钱不是万能的，但是没有钱是万万不能的。薪酬是人才会考虑的一个重要因素。但问题是公司在招聘时往往遇到以下情景：假设一家公司要聘请一位销售总监，按该公司内部薪酬体系最高月薪是2万元，但对方现在的月薪是2.5万元，该公司要怎么办？很多情况下公司会至少给对方2.5万元或者更多的月薪，但是新问题出现了，其他的总监开始不满："凭什么新来的拿的比我们多？我们也要加薪！"

如果不能满足他们的要求，他们就可能离开公司。因此，随意改变底薪会带来问题，尤其是底薪是只能增加不能减少的。但是，如果提供的薪水没有竞争力，对方也不可能加入你的公司。公司可以考虑以其他较灵活的方式增加人才的总体薪酬，例如，提供签约金（sign-on bonus），可以分两三年给对方，这也有助于留才。有些公司会提高和业绩挂钩的奖金额度，还有些公司会用股票或者期权。无论采用何种方式，关键是尽量不要打乱薪酬结构。

2. 信任与尊重

人才都希望得到信任与尊重，公司在招聘过程中也可以通过高管的参与让人才感受到尊重，帮助公司抢得人才。例如，为了让 Meta（包括社交媒体平台 Facebook 的控股公司）吸引到足够优秀的人，创始人兼 CEO 扎克伯格亲自写邮件给 Google DeepMind 的人工智能研究人员，讲述 AI 对 Meta 的重要性，来邀请他们加入，并且薪水也是完全打破了 Meta 自己的定级范围。而且，扎克伯格也非常了解这群顶尖技术人才的需求——光给钱是不够的，还得有算力，能够做出成果来，这才是这些顶尖人才最看重的。所以扎克伯格在 2024 年 1 月高调宣布 Meta 拥有大量英伟达 H100 芯片的库存，这无疑成为人工智能人才招聘大战中宝贵的武器，也成为 Meta 巨大的吸引力之一。

3. 独特价值主张

在商品市场上，如果一个商品不能为顾客提供差异化的价值，顾客选择的唯一标准就只有价格。同样，在人才大战中，如果公司不能为目标人才提供独特和高于竞争对手的价值，那人才就只会从薪酬福利的单一角度去做选择。因此，公司要想在人才大战中战胜对手，就要从目标人才的关键需求和愿望出发，结合公司的独特优势和资源，建立和落实自己独特的价值主张。例如，通用电气提供的薪酬并不是很高，但很多人才趋之若鹜，原因就在于通用电气能为他们提供最好的学习发展机会，等这些人才工作几年离开的时候，他们的市场价值就会提高两三倍。1999 ～ 2000 年时很多大公司的高管放弃稳定的高薪加入互联网公司去创业，为的就是公司上市之后的"致富梦想"。波特曼丽思卡尔顿酒店的独特价值主张是"帮助绅士淑女成功"，为卓越服务的员工提供了他们所看重的尊重、认可以及良好的薪酬激励和长期发展机会。海底捞公平公正的工作环境和"双手改变命运"的价值观激发了员工的主人翁责任感，他们把自己的亲戚朋友和老乡都引荐进入公司。万科是当之无愧的房地产行业中"职业经理人的摇篮"，为它的目标人才提供了公平透明的竞争环境和长期事业发展的空间。这些公司提出的独特价值主张都是针对目标人才的关键需求和愿望，并且每家公司都不是只把独特价值主张挂在嘴上或者贴在墙上，而是设计了与之相匹配的多种人力资源工具，并且通过领导层在日常工作和决策中以身作则来贯彻落实（附录4A提供了企业建立与落实独特价值主张的步骤和工具）。

⊞ 案例分享 ⊞

让我们通过实际案例，看看波特曼丽思卡尔顿酒店和迈瑞如何在标准、寻找、筛选和巩固4个方面下功夫，提高人才的命中率。

波特曼丽思卡尔顿酒店

标准

作为一家五星级的酒店，波特曼丽思卡尔顿酒店要为它所服务的高端宾客提供卓越的个性化服务，这些宾客期望全球一致的服务水准。而要实现这一目标，硬件不是问题，关键是要有高满意度和敬业度的员工。这些员工的价值观必须和酒店的文化相匹配，并有从事某岗位（如厨师、财会）的天赋才能。员工必须天生喜欢和人打交道，让客人有宾至如归的感觉，会真心地关心和尊重他人，不管他的服务对象是酒店客人还是其他员工。他们从内心到外表都是快乐的，能够发自内心地微笑，为客人营造家庭的温馨氛围。通常，酒店业的员工流动率较高，为了避免这一问题，波特曼丽思卡尔顿酒店从一开始就寻找那些希望在酒店长期发展的员工。

寻找

在酒店服务业，员工可能会面对挑剔蛮横的宾客，也可能常常遭到上司训斥，容易觉得自己是个仆人，低人一等，因此真正愿意从事服务业并以此为荣的人并不多，尤其是在上海这个对人才来讲机遇很多的大城市。波特曼丽思卡尔顿酒店的办法是从上海以外的地方找人才，特别是从一些英语学校和专科学校寻找。由于考虑到一个人的价值观难以改变，波特曼丽思卡尔顿酒店喜欢招聘刚毕业的学生而不是从其他酒店来的员工，希望用丽思卡尔顿酒店的独特文化去熏陶和感染新员工，让他们从一开始工作就形成酒店希望他们所具备的思维模式。

筛选

波特曼丽思卡尔顿酒店在筛选时看重的不是学历经验，而是通过从人力资源部、部门经理到总经理的多轮面试评估应聘者的天赋和价值观是否与酒店的要求一致。酒店针对五种不同的工作人员（一般员工、管理级、经理级、总监级和销售人员）分别确定了做好这些工作所需要的能力，并设计相应的问卷评估这些能力。同时酒店会根据高绩效员工在这些问卷中的分数绘制曲线图，在招聘面谈中酒店会比较应聘者的分数曲线图和这些高绩效员工的分数曲线图来选择合适的人选。波特曼丽思卡尔顿酒店招聘中比较特别的一环是：不论招聘的是客房服务人员还是做清洁卫生工作的员工，总经理会参与每一个员工的招聘面试。总经理通常会问到应聘者的价值观和长远职业目标，判断这个人是否有卓越服务和乐于助人的精神，是否会发自内心地微笑。这不但是为了把关，同时也是让应聘者感受到被重视，增加了酒店对员工的吸引力，同时增强了员工的信心，因为信心是这些员工未来在与宾客接触中不可缺少的。而且，因为总经理在招聘时已经和员工有了第一次接触，以后在酒店见面就可以自然地打招呼和进一步沟通，有利于工作的顺利开展和改善。

巩固

波特曼丽思卡尔顿酒店能吸引目标人才的关键是提出并落实"帮助绅士淑女成功"的独特价值主张。在评选最佳雇主的问卷中，员工在"对公司哪一方面最满意"这一栏填写的都是"酒店把我们当绅士、淑女看待"。把员工当作和宾客一样的绅士或淑女，充分体现了酒店管理层对员工的尊重，让他们对自己的工作充满了自豪感，这在服务业中是罕见的。让员工成功，就是让员工不但有良好的经济回报，也会得到表扬和认可以及长期职业发展的机会。酒店管理层相信，要想让员工做到最好，就必须给他们市场上最好的报酬。如果在年终考评时，宾客满意度、财务业绩和员工满意度等各项考评指标都有改善，员工就会获得相应的奖励，分享酒店的成功。公司每年评选"五星奖"员工，获奖员工可以在全球任何一家丽思卡尔顿酒店免费住宿 5 晚，公司还承担来回机票并给予 500 美元的补贴。在精神层面，酒店会在员工会议和人力资源部设置的公告栏上对员工予以表彰。同事之间也会互相赠送感谢对方卓越服务的一流表彰卡。酒店 70%～80% 的主管是从内部提拔的，让员工对自己未来在酒店的发展充满信心。为了让这些"绅士淑女"成功，酒店管理层日复一日、年复一年地履行对员工的承诺，在日常工作和决策中贯彻"帮助绅士淑女成功"这一独特价值主张。酒店也利用多种工具，如招聘、培训、沟通、授权和信息系统支持等，从各方面为员工成功创造有利条件。

因为上海波特曼丽思卡尔顿酒店的严格把关和其独特的价值主张，它吸引并留存了对的员工，为酒店创造了竞争优势。酒店的宾客满意度长期保持在 92%～95%，年财务增长率保持在 15%～18%，员工满意度更是达到 98%。在丽思卡尔顿酒店集团全球 60 家酒店中连续多年名列第一，连续多次荣获翰威特咨询公司的"亚洲最佳雇主"、彭博财经频道的"亚洲最佳商务酒店"、《亚洲商业》杂志的"中国最佳商务酒店"等奖项。

迈　瑞

标准

作为医疗设备行业的后来者，迈瑞经过十几年的努力在中国市场崛起，继而走向全球。要和国内外市场的跨国公司竞争，迈瑞首先要有出色的人才。迈瑞希望员工进来就不要失败。因此公司非常重视招聘把关，目标是零淘汰率，即期望招来的每个员工都是胜任工作的迈瑞员工。公司寻找的研发人才必须专业基础扎实，学习能力强，并且有责任心、激情和团队协作精神，这样才能适合公司的战略和文化。迈瑞对销售人员的要求是吃苦耐劳，能承受压力。尤其是派赴海外市场的销售人员，由于他们远离家人孤军奋战，又要应对文化、语言的差异，只有具备良好心理素质和适应能力的人才能胜任工作。由于产品的特殊性，销售人员也必须具备产品的专业知识。

寻找

因为医疗设备产品需要综合各学科的知识，并且随着信息技术和生物技术的发展，产品的更新换代加快，社会上很少有满足迈瑞要求的现成人才，因此迈瑞主要是靠内部培养从高校招聘的人才。公司瞄准的是十几所重点高校的计算机、软件、电子、机械和生物医学工程等专业的优秀学生。为了引起这些重点大学的学生对公司的兴趣，迈瑞在招聘前先对目标学校的老师和学生做宣传，让他们了解医疗设备这一行业良好的发展前景。公司通过设立奖学金、举办技术讲座、组织各种设计大赛、赞助足球赛等方式提高迈瑞在学生中的知名度，以便在优秀学生的招聘中抢得"先机"。公司董事长李西廷和董事徐航也会参与校园推广，让学生感受到公司对他们的重视。

筛选

迈瑞非常重视招聘。每年到了招聘季，公司领导几乎"倾巢"而出，从部门经理到副总裁一级的管理人员组成 100 多人的庞大面试团队兵分四路，去各大高校进行为期二十几天的招聘之旅。迈瑞的面试有三道流程，会通过学生在学校中参与项目的情况和面对挑战时解决问题的意愿与能力，评估他们的上进心、学习能力、动手能力等。应聘技术岗位的工作还要参加技术考试。由于严格把关，迈瑞招聘的都是非常优秀的学生。甚至有些公司明文宣布：只要是迈瑞看中的学生，它们照单全收，马上签约。这其中不乏规模大于迈瑞的国内一流企业。

巩固

公司为员工提供良好的薪酬待遇和发展机遇，让应聘的学生觉得加入迈瑞是一个很好的选择。一旦通过筛选流程，迈瑞会提前培养录取的学生。在人才签约后但没有正式上班前的 4～6 个月期间，公司人力资源部就按照地区将签约学生组成迈瑞联合会（通常一个城市 30～60 个学生）。在迈瑞联合会组建之初，先由 HR 部门负责组织一系列的拓展活动，让学生互相认识和了解，自己选举管理人员，之后的活动由学生们自主管理。在这个过程中，公司主要对他们进行基础知识培训，并指派公司资深员工一对一担任这些学生的导师，指导他们阅读相关书籍和迈瑞提供的资料，并注重调整他们的心态。例如，让他们组织阅读和分享《生气不如争气》，同时也安排分享会、集体活动和拓展训练，培养他们的激情、责任心和团队协作。迈瑞可以报销必要的活动费用，但不鼓励这些学生进行以消费为目的的活动。这一提前培养的方式既让学生们提高了专业基础能力、感受和理解了迈瑞文化、建立了人际关系，也为他们正式工作后快速进入工作状态和展开团队合作打下了良好的基础。这个过程让学生普遍感受到了公司对他们的重视，加深了学生对公司的情感。有学生因为家庭的原因不能来深圳还专门写信给 HR，表达了自己因为失去这一宝贵机会而产生的遗憾。

迈瑞在人才招聘各个环节投入的努力也让公司得到了良好的回报，公司建立起一支优秀且稳定的员工队伍，支撑了公司在中国和海外的发展。短短的二十几年间，迈瑞的产品不仅成功进入了中国的各大医院，而且还打败了跨国企业。截至 2024 年，迈瑞监护系列产品和其他医疗诊断产品在国内市场销量连续多年稳居榜首。迈瑞的产品及解决方案已应用于全球 190 多个国家和地区。在国内市场，公司产品覆盖中国近 11 万家医疗机构和 99% 以上的三甲医院。在国际市场，作为全球领先医疗机构的长期伙伴，迈瑞公司已赢得美国、英国、德国、法国、意大利、西班牙等国医疗机构的广泛认可。

虽然所处的行业不同、公司背景不同，但波特曼丽思卡尔顿酒店和迈瑞在引进外部人才上都有清晰的思考，在明确人才标准、建立招聘渠道、选择筛选工具和巩固人才加盟上都投入了充足的资源，设计和落实了行之有效的体系。这样的体系一旦成形，就会源源不断地帮助公司寻找和赢得对的人才。同样，这两家公司也都享受到了这一体系带来的好处：员工队伍既胜任又稳定，公司业务也蒸蒸日上。如果公司要取得可持续的成功，首先就要从员工能力入手，从把关入手，建立提高人才命中率的 4S 体系，确保找到对的人才。附录 4B 提供了一个评估表，让企业能比较系统地审视公司的招聘体系，找出改善方法。

附录 4A　建立与落实独特价值主张的步骤和工具

要在人才大战中取胜，公司要建立与落实独特的价值主张，在市场上为公司的目标人才树立鲜明的、差异化的雇主品牌。以下是建立与落实独特价值主张的四个主要步骤（见图 4-1）。

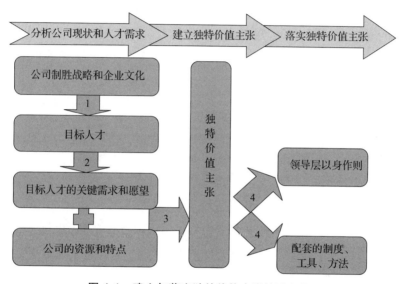

图 4-1　建立与落实独特价值主张的流程图

接下来对这四个步骤进行具体介绍。

步骤 1：清晰地定义业务成功所需要的目标人才（见图 4-2）。

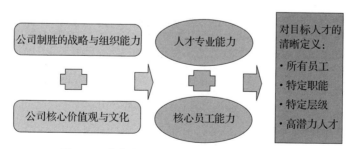

图 4-2　清晰定义业务成功所需要的目标人才

市场上有具备各种能力素质的人才，你的公司需要的并不是所有的人才，而是适合你公司的人才，因此第一步，你需要明确地定义你所需要的目标人才：

- 影响我们公司成功与否的目标人才是谁？是所有员工还是某些职能、某些
  层级的人才，抑或是高潜力人才？
- 我们公司的目标人才应该具备什么样的专业能力和核心员工能力？

要明确地定义这些目标人才，你可以通过召开高级和中级主管会议讨论并达
成共识。讨论的出发点是公司的战略、组织能力和核心价值观。只有清楚地知道
公司靠什么赢，才能知道公司需要什么样的人才。如果你的公司以技术创新制胜，
那么你的目标人才就是技术领域的创新高手；如果你的公司未来 5 年的目标是以
内部成长的方式在全球各地建立自己的销售、研发和制造机构，那你就要开始储
备具备国际视野和跨文化管理能力的国际化人才。在定义这些目标人才时，要注
意以下三点：不同企业的目标人才根据行业、战略、企业文化的要求各不相同，即
使在同一企业，对目标人才的要求也会随公司的发展而变化；要兼顾专业能力和
核心员工能力；要兼顾过去的成就和未来发展的潜力。

步骤 2：找出目标人才的关键需求和愿望（见图 4-3）。

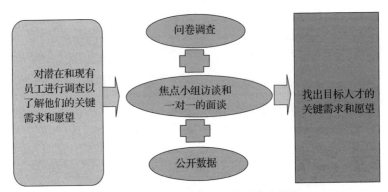

图 4-3　找出目标人才的关键需求和愿望

明确了目标人才之后，接下来是找出他们的关键需求和愿望。这些目标人才
有的已经加入你的公司，有的还在市场上或者其他公司。

以下三种方法可以帮助你了解他们的需求。

- 问卷调查：这种方式的覆盖面较大，有助于初步了解目标人才共同的关键
  需求和愿望。表 4-1 包括了不同人才的主要需求，你可以以此为起点添加
  其他需求，让目标人才根据这些需求在他心目中的重要性进行排序。

表 4-1　了解目标人才的关键需求和愿望

需　　求	排　　序
培训与发展机会	
晋升机会	
国际性的职业发展机会	
公平与支持下属的上司	
互相激励和尊重他人的同事	
工作和生活的平衡	
有竞争力的薪酬	
公平、基于业绩的竞争环境	
灵活的工作时间	
良好的福利待遇	
团队合作为基础的工作	
丰富多彩的工作和职责	
上司充分授权	
高稳定性的工作	
成就感	
充满信任和尊重的工作环境	
有趣和积极向上的工作环境	
分享公司成功（股票期权）	
认同公司使命和价值观	
民族或国家自豪感	
品牌强势的老牌公司	
具有鲜明价值观、注重道德的公司	
鼓励创新的工作环境	
开放的沟通和信息交流	
其他：（请注明）	

- 焦点小组访谈和一对一的面谈：这两种方式可以帮助你深入了解目标人才的关键需求，了解他们为什么会注重这些需求。在一对一的面谈中，你还可以了解目标人才的个性化需求，便于你未来量身定做，提供吸引和保留该人才的整套方案。

- 公开数据：你可以在进行问卷调查和访谈之前，先收集外部公开数据（如人才类杂志的调查结果、学术研究成果）作为参考。

这三种调查方式可以结合使用。除了让你了解目标人才的主要需求，这些方式，特别是问卷调查和访谈，还向目标人才传递一个信息：公司在乎他们的需求，愿意倾听他们的心声。但是，这也提高了他们对公司的期望，如果调查之后公司没有任何后续的行动和沟通，只会令他们失望。

　　步骤3：建立独特价值主张（见图4-4）。

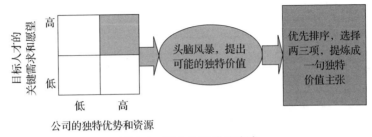

图 4-4　建立独特价值主张

　　找到了目标人才的关键需求和愿望之后，公司要结合自身的资源和特点，经过头脑风暴选择和提炼出几项既对关键人才重要又能发挥公司优势的独特价值。在此基础之上，**高级和中级主管**再开会讨论，根据优先顺序选择两三项独特价值主张，把它们组织成一个清楚易懂、生动鲜明的价值主张，让目标人才一看就感觉这个公司就是自己要找的雇主。

　　在公司建立独特价值主张的过程中，要注意以下三点。

- 独特价值主张必须重点突出：目标人才的需求和愿望可能有很多，公司可以做的也很多。可是，如果没有重点，公司反而无法集中资源为目标人才创造对他们最重要的价值，人才也难以认清到底公司能为他们创造什么价值。
- 区分"独特价值"和"基本价值"：例如，有竞争力的薪酬是公司提供给目标人才的"基本价值"，但是如果把它当作吸引、激励和保留人才的"独特价值"，公司必须能在物质报酬上有明显和持续的优势（如高盛集团），否则当其他公司出价更高时，他们就可能扬长而去。
- 建立独特价值主张时必须考虑到竞争对手：建立独特价值主张不能闭门造车，公司要清楚地知道自己在人才大战中的竞争对手为目标人才所创造的独特价值。产品的竞争通常是在同一行业中，但是人才的竞争往往跨行业，尤其是优秀人才。例如，波特曼丽思卡尔顿酒店的员工在服务高端客户群方面积累的能力和经验使他们不仅能在其他酒店工作，也能从事服务同样客户群的其他行业。因此，公司在研究人才大战中的竞争对手、建立独特价值主张时，不能局限于自身行业。

步骤 4：设计关键的人力资源做法并评估进展（见图 4-5）。

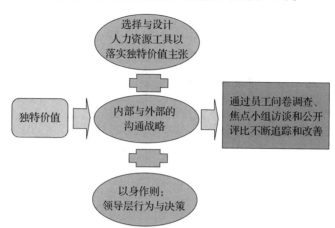

图 4-5　设计关键的人力资源做法并评估进展

明确定出独特价值主张只是"万里长征第一步"，要落实价值主张，让它成为公司管理体系的一部分、融入各级主管的行动，公司需要三管齐下。

- 选择与设计人力资源工具以落实独特价值主张：每个独特价值主张都要有相应的人力资源工具来支持。如果公司的独特价值主张是为目标人才提供成长与发展机会，公司便要建立完善的培训体系、提供实践锻炼的机会、对人才充分授权，建立透明的人才评估体系、职业发展和晋升体系。通用电气、IBM、壳牌、万科和海底捞就是这类企业中的代表。表 4-2 列举了一些价值主张和配套的人力资源工具供读者参考。

- 内部与外部的沟通战略：公司要通过各种有效的途径和目标人才沟通，这既能让人才了解公司的努力，有助于吸引、激励和保留人才，同时，这种沟通也是对人才的承诺，它会带来压力，让公司上下不敢懈怠。人力资源部门可以借鉴营销部门在品牌宣传上的方法来宣传雇主品牌。

- 领导层行为与决策：价值主张说来容易做起来难，能否真正落实价值主张的关键在于领导层的行为和决策。这不仅在于领导层是否参与建立和落实独特价值主张的讨论会议，更重要的是他们日常的行为与决策，特别是危难时候的决策，领导层在公司面临危机之时对员工不离不弃。只有这样，员工才会报以忠诚和更高的敬业精神。

附录 4B　人才招聘体系的评估和改善

人力资源工具和独特员工价值矩阵如表 4-2 所示。

表 4-2　人力资源工具和独特员工价值矩阵

独特员工价值 ＼ 人力资源工具	基于实践锻炼的发展机会（挑战式工作、轮调）	广泛的培训和发展项目	透明的人才评估流程	绩效考核和薪酬	招聘	股票期权	福利	认可	领导层的决策和行为	强有力的双向沟通渠道	授权	职业和晋升体系
成长与发展的机会	√	√	√								√	√
公平竞争		√	√	√	√	√			√			√
分享公司的长期成功				√	√	√						√
稳定的职业		√				√						√
认同公司使命和价值观			√	√	√	√			√	√		√
民族自豪感					√	√				√	√	
为社会做出贡献的梦想和使命		√			√	√	√			√	√	
正面积极的工作环境和氛围		√		√		√			√	√		
支持员工成功	√								√	√	√	√
尊重员工尊严			√						√		√	

公司可以根据表 4-3，请业务部门和人力资源部门共同针对招聘体系中的 4 个环节打分（1 分为最低分，5 分为最高分），从中发现问题较大的领域并针对性地加以改善。

表 4-3　人才招聘体系的评估和改善

人才招聘体系的环节	目前有效性 （1～5 分）	主要差距和根源	改善方法
标准（Standards） 我们对于需要的人才建立了清晰的标准（包括专业能力和核心员工能力）			
寻找（Sourcing） 我们主动出击，选择合适渠道找到合适的人才			
筛选（Screening） 我们运用多样化的工具、多向度评估，有效地筛选出合适人才			
巩固（Securing） 我们选择的人才愿意接受聘任，加入我们公司			

人力资源部门在分析时可以结合表 4-3 中获得的评分和反馈以及其他相关的人才命中率数据与信息，例如，新员工入职后的表现和用人部门的反馈，新员工入职后一年内的流失率，从而更准确地找到问题和根源所在。

如果评估之后发现公司的人才标准不清晰，人力资源部门可以进一步了解哪些岗位的人才标准不清晰，是专业能力的标准不清晰还是公司没有明确核心员工能力。如果是核心员工能力不明确，人力资源部门可以在外部顾问的协助下，根据第 3 章介绍的方法建构核心员工能力模型。如果是专业能力标准不清晰，也可以用同样的方法，在相关部门主管的参与下厘清专业能力的要求。

如果发现问题是出在最后的巩固上，公司需要进一步了解问题出在哪里，到底是薪酬体系没有竞争力，还是公司没有鲜明的雇主品牌，或者是目标人才另有所求而公司根本没有意识到。人力资源部门要注意外部市场上竞争对手的动态和做法，并收集不同行业最佳雇主的一些最佳实践做参考，制定出公司特有的吸引人才的方法。

参考资料

［1］　22 句话总结腾讯人的 2023 年员工大会，腾讯文化公众号，2024-01-31。

［2］　在腾讯，有一个超过 6 万人都申请过的计划，腾讯文化公众号，2022-01-06。

第 5 章

CHAPTER 5

保留与淘汰双管齐下

人才匮乏带来的恶性循环

当公司千辛万苦从人才抢夺战中赢得所青睐的人才，并不意味着从此可以高枕无忧。人才市场供需的不平衡决定了这场人才抢夺战是一场持久战，一不留神公司的目标人才就会被竞争对手以更优厚的条件挖走。

从需求面看，改革开放后的 40 多年间，中国经济的快速发展和全球化的趋势导致各类企业对人才，特别是对高素质人才的需求不断攀升。跨国公司看到了中国巨大的市场空间、发展潜力以及低成本的人力资源和原材料等要素，不但在中国设立制造基地，同时也把区域和全球的研发及供应链中心迁往中国，帮助其实施全球战略。这需要大量具备专业技能和管理能力，并且通晓中国市场和西方管理理念的人才。谷歌和微软因为李开复跳槽而对簿公堂就表明高端人才对于跨国公司实施中国战略的重要意义。2024 年占 GDP 比重超过 60% 的民营经济已经成为中国经济发展中举足轻重的力量，民营企业在国内市场的高速发展拥抱 AI 机遇和走向海外都离不开人才的支持。而国有企业的改革、转型和升级也需要拥有特定知识、技能和素质的人才。

在供给面，中国人才市场存在人才供给与需求不匹配的情况，中高端人才（如人工智能人才）的供给远低于市场需求，成为制约企业发展的最关键因素。针对具备丰富经验的专业人才和中高层管理人才的抢夺战日益加剧。为了抓住商机实现战略转型和高速发展，企业常常不愿意花时间在内部培养人才，而偏向于用加薪升职的方式吸引外部有经验的人才。加薪的幅度常常是人才原有薪酬的百分之几十，这种诱惑让人难以抗拒，造成人才高流失率。同时，这种诱惑也让他们的期望节节攀升，如果公司不能马上满足他们在薪酬待遇和职位升迁上的要求，他们就会毫不犹豫地转投他人怀抱，这就让辛苦培养他们的企业竹篮打水一场空。考虑到培养人才有可能是为他人做嫁衣裳，公司更不愿意投入资源发展人才，这样一来就形成了一个恶性循环（见图5-1）。

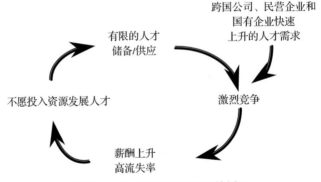

图 5-1   人才匮乏带来的恶性循环

除了人才匮乏造成的恶性循环，中国人才市场存在裙带流失的现象：往往因个别主管跳槽导致该企业的员工集体流失，这一现象给许多华人企业带来管理挑战。在一些人治大于法治的华人企业，主管拉帮结派，为忠心的下属争取更多的资源和支持；反过来，下属对主管，而不是企业，也报以更高的忠诚，一旦主管投靠其他企业，一帮下属往往一同跳槽。这种人才集体流失的情况常常发生在新的竞争对手进入市场之际，这些新公司用高薪和升职的方式从其他公司挖墙脚以缩短学习时间，快速发展。一般是先挖走其他公司的核心人员，再通过这个核心人员去挖其他人。这种集体跳槽的情况会给企业造成很大伤害，不但影响公司的运营和战略实施，还有可能导致商业机密被泄露给竞争对手。例如，2024 年年初某公司分公司总经理离职，带走了原团队 50 多人，还拿走原公司保密级文件开展同类经营，直接造成老东家倒闭。富士康和其母公司鸿海曾几次控告比亚迪，都是由于多位关键人才流往比亚迪。

如何应对竞争对手乱挖墙脚

如果有新的竞争对手进入贵公司所从事的行业，并且开始咄咄逼人地瞄准公司的关键人才，向他们发出邀请，给予加薪、升职和股票期权的诱惑，面对如此情况，有的人才已经跳槽，有的举棋不定，而其他人则开始传播小道消息。这时，公司内部人心浮动，大家对业务的专注开始让位于对自己前途的考虑。如果你是企业的高管，会如何应对？有哪些应该采取和需要避免的做法呢？

我的看法是，首先要控制事态恶化，降低负面影响。竞争对手虽然只和部分目标人才有了直接接触，但是影响会波及各个层面的更多主管和员工，谣传更会使事态升级，带来始料不及的负面效果。这种情况下，企业高管，尤其是 CEO，必须要和全体员工清晰地沟通企业的愿景和战略，让大家看到公司良好的发展前景，这有助于稳定军心，树立大家对公司未来的信心，让员工觉得这时候放弃公司可能是自己的一大损失。同时，人力资源部要进行人才盘点，针对企业想要保留的关键人才，马上行动。假如企业提供的薪酬和发展机遇没有市场竞争力，那就应该加薪或者提供股票期权，对于能力真的已经达到更高岗位要求的优秀人才，该升职就得升职。这里要注意，并不是竞争对手看中的人才就一定是企业想要保留的人才，如果被竞争对手牵着鼻子走，员工会觉得在这个企业的人才标准取决于是否有竞争对手来挖，如果他们获得加薪和升职，感激的就不是企业而是竞争对手了。此外，在有的企业中，高管想挽留人才，但是在沟通中对加薪和升职又表现得不情不愿，好像是在施恩于人，这种态度不利于保留人才，尤其是在有外部竞争对手向人才热情招手的时候。对于决定跳槽的人才，公司也要做好离职面试，了解他们为什么要走和对企业改善的想法和建议，并且制订改进计划，和他们沟通并马上落实。这一努力会让人才看到企业对自己的重视，也能减少和避免其他人因为同样的原因而离开。在沃尔玛，不但有挽留面谈，对于一些关键员工，在他们离开三个月之后公司还有一次回访，了解他们在新岗位上遇到什么困难，通过这一方式有一些员工又回到了沃尔玛。员工在看到高薪和升职机会时很少有不动心的，所以，他们也有可能因此忽略其他重要因素，比如对方企业的发展前景、工作稳定性、工作量和企业文化。如果基于对这些员工的了解，从他们容易忽略的角度切入，中肯地帮助他们全面分析和评估新工作到底是"危"还是"机"，有助于打动并保留他们。员工的家人通常会更看重工作的稳定性，因此公司也可以考虑和这些人才的家人沟通，让他们的家人和员工沟通，劝他们留下。另外，对一些在公司工作年限较长的员工，他们通常对公司仍然抱有一定的感情，公司可以从感情入手，真诚挽留并辅以切实的措施满足员工的需求。对于实在留不住的人才，那最好让他们快点离开，以免影响他人。

另一个被人挖墙脚时要注意的关键事项是无形资产的保护。公司是否已经采取了保护知识产权的措施？客户数据库资料是否安全？公司最好原本就有一套系统的知识产权和数据库保护体系。另外，因为有些无形资产存在于关键员工的大脑中而不是电脑上，公司应该沉淀他们的经验，并且用这些宝贵的经验向更多员工赋能，让他们也掌握工作要领和技术诀窍。例如，在比亚迪，公司的核心技术是掌握在公司手里而不是少数员工手里，虽然公司早期也有工程师流失的问题，但并没有给公司造成大的损失。

常常有主管问我是否要和竞争对手提供同样的薪酬待遇来保留员工，我的建议是不要轻易跟从竞争对手的薪酬待遇。如果根据市场数据，员工的薪酬待遇低于市场中的同等人才，那的确需要弥补。如果仅仅是因为竞争对手来挖墙脚就提高薪酬，就会破坏企业的整个薪酬体系，让其他人觉得不公平。而且，即使你出的薪酬和竞争对手一样，竞争对手还可以再抬高薪酬或者未来有其他竞争对手以更高的价钱来挖他，难道继续给人才加薪吗？如果人才选择企业的唯一标准是钱，这样的人才不留也罢，只要有更高的薪水，他就会走。如果企业保留人才的唯一手段是钱，那主管也要反思，为什么企业不能为人才提供除钱以外的差异化价值？

另一个困扰很多主管的问题是如何处理跳槽后又想回来的员工。我的看法是原则上不允许"回锅"，除非是原因特殊的个别人才。如果人才离开又很容易回来，会让所有员工感觉离开公司没有风险和损失，反正随时回来都可以。但在有些情况下，比如员工的能力达到了更高的水平，而公司当时没有合适的岗位，或者员工出于家庭原因离开公司，并且离开公司前能尽责地完成工作的交接，没有留下后遗症，离开之后也没有做过任何不利于原雇主的事（例如，从原单位挖走更多员工）。在这种情况下，如果经过一段时间他想回来，并且他的确是公司需要的人才，公司也有合适的职位，可以考虑让他回来。在有的公司，有些员工被别的企业高薪挖走，过了三五个月又想回来，这种情况下，如果企业同意接受他，至少在短时间内不能给他升职或开出等同于对方公司开出的薪水，否则会让其他员工觉得不公平，感觉自己留在公司辛苦打拼很愚蠢，也应该出去逛一圈再回来，因为那样就能升职、加薪。

留才的关键因素

在中国企业，当员工和老板说要离开的时候，通常他们已做好决定，要保留他们的可能性不大，因此留才的关键在于防范。根据我的观察，决定员工是否留在公司的因素主要有 4 个。

（1）对现有工作的满意度：在目前的岗位上我做得满不满意？

（2）未来的发展空间：我未来在公司的发展前景如何？值不值得留在公司 3 ～ 5 年？

（3）离开公司的代价：如果我离开，需要付出什么代价？

（4）竞争对手提供的待遇：对方公司提供的薪酬待遇是否足够吸引我？

在这 4 个因素中，第 4 个因素不是公司所能控制的，因此公司留才的关键在于前面 3 个因素。

对现有工作的满意度

有两类因素会影响员工对现有工作的满意度：基本因素或保健因素（hygiene factor）和激励因素（motivator）。如果公司处理不好基本因素，员工会非常不满，但处理好了员工觉得是理所当然的，基本因素包括工作地点和环境、班车、食堂、制服等。激励因素可以激励员工在工作上做得更多更好，包括上司的鼓励、关心、信任、授权以及委以重任、工作的兴趣、能力提升和挑战、成就感、奖励认可、良好的工作氛围、公平的竞争、公平的薪酬待遇、晋升的机会，提供这些激励因素的主要人员是直接上司。很多研究也表明，员工离开公司的主要原因之一就在于直接上司。公司可以针对本行业和企业的特点，从员工最关心的几个因素出发设计员工满意度调查问卷，定期通过问卷和焦点小组访谈了解员工不满的主要问题，根据调查和访谈结果制订改善计划并付诸实施。

以下是一些最佳雇主提升员工满意度的做法。

海信　公司倡导"事业留人、待遇留人、情感留人"并制定了相应的措施。例如，技术人员是海信发展的关键因素，海信留住此类人才的具体措施如下。

- 事业留人：公司给技术人员提供挑战性的任务，虽然很多技术人员才二十几岁，却已经担负起核心技术和产品的研发任务。

- 待遇留人：早在1992年，海信就在时任董事长周厚健的倡导下，打破"平均主义"，薪酬向研发人员倾斜，让他们的平均收入达到集团全体员工平均收入的3倍以上。除了薪酬，公司还为骨干技术人才提供充足的国外考察访问的机会。

- 情感留人：公司有专门的门诊部给员工体检和看病，每天安排员工做工间操和眼保健操，始终把员工的健康当作要事。公司的销售人员常常在外出差，难以照顾家庭，公司就专门设立"内部服务110电话"，为销售人员家属解决问题，让销售人员可以在一线安心工作。

万科　在万科，为了给人才提供公平的竞争环境和发展机会，公司规定举贤必须避亲。这一点从王石和郁亮做起，某管理层人员曾经在王石没有主持工作的一年中把他的表妹招入公司，王石知道后就劝退了表妹。领导层的以身作则确保了万科公平的竞争环境。为了确保万科机制透明，公司提供12种沟通渠道促进员工和管理层之间的双向沟通，让管理层可以快速了解员工关心和不满的问题并采取措施改进。这些渠道包括高管和一线员工定期会面、匿名BBS和年度员工满意度调查（Q12）等（关于Q12的详细问题，请看附录5A）。

海丰国际　作为亚洲区贸易市场的第四大集装箱航运企业，以及中国民营集装箱航运排名第一的企业，海丰国际为了调动员工工作意愿，十分注重员工的基本需求，全方位满足员工的衣食住行需要。海丰国际建立了包括新员工补贴、单身补贴、子女上学补贴、员工大病补贴、探亲补贴等一系列福利，以及项目奖、员工持股和期权计划、员工入职纪念奖、员工推荐奖、创新建议奖、海丰奥斯卡等一系列奖励。与其他大多数公司最大的不同是，海丰国际对员工的激励，除了职业道德方面的问题，只做加法（奖励），不做减法（惩罚）。比如公司的考勤管理，对于迟到的员工没有惩罚，但是对于准时上班的员工不仅每月有全勤奖，每天还有免费的早餐。员工犯了错误，公司更多的是从公司制度和体系上找原因。海丰国际还有极具特色的员工调查，从薪酬满意度到员工工装式样满意度，都在调查之列，这让员工体会到公司对员工意见的重视，更重要的是公司让员工参与公司决策，并释放变革信号，为变革预热破冰。另外，通过 IT 系统发放问卷并自动汇总统计，操作的效率很高。清晰透明的人才管理体系和正向鼓励的企业文化使得海丰国际的员工对公司有极高的忠诚度，2010 年在香港主板上市以来，海丰国际 100 位高管中，只有一位离开，人才对公司的忠诚度可想而知。

未来的发展空间

人才会考虑他们能在公司内升到多高，尤其是在有天花板的跨国公司。如果能升职，要等多久，3 年还是 5 年？如果有升职，他升职的机会有多大？由于外部机会多，中国的人才通常没有耐心等待很久。华为、腾讯、京东等知名公司都建有完善的内部晋升机制，通常在新人入职培训时，员工就能够清晰地了解自己未来的事业前景。

基于人才对自己未来发展空间的考量，公司可以提供职业生涯规划，帮助员工明确未来的发展方向和提升能力的具体方法。例如，软件行业的金蝶有万余名员工，其中绝大多数是知识工作者，如何为他们提供广阔的发展平台是金蝶"帮助员工成功"这一人才战略的重要组成部分。金蝶建构了"2+1"职业发展通道（"2+1"即管理通道、技术通道和快速通道），让员工既可以通过管理通道（技术通道）逐步成长为管理专家（技术专家），同时也可以通过快速通道实现管理转技术、技术转管理、轮岗等跨通道、跨业务、跨部门的多方面能力锻炼与提升，全面实现了知识型员工对"没有'天花板'""没有'围墙'"的职业发展诉求。提供职业生涯规划的通常做法是主管和下属就下属的职业发展每年进行一次面谈，这一谈话跟绩效考核无关。主管会告诉下属根据他目前的情况和未来公司的发展，他们可能有的几个发展方向，并询问下属对哪个发展方向最感兴趣。当下属说出自己感兴趣的方向后，主管进一步介绍往该方向发展所需具备的能力，以及公司会提供的培训、轮岗等机会，让员工有更多机会在公司里达到自己的职业目标。但是，主管不能给予下属许诺，因为几年以后下属是否能达到目标岗位所要求的能力是未知数，公司到时是否有空缺也是个未知数。如果开出空头支票，反而会增加员工的不满。所以这种职业生涯规划的关键在于让员工感觉到公司对他们的关心，公司愿意投入资源帮助他们成功。附录 5B 提供了企业在帮助员工进行职业生涯规划时常用的表格，以供大家参考和应用。

然而，往上晋升的空间毕竟有限，企业也可以向员工提供横向发展和成长空间，确保员工在公司内部找到感兴趣的工作，而不需要到其他公司寻找。腾讯在 2011 年开展"活水计划"，鼓励人才的跨部门、跨职能良性流动。腾讯 HR 一如既往地用产品思维推动内部项目落地，"活水计划"能够在腾讯成为留住人才、盘活人才的重要渠道，源自一系列洞悉人性的设计。腾讯在发布了内部人才市场制度时，最有突破的一个规则是：当员工申请内部岗位并应聘成功时，当前上司可以协商挽留，但不能阻止调出，最长协商挽留期是 90 天。这个规则在论证时，对内部 30 多位管理干部进行了访谈，超过 83% 的管理干部表示支持，但同时也表示：我们不阻止员工调出，但员工在申请内部岗位应聘时需要知会我们。这项要求对员工来说是一项很有心理压力的规则，但考虑到已经取消了管理干部的否决权，也需要适当考虑管理干部的诉求，一步步推进。于是在设计内部人才市场 IT 平台时，HR 同事采取了一个折中的设计：员工点击"我要应聘"时，系统会出现一个提示框，里面有两个选项，左边是"申请应聘并知会当前上级"，右边是"申请应聘，暂不知会当前上级"，绝大部分员工会选择右边的按钮，这时他的应聘信息会发送到面试官，面试官可以约他面谈，如果面试通过，面试官准备在系统中填写评价时，会出现提示：该申请者尚未与当前上级沟通，请提醒他沟通并在系统确认后，流程才能进入下一步。到了第二年，随着管理干部对于"活水计划"的接受度逐渐提升，这个小小的按钮设计也正式取消。后续，腾讯还推出了 Linkshow 平台，采用现场和直播结合的方式，宣传内部的活水岗位，推动人才和岗位之间的匹配。现在，活水已成为腾讯的一个重要文化符号，让腾讯员工和潜在员工都无比相信，只要证明了自己的能力，腾讯内部会有无数的机会。

除了自己的发展空间，人才也会考虑行业和公司的发展空间：这个行业的前景如何，是朝阳行业还是夕阳行业？公司的业务状况如何，是蒸蒸日上还是江河日下？未来的发展空间主要把握在公司的 CEO 手中，如果他有能力带领大家往前冲，公司就有好的发展前景，也能给人才提供更多更好的发展机遇。除了 CEO 自身的能力以外，他与其他各级主管还要和员工不断地沟通，介绍行业趋势和公司取得的成就以及未来的规划，巩固员工的信心。在经济危机时，与员工的沟通显得尤其重要。

阿里巴巴就是这样一个典型例子。由于金融危机的影响，2008 年阿里巴巴股价大幅下跌，最低甚至跌破 4 港元 / 股。在这个时候，阿里巴巴创始人马云并没有单纯依赖降低成本的短期举措来提升利润和股价。他在 2008 年 7 月给全体员工发了一封信，讲述自己对这次经济危机的看法，明确了将继续把阿里巴巴建成全球最大的电子商务公司的目标；同时，他还提出一个新的目标——在未来 10 年内把阿里巴巴建成全球最佳雇主之一。信中指出，为了实现这样的战略宏图，在目前经济低迷的情况下，阿里巴巴有三个最重要任务：第一是强化公司文化，改善过去几年因快速发展而导致的公司文化稀释；第二是提高组织效率；第三是提升人才能力以支持公司未来的宏图。马云对这些计划是认真的，并以各种行动证实了他所言非虚。例如，虽然公司面临很大的经济不确定性和萎缩的财务回报，他仍然决定在 2009 年 1 月给员工加薪，与之相对应的是，所有副总裁及以上级别的高管的加薪却冻结了。马云说："面临这样的艰难时刻，我们必须把有限的资源向员工倾斜。"这样明确的沟通和言行一致的作风强化了员工对于公司未来的信心。

离开公司的代价

在思考保留人才的时候，我经常看到企业常用一些"捆绑性"工具，提高员工离开公司的代价。常见的工具包括：

- 期权授予（但分几年行使。假如员工提早离开公司，需要放弃未行使的期权）。

- 与年资相关的福利（如养老金）。

- 合约完成金（工作满几年后公司再一次性支付一笔钱给人才，例如，百安居的做法是工作满三年公司再给一年额外的收入）。

- 房屋产权（例如，公司以较低的价格购买房产，然后以分期付款的形式提供给员工购买。但前提条件是工作必须满一定年数。如果员工想要提前离开，公司会把员工供款部分还给他们，房子产权仍属于公司。考虑到房子的升值，如果员工提前离开公司，就会有一定损失）。

这些工具都是帮助增加员工离开公司的代价，统称"金手铐"。这些"金手铐"的设计往往由人力资源部负责。

从员工的角度来看，决定他们是否离开公司的关键因素通常是对现有工作的满意度和未来的发展空间。用"金手铐"提高员工离开公司的代价对员工而言不是最主要的考虑因素，因为通常情况下竞争对手会为此买单。那么为何很多企业常常在这一块投入很多精力，因为很多公司认为留才是人力资源部的事，而人力资源部在这三项中比较用得上力的就是设计"金手铐"，增加员工离开公司的代价。我的看法是留才的重点要放在对现有工作的满意度和未来的发展空间上，而不是"金手铐"上。海丰国际留住人才的关键在于让人才"爽"，除了工资待遇不能太差，还要对人才授权，让人才有发展空间。对于离开的员工，海丰国际也敞开怀抱欢迎他们回来。公司董事长杨现祥认为员工想回来，说明确实认识到回来的价值，这样的人会给现有员工现身说法，提高现有员工对企业的忠诚度。

在中国市场，企业面临的一大挑战是竞争对手给予人才的待遇很高，通常是人才目前薪酬的两三倍，这种情况下即使公司针对以上因素采取了措施，并不意味着人才不会流失。但是，如果不做这些，人才会跑得更多更快。此外，为确保主管尊重人才，为他们创造良好的工作氛围，公司可以考虑把人才流失率列为主管的绩效考核指标，人力资源部也要定期收集和分析人才流失的数据，和同行业对比，摸清背后的原因，如果发现某些部门的流失率过高，也要探究是否和部门主管相关并及时采取处理措施。

⊞ 案例分享 ⊞

不同行业、不同公司的目标人才不同，能激励和保留这些目标人才的因素也不同。下面我介绍两家不同行业的公司如何根据目标人才的特点设计和落实相应的留才方法。

阿里巴巴：让员工追求梦想的快乐社群

1999 年创立于杭州的阿里巴巴，经过二十多年的高速发展，如今已经成为全球最大的零售科技公司之一。目前，阿里巴巴旗下拥有中国商业零售业务、国际贸易业务、本地生活服务、云服务、菜鸟、蚂蚁金服等业务板块，协助世界各地数以百万计的买家和供货商从事网上生意，也服务了数以亿计的消费者。阿里巴巴在业务上的高速发展离不开创始人马云的人才理念和有效的人才吸引、激励和保留体系。

阿里巴巴在早期发展阶段最需要的人才是一群愿意和创业者打拼的人才。阿里巴巴要成功，就必须依靠两种人才：通过专业的信息科技人才建立电子商业平台；通过服务水平高的销售人才把业务推广给目标客户。这些人才不但要具有专业方面的能力，更需具备卓越的创业精神、创新能力和服务水平。这些人才追求成就感、成长的机会和创造财富等。在创业之初，阿里巴巴资源有限，无法用金钱或优越的工作环境来吸引所需要的人才，但是公司用"一个让员工追求梦想的快乐社群"吸引、激励和保留了人才。

对现有工作的满意度

阿里巴巴有一句名言，"让平凡的人做不平凡的事，充分调动他们的积极性和潜能"。创始人马云通过提出"不可能的目标"激发了各类人才的才能、热情和想象力。阿里巴巴有三个理想：一是为 1 000 万企业生存贡献力量；二是为全世界 1 亿人创造就业机会；三是为 10 亿人提供网上消费平台。公司为员工提供不同的技术、技能和管理培训来帮助他们实现这些目标。在年复一年的挑战目标和实现目标的过程中，员工得到了锻炼，也享受了成功后的喜悦。创业型的公司挑战重重，因此公司打造一个开心社群让大家苦中作乐，乐在其中。首先，公司寻找的是有相同"味道"的人——乐观开朗、有团队精神、努力工作，并且能热情地投身到理想中去。这些人能够以挑战为乐趣，而且愿意互相帮助，发挥团队的力量来完成伟大的目标。其次，公司为员工提供了和谐透明的工作环境，让大家安心、开心地工作。笔者在 2006 年访谈马云的时候，他将期待的阿里巴巴工作环境描述如下：

- 蓝蓝的天空：制度和决策要透明，公司没有什么东西不能和员工分享，公司所做的决策是员工能明白和理解的。
- 踏实的大地：我们的任何产品和服务都是对社会有贡献的，是合法合理的，让员工觉得踏实的。公司必须有稳定的财务基础，这样员工就不会乱了。
- 流动的大海：人才必须能够在各子公司和部门间流动。
- 绿色的森林：一个有助于创新的氛围，要不断有新鲜的空气进来。
- 和谐的社区：同事间志同道合，有共同的价值观，使人际关系简单和谐。

公司在危难时的做法，体现了公司对员工的关爱。在"非典"时期，阿里巴巴因为出现一个疑似病例，当天决定让所有员工回家工作以度过隔离期。因为行动果断，公司避免了可能发生的疫情蔓延，员工对此也报以更加敬业的态度。2003 年 5 月份公司的收入增长了 30%，并且员工之间还通过 BBS、电话和电子邮件互相鼓励。"非典"过后，共同渡过危机的员工感到无比骄傲，他们之间形成了一种强烈的纽带。现在，公司里还经常谈起这个话题，为了纪念"非典"时期阿里人的坚守和团结精神，阿里巴巴集团把每年的 5 月 10 日定为"阿里巴巴日"。

公司也提供各种渠道——电子邮件和 BBS 或会议（月会、季会和一年两次的员工大会），让员工有机会接触到包括马云在内的公司最高管理层，确保沟通的畅通和文化的透明。马云给管理人员制定了非常高的标准，要求他们定期用电子邮件或通过公司 BBS 上的帖子与员工进行沟通，他本人也为此做出了特别的努力。

未来的发展空间

来到阿里巴巴的很多人才不只是为了钱，更是为了梦想，"有机会做可以影响别人生命的事"让他们觉得自己的工作很有价值。很多阿里巴巴的员工有十分丰富的跨国公司工作经验，他们放弃了优厚的薪酬待遇加入阿里巴巴，主要是出于一种爱国情怀，他们感到共同创造一个伟大的企业可以为中国争光。这些充满了创业激情的人，抱着未来可以和公司共同分享财富和为国争光的梦想，放弃了眼前的"荣华富贵"。

有着不同梦想的人才来到阿里巴巴，希望和志同道合的伙伴共同奋斗，实现梦想。作为创始人的马云深深懂得这一点，他把自己大部分的时间用于三个方面：远景目标/使命/战略、客户和员工。马云认为公司吸引优秀人才最重要的基础就是公司的远景目标和使命。他明确地和大家沟通，"不能让你的同事为你工作，而要让他们为自己的梦想工作"。阿里巴巴也给员工提供很多的挑战和支持，以帮助他们实现自己的梦想，并分享公司的成功。

离开公司的代价

创业初期，作为公司的主人，阿里巴巴的所有老员工都有期权，但是期权并非铐住他们的工具，而是公司奖励高绩效员工的方式。虽然这有助于留才，但这并不是公司留才的主要手段。

比亚迪：成就你的梦想

比亚迪在 1995 年成立之初，只有 200 多万元的启动资金，经过接近 30 年的发展，如今的比亚迪已经成为横跨 IT、汽车和新能源三大产业，销售额超过 5 000 亿元人民币的具有全球竞争力的中国公司。公司从镍镉电池起家，逐步扩张到锂电池、手机零部件和汽车领域，最终打造了"技术为王、创新为本"的组织能力，并不断突破行业壁垒取得令人瞩目的成绩。用公司创始人兼董事长王传福的话来说，这一切靠的是天赐之福——大量廉价的人力资源和巨大的消费市场。但是，在中国运营的公司都享有这两大优势，为什么却鲜有像比亚迪一样创造了商业神话的公司？归根到底，比亚迪的成功还是离不开公司领导人的战略眼光、胆识、钻研、坚持，以及一套能把工程师的人海战术发挥到极致的人才管理办法。

比亚迪员工人数超过 90 万名，其中仅工程师就有 11 万名。很多员工来自外地，大学一毕业就加入公司，他们看重的是互重平等的工作氛围、快速成长的机会、广阔的发展空间、与业绩挂钩的薪酬和公司关怀。

对现有工作的满意度

比亚迪的技术实力依赖于工程师们的努力。董事长王传福自己是搞研发出身的，他非常了解研发人员的工作性质和特点。在他看来，工人可以用"高薪高压"管理，但是管理工程师不能靠"高压"，不能只为短期利益逼着他们出成果，而是要靠营造互重平等的工作环境，给他们时间去研究开发产品。但同时为了确保三五年之后的成果，公司也要设定阶段性的考核目标，让他们每年提交报告、研究成果和专利技术。对于管理人员，王传福善于授权，他下属二十几个事业部的总经理有权决定100万元以内的投资和基层员工的任命。王传福十分关注这些事业部总经理的成长，对这些人的优缺点了如指掌，他和公司高管一起参与授课，帮助员工不断成长和取得成功。

公司的高速成长为人才提供了发展的"快车道"。在汽车行业里，同等学历的大学毕业生，如果是进入国企，他们要在车间里干两三年才有机会成为助理设计师，而在比亚迪，进入公司后只需要两三个月就有机会参与新车设计。比亚迪的多款汽车，都是由公司所招聘的大学毕业生参与生产设计的。公司购买了大量的新车供这些新人拆开研究。一般在两年左右，这些新人就已经有了两轮新车的设计经验，市场价值远远超过了同期进入其他公司的同学。除了快速成长以外，公司和员工结成了利益共同体，表现出色的员工不但可以加薪升职，还可以得到公司股权。

比亚迪有很多外来员工，公司为他们创造了良好的生活条件，让他们感受到了家庭的温暖。2000年比亚迪投资了1.5亿元建设拥有500多套住房的亚迪村。比亚迪员工按照职务和工作年限可以买到只需成本价一半的房子。王传福本人也住在亚迪村里，这充分体现了平等的原则。如果员工购买比亚迪汽车，可以享受500～3 500元/月的购车补贴，基本上等于把这辆车免费送给了员工，车辆日常充电都是免费的。为了解决员工的后顾之忧，比亚迪和深圳中学合办了深圳亚迪学校，职工的孩子上幼儿园和来回的接送也都由公司包揽。

未来的发展空间

王传福对公司的未来充满了信心，他的字典里没有"怕"这个字。虽然公司几次切入成熟行业，有技术上的重重壁垒，也有很多财大气粗、实力雄厚的竞争对手，但是王传福没有恐惧，他认为比亚迪的每个管理者都要有舍我其谁的勇气。他的激情和信心感染了员工，随着公司每次切入新的产品领域并取得成功，员工对公司未来的信心也进一步巩固。

比亚迪强调内部成长，目前的 7 位副总都是内部提拔的。公司每年要成立两三个事业部，有很多管理的岗位提供给员工。公司的人员分成 7 个等级，每个等级又分成 3 个级别。公司规定在每个季度公司的每位主管都要根据"人才路线图"和下属讨论他们的发展，例如未来几个季度的工作目标以及可能晋升到的岗位。通常半年左右就有人获得晋升，有些新人能力出众，进入公司两年后就有机会担任部门经理，有些工作七八年就已经成为事业部总经理，最年轻的事业部总经理刚 30 岁出头。随着职位的提升，这些人才也会得到更高的薪酬和股权激励。王传福曾许诺：任何事业部做到 30 亿元营业额、净利润 5 亿元时就可以分拆上市，团队成员将得到巨大的股权激励。比亚迪舍得出钱的做法为保留和激励人才打下了坚实的基础。

离开公司的代价

公司非常注重员工激励和保留，关键人才可以得到股票。2024 年 4 月 22 日，比亚迪发布公告称，公司拟以 18 亿~18.5 亿元回购股份，回购价不超过 300 元/股，预计回购股份数量不低于 600 万股，这些股份将全部用于实施公司员工持股计划。同日，比亚迪公告称，公司拟推出员工持股计划，参与总人数不超过 1.2 万人，参与对象包括公司职工代表监事、高级管理人员以及中层管理人员、核心骨干员工。值得注意的是，本次员工持股计划将通过非交易过户等方式，受让公司拟回购的公司股票，受让价格为 0 元/股，这意味着参与对象无须出资。

此次员工持股计划涵盖了技术、运营、营销、综合等集团各岗位的核心员工，这些员工是公司战略的主要执行者及团队的中流砥柱，对公司整体业绩和长期持续稳定的发展具有至关重要的作用和影响。员工持股计划有利于公司建立和完善利益共享机制，提高员工凝聚力和公司竞争力，实现公司的长远可持续发展。

阿里巴巴和比亚迪在创业的初始阶段，都没有雄厚的财力，也没有知名的品牌，但是，公司管理层都有打造一流企业的梦想和激情，都有追求公司和人才双赢的理念，以及一套独特的人才吸引、激励和保留体系，因此，它们都能帮助一群普通人成就非凡的梦想，并实现了公司自身的商业成功。

淘汰低绩效人员

在努力保留高绩效、高潜力的优秀员工的同时，公司也要及时淘汰低绩效或不胜任的员工。低绩效员工是指工作业绩不好、行为表现不符合公司价值观要求的员工。但是，很多企业常常因为各种原因迟迟不处理低绩效员工。有时是因为主管想做老好人，不想做坏人去处理低绩效人员；有时是迫于无奈，没有人才储备，如果把现有的员工开除了，一时无法找到可以顶替的人；有时是因为企业没有人才盘点的标准和流程，主管搞不清楚哪些是行为表现好的高绩效员工，哪些是表现差的员工，因此无从下手；有时则是因为企业在高速发展，主管已经要务缠身，顾不上处理他们；再有就是领导明明知道哪些人员的能力、绩效已经无法满足公司发展的需要，但因为他们是跟着自己打天下的老员工，没有功劳也有苦劳，因为感情包袱下不了手。

但是，如果不及时处理低绩效员工，在公司和员工层面都会带来种种后果：

- 公司的业务机会成本：因为不合适人员主导一些业务会令业务发展停滞不前，浪费了公司宝贵资源和时间。特别是在高科技行业，当一个业务产品或业务比竞争对手延后推出半年或一年时间，企业需要花很大力气才能弥补市场份额的丢失。
- 公司的文化成本：当其他员工都看到公司能够容忍或不处理一些无作为的员工时，公司间接传达给其他员工的信息是在这里混是没问题的。
- 公司的财务成本：公司需要支付薪酬和奖金给一些投入产出不对称的员工。
- 对其他员工不公平：因为低绩效人员做不好的工作需要其他员工花时间和精力去弥补。如果低绩效人员占着主管的位置，将会阻碍下属的发展，致使他们流向其他公司。
- 对于低绩效人员自己来说，长时间待在他们并不适合的岗位上也不是一件好事。虽然从短期来看他们保住了饭碗，但是从长期的发展来看，他们一直把时间浪费在自己不能胜任的岗位上，不如趁早另谋出路，找一个更能发挥他们优势的工作。

因此，不论从公司还是从低绩效人员自身的角度出发，及时淘汰低绩效人员都十分必要。那么，如何来进行淘汰呢？我认为淘汰的关键原则是要公平，要对事不对人，无论什么人，只要达不到岗位要求就淘汰。公司必须有考核员工的标准和淘汰流程，而且这些标准和流程必须是透明的。例如，公司实行的末位淘汰是 5% 还是 10%？工作和行为表现达不到什么标准就要被淘汰？主管事先都要清楚地和员工沟通这些规则。

另外，公司也要给员工提供改善的机会。主管通过绩效改善流程，每个月给低绩效员工定目标，并尽量提供他们所需要的支持。如果 3 个月、6 个月之后还是没有改善，那就要果断处理，把他们换到别的岗位或者直接淘汰。有些企业（如一些国有企业）由于企业文化或公司体制，开除员工可能会十分棘手，但还是可以通过一些途径给低绩效员工施加压力，从而迫使他们进行改善。例如，海尔采取干部"能上能下"的措施，中国移动采用降低低绩效人员薪酬的方式，宏碁把低绩效人员调离重要岗位的举措，都是让低绩效员工不要挡道的做法。

激励并保留高绩效员工和淘汰低绩效员工是一枚硬币的两面，二者缺一不可。只有这样，公司才能提升全体员工的能力，最大限度地激励员工努力工作，为他们自己和公司的成功打拼。

附录 5A　Q12 问卷

这份由盖洛普公司（Gallop）开发的问卷，主要用来测评工作环境。它不同于一般的员工满意度调查问卷，它更关注员工的敬业度，这是因为满意的员工不一定敬业，只有敬业的员工才能提升公司竞争力。盖洛普的研究表明，如果主管能持续关注这 12 个方面，就能推动生产效率、利润率、员工保留率和顾客满意度等重要业绩经营指标的提高。

Q12 问卷：请对以下问题打分，1 表示"非常不满意"，5 表示"非常满意"。

1. 我知道对我的工作要求吗？

2. 我拥有做好我的工作所需要的材料和设备吗？

3. 在工作中，我每天都有机会做我最擅长的事吗？

4. 在过去的 7 天里，我因工作出色而受到表扬吗？

5. 我觉得我的主管或同事关心我的个人情况吗？

6. 工作单位有人鼓励我的发展吗？

7. 在工作中，我觉得我的意见受到重视吗？

8. 公司的使命／目标使我觉得我的工作重要吗？

9. 我的同事致力于高质量的工作吗？

10. 我在工作单位有一个要好的朋友吗？

11. 在过去的 6 个月内，工作单位有人和我谈及我的进步吗？

12. 过去一年里，我在工作中有机会学习和成长吗？

附录 5B　员工个人职业发展规划

有关下属的职业发展规划，主管可以每年和他们沟通一次，以了解他们期望达到的目标以及目前和目标之间的差距，并帮助他们制订相应的发展计划。表 5-1 可供参考。

表　5-1

个人信息	职位信息	照　片
姓名 出生年月 性别 国籍 最高学历和专业	目前岗位 就职地点 职级 目前岗位的起始时间 加入公司时间	
加入公司之前的工作经历	进入公司以后的工作经历	接受过的培训
●…… ●…… ●……	●…… ●…… ●……	●…… ●…… ●……
绩效评估记录	潜力评估	能力评估／强项和弱项
●2013： ●2014：		
职业发展目标	发展计划	其他考虑因素
●…… ●…… ●……	●工作安排 ●课堂培训 ●导师	●…… ●…… ●……

第 6 章

CHAPTER 6

建立培养人才机制

"输血" 还是 "造血"

近年中国企业面临着巨大的转型机遇和挑战。出海、人工智能、数智化转型、高质量发展、新质生产力……都成为企业发展普遍面对的新趋势。企业的业务转型也在如火如荼地进行：从本地市场到全球市场，从低成本到创新，从产品导向到基于应用场景的解决方案，从制造延伸到服务，从传统行业到新兴科技领域……企业要实现转型升级，就必须有足够的具备合适核心能力和专业能力的人才。从外部引进一些有经验的人才虽然可以解燃眉之急，但是外部人才毕竟供应有限，而且引进这些人才的成本也较高，光靠这一途径远远不能满足企业的人才需求。同时，过多依赖 "输血" 也会给企业带来一些挑战，如影响内部士气，空降兵和原有管理团队及企业文化难以融合，等等。更重要的一点是，依赖 "输血" 而自身 "造血" 功能不健全的企业是没有持续的竞争力和生命力的。要在今天的商战中获胜，并为明天的成功奠定基础，企业必须建立有效的人才培养机制，孕育重视人才培养的文化，以"造血"为主，以"输血"为辅，这样才能支撑企业的高速发展和战略转型。

在规划人才培养时，要注意平衡企业发展和人才培养的速度。如果企业发展速度持续超过人才发展速度，员工的能力始终跟不上，就会造成管理混乱或者错失商机；反之，如果超前培养人才，人才有更高的眼界和能力，却在目前的企业找不到用武之地，他就有可能流向更能让他发挥能力的企业，这样企业等于是为别人做了嫁衣，所以一定要平衡好企业发展和人才培养的步伐。

很多企业在经济不景气时本能地缩减开支，比如裁员、砍掉培训开支，虽然这样做在短期有利于运营成本的控制，但是长期来看却会影响员工能力的提升和组织能力的强化。当经济复苏期到来时，这些企业可能会因为缺乏人才或者人才的能力不够而无法抓住商机。然而，并不是所有的企业都如此短视，一些具有远见和战略眼光的企业高管利用危机提供的机遇，加大人才发展投入，积极储备人才，为企业长期的成功奠定基础。面对瞬息万变和不确定性高的经营环境，腾讯将人才的培养和发展放到更高位置，"让状态最好的人上场"成为公司新的管理理念，为有干劲、有想法、学习能力高的人才提供更多、更好的战场，锻炼和发挥其所长。

有效的人才发展模式

从大量的案例研究和管理咨询经验中，我们发现很多企业在人才发展方面有些力不从心。虽然企业投入大量金钱和时间，期望能快速培养人才，以支撑公司业务的成长和转型，但往往不尽如人意。究其原因，我认为主要存在以下四个误区。

将人才培养等同于课堂培训

当企业介绍它们的人才培养计划时，最常见的现象是描述企业每年给员工提供多少天的培训课程，投入了多少钱做培训预算，或者送了多少主管到什么学校读 EMBA 或参加短期培训班。也有企业介绍它们最新的什么计划，通过一两年的时间，准备培养多少位中层主管或国际销售主管等。它们认为，人才培养主要是靠课堂培训。但很多研究证明，最有效的人才培养方法不是课堂培训，而是实践锻炼。普遍的共识是 10% ～ 20% 的学习靠课堂培训，80% ～ 90% 的学习靠"做中学"，靠工作舞台，在实践中锻炼。另外，课堂培训的另一个挑战是如何确保学以致用，把所学的知识有效转移和应用到企业实际的问题中。

将人才培养等同于做中学

也有一些企业走另外一个极端，过于否定课堂培训的有效性和价值，只相信实践锻炼和"边做边学"，通过更新、更难、更大的工作挑战不断拓展和培养员工的能力。虽然实践锻炼的方法实战性很强，但是这种人才培养方式往往缺乏计划性，很少从人才的角度出发，根据他需要发展的能力给他提供合适的锻炼机会。通常是企业的运营管理哪里出现问题，人才就被派去哪里"救火"，如果他可以胜任，在问题解决之后又会把他派往别处救火。另外，企业有时候也会因为不能为人才提供及时、有用的支持和培训而付出沉重的代价，如人才培养失败和企业错误决策。

人才培养过度依靠人力资源部门

虽然有不少企业了解人才对企业业务持续发展的重要性，但由于短期业绩的压力，领导层在人才培养方面投入的时间和精力都非常有限（特别是业务快速成长的企业），结果只能指派人力资源部门负责人才培养的工作。问题是，由于缺乏高管的全力参与和推动，人力资源部门能做的事情非常有限。获得企业的培训预算后，人力资源部门最有可能做的事情是把培训工作外包，邀请大学教授或者培训顾问进行课程培训。培训内容能否针对企业的行业特性、企业文化、经营战略的需要，往往要画一个大问号。另外，由于高管不能以身作则从上而下参与推动人才培养，企业整体的文化也很自然地偏重业绩和业务，因为高管与员工的互动绝大部分都是在谈业务，这导致对企业人才建设的重视度大打折扣。

人才培养过度依靠个别主管的主观判断和方法

很多企业的人才选拔标准和流程不够清晰和透明，造成这些企业对人才评价的主观性，"老板说你是人才，你就是人才。说你不是，你就不是！"人才在企业能否脱颖而出，主要取决于主管的主观判断和喜好，这容易造成结党和"拍马屁"的企业文化，选出来的"人才"也不一定是最能干的人。这样的企业，除了缺乏统一的人才选拔标准和流程，人才培养的体系也欠缺，人才培养的方法更因个别主管而异。假如幸运的话，员工遇上一位非常重视人才的主管，便能得到快速发展。相反，员工便要靠自己了。

多年来，通用电气在企业界一直被公认为世界级的人才培养公司，在过去 100 多年中人才辈出，除了内部接班人源源不断，更是美国《财富》世界 500 强公司最主要的 CEO 输出基地。特别是在 1981～2001 年韦尔奇出任 CEO 期间，更是通过人才系统性发展成功推动了业务转型升级，使通用电气成为当时世界上市值最高的公司，而韦尔奇本人也被《财富》杂志评选为"世纪经理人"（Manager of the Century）。

通用电气在人才培养上取得这么大的成果，最主要的原因是它克服了以上常见问题。在人才培养方法上，课堂培训与实践锻炼紧密结合，对于高潜力人才，除了进行定期课堂培训，还结合定期轮岗和行动学习的应用项目，力求理论知识和实践能力同步提高。在人才培养的参与性方面，公司高管从上至下高度重视，亲自投入实践，参与授课、辅导和人才选拔工作，因为高管深刻意识到业务发展和人才发展是分不开的，业务发展的大前提是人才发展。另外，通用电气在高管的人才培养方法上，依据公司的培训体系（如通过克罗顿维尔企业大学）而不是主管的喜好。人才选拔的标准和流程公开、透明（在通用电气人才选拔流程称为 Session C），以减少个别主管的主观意愿和喜好的影响，力求选取的人才都是绩效最好的、潜力最大的。所以，通用电气人才培养成功的原因在于，它搭建了一整套包含高层领导的承诺和参与、人才选拔体系、培训体系和实践锻炼的坚实架构。图 6-1 总结了它的人才发展架构。

重要的是，这个人才培养发展框架不是只能在通用电气生效。通过研究，我发现当企业发展到一定规模（如千人

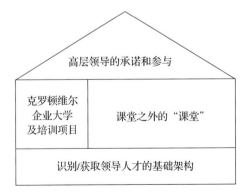

图 6-1   通用电气的人才发展架构

以上的规模），这个框架对于分析、检视和提高公司的人才培养效果都是非常实用有效的。附录 6A 提供了帮助企业评估自己人才培养有效性的工具，但这个工具能否对企业有用，关键是看管理团队对这 4 方面的现状是否有开放和客观的共识，并提出改善的方法。

为了帮助大家进一步了解这个"小房子"样式的人才发展框架，以及提升每个模块的可行方法和工具，接下来我将以一些在华运营的跨国企业和本土企业为例，分析它们如何围绕这 4 方面搭建自己的人才培养系统，支持它们在中国的业务快速成长。

以身作则：高层领导的承诺和参与

在任何一家企业，任何重大举措的推动都离不开高层领导的承诺和参与，人才培养也不例外。他们如何看待人才培养，是否认为这是业务成功的关键，以及他们实质性投入资源和时间的多少，直接影响到中基层主管是否把人才培养当作日常工作中的要事。高层领导在人才培养中的角色主要体现在两个方面。

有可传授观点

美国密歇根大学的诺埃尔·蒂奇（Noel Tichy）教授提出领导者要有自己的可传授观点（teachable point of view）。领导者必须自我检视，基于个人的成长和工作经验整理和总结出一套自己深信不疑的、有关企业成功所需的人才特质的可传授观点。例如，主管需要具备什么样的战略思维，才能促进企业的成长与成功？他们需要具备什么样的价值观和行为？他们是否能激励员工努力工作或有处理棘手问题的决断力？在第 3 章中，我介绍了通用电气的韦尔奇和伊梅尔特、IBM 的郭士纳和彭明盛在面对公司外部环境变化和内部战略调整时，对领导人才提出的不同能力的诉求。

在一些中国企业中，领导者也有自己对于人才要求的可传授观点。例如，在华为，任正非强调"宰相必起于州部，猛将必发于卒伍""高级干部及专家到前方去（前方不是物理位置，流程改革、研发……都是前方），直接参加端到端的洗礼，从机会到变现，要认识全过程"。任正非表示干部就是要实践，"到实践中去取得成功的经验，为担负更重要的担子争取资格"。任正非在一次内部会议中还强调，"加强干部'之'字形的成长制度建设，坚持从成功实践中选拔优秀干部，破除地方主义，破除部门利益"。所谓"之"字，就是指要有在多领域、多部门的实践经验，唯有如此才能培养出具备结构性思维和全局观念、管理跨度大的干部。

联想创始人柳传志提出的"搭班子、定战略、带队伍"已经成为联想文化的一部分，在这一"可传授观点"的影响下，联想的高管将30%的时间用于人才管理，通过日常工作中的沟通和个人发展计划的制订，利用"咖啡时间""午餐会"等途径更多地了解员工，为他们的成长提出自己的建议；公司主管还经常担任内部讲师，分享自己在企业管理和个人成长上的经验。

比亚迪创始人王传福也非常重视人才培养。他认为"造物先造人"，一方面，他对中国人才的能力充满信心，另一方面，他也了解他们中有些人不够注重细节，因此他特别强调"认真"，只有关注产品的每个细节，企业才能制造出高品质的产品，在管理上也是一样，只有认真，才能把企业的管理水平提升到世界级水准。

投入时间和精力

在中国，很多企业家讲"以人为本"，但他们中只有部分人真正做到了以人为本、为人才着想。企业家提出"可传授观点"并不难，难的是不仅要言传，还要身教，以实际行动推动人才培养。例如，他们需要参与人才的评估和选拔，担任内部讲师给人才授课，还要担任导师辅导人才，并且定期检视公司人才培养的进展，确保人才培养的目标也如同业务目标一样得到足够的关注。在京东，刘强东对管培生项目的关注度远远超出了一般企业的领导，除了亲自参加课程开发和参与授课，还会抽出大量时间与管培生谈心交流，甚至亲自带领管培生在实际工作中摸爬滚打。在比亚迪，为了确保产品品质，除了把"认真度"列入员工能力模型并加以考核，王传福本人也认真钻研技术，不放过任何问题，这给下属带来了很大的动力和压力。此外，王传福还每月抽出3天时间担任讲师，讲授战略和思路以及如何做领导，并把以前的错误和经验告诉后来人。在他的带动下，领导层积极参与授课，形成了培养人才的良好氛围。

在企业遇到困难或危机时，领导层也必须做到言行一致，坚持自己的可传授观点。只有这样，可传授观点才会深入人心，为大家所相信、接受和实践。例如，在全球金融危机时，马云停止了所有高管的加薪，却宣布给员工加薪，并且把提升人才能力作为公司三大重要任务之一（其他两个重要任务是强化公司文化和提高组织效率），安排管理人员进行标杆之旅。

公平的游戏规则：选拔人才的标准和流程

要选拔出真正能干的人才，传递绩效导向的文化，公司需要拥有客观、清晰的人才标准以及透明、客观的选拔流程。只有两者结合，才能防止在人才选拔上的主观臆断和"马屁文化"，确保选拔人才的公平公正。表 6-1 列出了一些跨国企业和中国本土企业的人才选拔体系的具体内容。

表 6-1 跨国企业和中国本土企业人才选拔体系的实例

公司	选拔标准	评估工具	选拔流程
ABB	• 业绩 • 8 项全球领导力	**领导力发展评估** • 3 小时面谈 • 360 度评估 • 1 小时反馈	**最高管理层每年审议中国最关键的 50 个职位** • 业绩回顾 • 能力评估 • 培训和发展 • 接班人计划
帝斯曼	• 业绩（2～3 年） • 15 项全球能力 • 潜力 / 对下一个岗位的适应程度	• 人才的职业经理找 3～5 位评估者（在人才直接上司级别）进行评估 • 对于新加入的人才，采用发展中心的方法	**从全球到中国各个层级的人才培养委员会审议** • 负责全球最高层经理后备人才的委员会 • 负责总部高层经理人才的委员会 • 负责总部高层经理后备人才的跨事业部人才发展委员会 • 负责各事业部经理后备人才的事业部经理发展委员会
惠普	• 业绩（2～3 年） • 潜力（主管根据挑战式工作、跨职能项目、业务成果进行评估）	**口头报告（在成为经理之前）** • 部门商业计划 • 实施商业计划的战略 • 如何培养团队 • 关键成功因素 • 需要什么支持	• 高层管理团队集体审议

（续）

公司	选拔标准	评估工具	选拔流程
IBM	• 业绩（3 年） • 潜力（基本能力和领导力）	• 主管集体讨论 • 员工问卷调查	• 跨部门的主管集体讨论
联想	• 业绩（2～3 年） • 能力 • 潜力（成就动机、聪慧、学习能力、前瞻力） • 专业经验	• 360 度评估 • 挑战式工作 / 责任的结果	• 圆桌会议评估（参与人员包括：高潜力人才的上司，与上司同等级别的管理人员，以及这些管理人员的经理）

这些公司的人才选拔体系主要具备以下特点。

1. 领导层积极参与人才选拔

在所有这些公司中，领导层都参与对高潜力人才的定期评估和选拔，了解公司人才库的状况，为人才的进一步发展指明方向，并创造条件让他们通过轮岗和参加特别项目等途径提升能力。

2. 能力要求和业务需求、组织能力协调一致

企业要从所在行业的特点，以及企业的战略和文化出发来制定人才选拔标准。就如我在第 3 章中所谈到的，企业在选拔人才时，既要有针对不同职能的专业能力要求，也要有围绕组织能力的核心能力要求。例如，在华为，任正非强调干部应该才德兼备。"有才无德当然不行，但我们在选拔人才时，首先看重是否有才干。""商场如战场，那个山头摆在那里，谁冲上去谁就有功劳，这时候不管你品德如何，冲不上去就一切免谈。"而才德兼备后，并不表示不再对德进行控制、考核了，而是先让你干、让你跑起来，然后再来确定你这匹千里马的情况。这样就给大家创造了更多发展的机会，从机会实现过程来鉴别考核干部，最终，使其进入公司越来越高的职层。这里一直强调的"德"，除了一般意义上的品德，更是指干部对华为公司价值观的认同与践行。

一些企业容易犯的错误是列一个冗长的能力清单，但是去哪里找那么多完美的人才呢？而且能力要求太多，企业在提升人才能力时就无法聚焦资源。企业还是应该务实一些，找准关键的几项能力要求。

3. 选拔标准包括业绩和潜力

有些人才以往的业绩显赫，但这并不等于他们能胜任更高的职位，而有些人才在现在的岗位上还未能最大限度地发挥能力，因此，公司选拔人才的标准中还应包括潜力。在第 4 章中我介绍过壳牌和联想等公司评估人才潜力的方法。重要的是不管评估潜力的标准是什么，公司内部要达成共识，对于潜力有统一的评估标准，这样才能做到公平。标准一旦确立，不要在执行过程中随意更改。

4. 评估工具多样，标准以数据说话

如果把直接上司的判断作为评估人才业绩和潜力的唯一标准，会造成部门之间标准不一，缺乏可比性，也容易造成"马屁文化"。因此，合适的方法是采用多种基于事实的、听取多方面意见的评估手段，如回顾过去两三年的业绩、360 度评估等。ABB 公司每年要对其中国公司最关键的 50 个职位进行审议，并讨论接班人计划，其中对于高潜力人才领导力发展的评估包括 3 小时面谈、360 度评估和 1 小时反馈，人才的评估报告包含优缺点、能力、市场价值、潜力、绩效和发展建议。这样多角度的评估方式客观全面，便于领导层了解人才的潜力，也便于人才发现自己的不足后去改进。

5. 跨部门、跨事业部比较人才

不同的评估者通常由于有着不同的视角而对人才有不同的看法。如果一个部门的主管在公司内位高权重或者对人才选拔的尺度把握得比较宽松，就容易导致他的下属比其他部门的人才得到更多的发展机会，这样在整个公司层面就造成人才选拔和发展的不公平。集体评议的方式可以减少不公平现象。在 IBM，不同部门的主管在一起用相同的标准对他们部门员工的绩效和潜力进行评估，这些主管在工作中和人才有过不同程度的接触，可以就人才的表现提出更全面的意见。这样层层选拔，避免了部门之间对标准把握不一致造成的不公平现象。

6. 定期审议人才库中的人才

公司的人才选拔体系要有灵活性，人才库要做到能进能出，这样才能确保其中的人才是公司最出色的人才，确保公司投资的准确性。苹果、微软、华为、腾

讯、美团等公司都定期盘点人才库中的人才，了解他们的进展，讨论他们的晋升和下一步的发展机会。如果高潜力人才的表现不符合公司的期望，他们就会被淘汰出人才库，而由表现更为出色的人才取而代之。东软的人才阶梯分为新员工、骨干员工、关键岗位继任者、后备干部、干部五个阶段。骨干员工占总员工的比例不超过30%，由各个事业部、大区和部门推荐而来。这些骨干员工将被纳入下一年的骨干员工培养计划，得到一系列的培训，参加每个月的高管午餐会和学习会，能够接触到公司的高管。骨干员工每年评选一次，上一年表现不好的下一年可能就失去了骨干员工的资格。

7. 清楚地沟通人才选拔的标准和流程

和所有员工沟通公司的人才选拔标准和流程也是重要的一环。这可以让员工感受到公司透明公平的文化，看清努力的方向和在公司的前途，提高他们的工作动力。当员工不了解这些时，他们通常不确定自己在公司是否有发展前途，这可能造成他们的工作积极性不够甚至丧失。对于高潜力人才，公司一定要清楚地与他沟通他的强项和弱项以及下一步的发展计划。帝斯曼的做法是和高潜力人才就他的潜力明确沟通，以免他在公司工作多年以后才发现他的期望和公司的安排有着很大的差距。

在中国本土企业的人才选拔中，还有特别的人才自荐法和伯乐推荐法。在奥康集团，任何员工都可以填一张"人才自荐表"毛遂自荐，机会面前人人平等，这极大地调动了员工的积极性，奥康集团也通过这一途径发掘了不少人才。奥克斯集团专门设立了"伯乐奖"，奖励那些在公司内部推荐和提拔优秀人才的伯乐们。

有的放矢：有针对性的培训系统

在明确了企业对人才标准的要求和人才所需提升的能力之后，企业必须为他们提供有针对性的培训和实践锻炼的机会。培训的方式有多种：课堂学习、在线学习、360度反馈、行动学习项目等。培训可以为人才提供知识、提高技能和开阔眼界，为人才解决实际工作中的问题提供理论依据。表6-2归纳了一些跨国公司针对不同层级人才设计的培训体系。

表 6-2　跨国公司培训体系的实例

公司	基层员工	新经理	经理的管理者	高层经理
IBM	针对未来领导者的 3 个培训项目 • 领导者基础培训（个性化学习 + 辅助式学习 + 领导教领导） • 领导者准备项目（在线学习 + 面对面的学习） • 明日之星领导力发展课程（商业模拟课程 + 个性化学习 + 学习实验室 + 高级主管分享）	• 新领导者的基础培训（360 度领导力问卷 + 学习实验室） • 新领导者的快速培训（在线学习 +2 天的学习实验室）	• 领导力发展模块（辅助式学习 +PARR 方式） • 针对中层经理的战略匹配模块（2 天的学习实验室）	新高层经理的加速学习项目 • 针对新加入 IBM 的高层经理的培训项目 • 针对高潜力的高层经理的 ADEPT 项目 • 整合和价值核心团队培训项目
惠普	• 新员工培训（3 个月导师计划）	• 基础管理培训课程（6 个月）	• 短期课程，以帮助经理了解他们的新角色	• 高层经理培训（8 个月）
ABB		• M1：新经理培训课程（课堂学习 + 在线学习 + 个人项目）	• M2：成功领导力和管理课程（课堂学习 +360 度反馈 + 团队项目）	• 国际联盟项目（课堂学习 + 行动学习项目）

　　由于跨国公司通常可以借鉴全球的培训体系，因此架构比较完整，有些本土企业，如华为、迈瑞、腾讯、美的等也建立了各具特色的培训体系。一个高效的培训体系通常具备以下特点。

针对不同层级的能力要求设计培训项目

　　有些公司在培训上投入很多，却没有收到很好的效果。譬如派员工攻读 MBA 这件事，一些公司安排刚踏上经理岗位的人员去读 MBA，实际上并没有针对他们的需求。因为人才刚踏上管理岗位时，最需要的是人员管理的技能，而不是成为各个职能领域的通才，MBA 有助于他们开阔视野，增加不同职能领域的知识，但却不能帮助他们提升管理技能。因此，有效的培训项目必须做到有的放矢，根据人才在不同阶段将要承担的岗位职责和能力要求，结合人才的个人发展计划中需要发展或强化的领域，提供专业和管理能力方面的培训。这样培养出来的人才会知识全面、能力平衡。

星巴克　借鉴咖啡的术语，制订了覆盖每个层级伙伴的职业发展"星计划"。以门店营运部门员工的职业发展为例，分为七个职业发展台阶：咖啡师、值班经理、店副经理、店经理、区域经理、营运经理和区域营运总监。其中，从咖啡师到值班经理叫生长计划，从值班经理到店经理叫烘焙计划，从店经理到区域经理叫研磨计划，而从区域经理到区域营运总监则称为高级发展计划（Advanced Development Program，ADP）。星巴克按照员工胜任力模型的五个方面——顾客为先、紧密合作、领导有序、持续发展、实现目标，分别设定每个层级和职位的考核标准，作为员工培训、考核和晋升的依据，并制定了相应的培训和认证体系。星巴克每个季度都会根据业务发展和员工考核情况，制订和调整每个区域的组织合作伙伴计划（Organization Partner Planning，OPP），指导员工的培训和晋升，另外每个员工也都有自己的合作伙伴发展计划（Partner Development Planning，PDP）。

腾讯　一直将人才视为最宝贵的财富。相应地，高度重视员工发展的腾讯，不仅为员工设计专业和管理的双通道职业发展路径，让员工的能力得到更聚焦、更清晰的发展，同时也让每位员工的成长贡献能够通过职级体系得到及时明确的体现。2007年，腾讯成立了专门的人才培养机构——腾讯学堂，致力于成为"互联网行业最受尊敬的企业大学"。腾讯学堂目前有1 000多门课程，既对内也对外。在专业能力培养方面，腾讯学堂根据员工的专业领域、职级和职位的能力需求推荐学习资源，员工可以按自己的兴趣、需求和不同的发展阶段选取合适的课程和学习方式。除了这些常规培训，腾讯在专业能力培养方面还非常注重经验交流，比如组织"高手在民间""专家项目""Better Me"这类内部交流活动，还有一些行业级的交流活动。在领导力培养方面，基于腾讯ALL in领导力模型〔以文化价值观为模型基座，加上三大核心能力——洞察（insight）、点燃（inspire）和突破（win）〕形成了完善的领导力发展路径。"飞龙计划"屡次获得全球性人才发展权威组织ATD的奖项。

胖东来　作为零售业的"天花板"，对员工的培养不只是局限于岗位所需的专业技能，更延展到更大范畴——教会员工如何更有品质地生活，如何成为幸福的人。在胖东来官网的一个员工培训栏目中，页首有一行字——工作的目的：是因为喜欢、创造价值、获得公平的回报满足幸福生活和精神的需求、成就幸福的自己并为社会的美好创造价值！创始人于东来也在多次分享中强调，只有员工幸福了，事业上才能有理想和追求。在《幸福生命状态手册》中，胖东来为员工提供了清晰的量化的幸福考核标准，从爱情、居家、家庭、理财、休假、健康等各个方面，帮助和引导员工成为一个幸福的人。

投入充足资源开发多种学习方式

公司要在不同层次能力需求的基础上，善于结合不同的学习方式（如在线学习、课堂培训、经验分享、行动学习、教练反馈），利用内外部培训资源，让人才在更广阔的平台上更有效地提高能力，比如对于高管而言，可以通过外部教练（executive coach）定期与高管沟通，了解他们的问题，帮助他们更好地适应环境或改善领导风格。IBM、可口可乐、强生等跨国公司都提供各种在线学习和课堂培训的课程。可口可乐有网上的培训日程，让所有员工都可以根据个人发展计划的需要接受不同专业领域和管理技能的培训。强生公司对面临关键转变的高管（例如从经理上升到主管，或者从一个区域调到另一个区域）提供一门三四天的课程，专门帮助他们应对这些转变。在博时基金，帮助员工提升专业领域的能力是企业的目标，博时基金没有给员工设定培训限额，每一位员工都可以根据自己的专业需要申请参加培训。由于报名参加的课程不同，有些员工可能比其他员工享用更多的培训费。比如，公司每年选派一位员工到纽约大学做访问学者并到华尔街实习，一年的成本大约是 70 万元。在飞亚达，公司根据奢侈品行业的特点，提供各种形式的培训——授课教学、案例教学、体验式培训、采风、海外培训等，课程涵盖艺术和文化品位、品牌意识、人文素养等各个方面。针对高层经理，公司专门提供了由清华大学、法国时尚学院和法国高级商学院举办的"高级奢侈品项目培训"以及中欧国际工商学院的战略及领导力课程；中基层经理则参加"经理人必修课程"。如果员工自学取得国家承认的学历，公司会报销 50% 学费作为激励。除了各种形式的培训，很多本土企业的老总都喜欢送书给员工读，希望企业形成学习型文化。

联想并购 IBM PC 业务后，在原来 IBM 人才管理框架的基础上，建立了四个层次的人才梯队，对全球人才进行整合和统一管理。除了联想集团执行委员会（Lenovo Executive Committee，LEC），次一层的叫全球领导团队（Global Leadership Team），基本上由公司 100 名重要位置的副总裁组成，参与公司战略的制定和重大项目的实施，负责公司的一些跨组织项目，他们每个季度有一次电话会，每年有一次面对面的经验交流和分享。第三层就是联想通常所说的高管团队，由排在前 10% 的 350 名左右的高管组成，每年 CEO 亲自对他们进行甄选和评估，并给他们一些外派职责、教练辅导、脱产学习和不同项目的锻炼。第四层叫 P Talents，就是在整个公司所有员工里边定义出来 10% 的人，认为这些人在未来五年内可以升成两级，或者在未来一到两年可以得到提职，公司会给他们提供一些轮岗、培训、导师辅导的机会，给他们更多曝光的机会，派到国外去的很多人都是从这里边挑出来的。

领导以身作则，教学相长

只要有钱，任何企业都可以从外部购买课程。但是，教授和咨询顾问不能替代领导层在人才培养中的关键作用，好的领导应该是好的老师。领导层亲自担任讲师，与人才分享自己的成长经验和企业管理心得，不但可以让人才学到与该企业相关的知识，更能让他们感受到领导对人才培养的重视，这种激励无疑为企业留住人才起到相当大的作用，也有助于在潜移默化中层层传递教导文化，会对企业的人才培养和未来发展产生深远影响，这是外部培训者所无法代替的。在华为、比亚迪、中集、京东这样的本土企业，领导都积极参与授课。京东商城获得第一笔风险投资后，除了投资物流系统的建设，就是启动了管培生项目。京东针对管培生项目开发了一个叫"五星自我管理法"的框架体系，从拼搏、价值、诚信、欲望、感恩五个方面，打造员工坚韧不拔、持之以恒的品格，而这个体系是刘强东亲自开发的。除此之外，刘强东对管培生项目的关注度远远超出了一般企业的领导，除了参与授课，他还会抽出大量时间与管培生谈心交流，甚至亲自带领管培生在实际工作中摸爬滚打。

培训与实践有效结合

如果培训过于理论化，学员很快会遗忘学到的知识，这样，企业的学习资源也就白白浪费了。因此，在设计培训项目的时候，一定要包含实际运用的成分，让人才可以通过特别项目、工作组等方式强化和巩固他们学到的理论知识，公司也能迅速从人才完成的项目中获益，降低公司的投入风险。

早在 2013 年，华为大学就提出了"华为训战"的理念，华为遵循"仗怎么打，兵怎么练"的训战逻辑。其中，"仗怎么打"更为重要，因为"练兵"（培训）不是目的，"打仗"才是企业最后需要面对的问题。基于此，华为又对"仗"进行了拆解，将其等同于学员所在的工作场景或任务挑战。华为将整个训战分为了场景、训前、训中、训后、评估 5 个模块。大多数培训可能更关注训中，保持"训前准备、教室参训、课后结束"的传统思想。与此不同，华为引入了场景的部分，即瞄准作战场景，厘清客户或学员所处的工作环境以及所承担的岗位任务，在深度了解后设计还原教学场景；接着，考虑到在职培训时间不长，华为精简了认知类内容，并将其放在了训前模块，学员需要在此时完成在线学习和测评，这也让学员提前进入学习状态；然后，训中的侧重点是作训和练习，安排学员进行场景化的实战，同时聆听一部分主题课程的精讲；完成演练后，导师再带领学员回到工作环境中操作；最后，对培训效果进行柯氏四级评估。对于人才来讲，学有所用，可以更牢固地掌握知识。对于企业来讲，在真实的场景下训练人才，最能保证培训效果，实现培训价值最大化。

选择最佳的培训时间

培训时间不适当也会让培训的效果打折扣，最好的培训时机是人才马上要就任新的岗位之前，这样他比较有学习的动力，学习之后也能马上应用，为企业创造效益。如果提供的培训内容远远超出了人才近期的发展要求，如让新任经理去上高层经理培训课程，效果只会适得其反，人才一则可能无法消化所学内容，二则可能因为知识技能得到大幅提升而对公司产生过高的期望，如果公司不能很快满足他的愿望，他就可能跳槽去别的公司。反之，如果错过了培训的最佳时间，如让新任经理工作 1 年之后再去接受如何管理员工的培训，无疑是让他犯了很多不必要的错误。有些人才的潜力有限，可能他最适合的岗位就是中层经理，在这种情况下，即使他已接受过相关的培训，在一段时间后也应该重新学习，更新知识以适应外部环境的变化和企业发展的需要。

明确和传达培训的目的与期望

一些企业安排培训时比较盲目，例如安排大家外出参观一些标杆企业，却没有明确培训的目的，导致学员"看了激动，听了感动，回来不动"，企业没有得到相应的回报。另一些企业为人才设计了阶段性的培训和发展计划，但却因为没有及时和人才沟通而导致人才以为自己在企业没有发展前途而跳槽！明智的做法是组织培训的主管事先明确培训的目的（例如，借鉴标杆企业的做法改善内部运营管理，提升人才的战略规划能力、供应链管理能力等），也让参与培训的人员清楚地知道企业对他们的期望以及培训后需要完成的任务和时间表。这样，学员带着目标去学习才会比较有动力和针对性，企业也能从学员学成归来的应用中受益。

干中学：实践锻炼

经验是最好的老师。在人才的成长过程中，最快的学习途径就是在实践中学习。赋予人才新的工作职责、更大的工作范围、更艰巨的任务，可以激发他们的潜力，加速他们的成长和成熟。因此，很多公司都通过有挑战性的工作、项目和任务锻炼人才。但是，企业给予人才这些新挑战时也必须及时提供培训支持和工作辅导，以免"拔苗助长"，导致人才"夭折"。另外，为了使人才获得更全面的发展和更广阔的视野，企业也必须克服"山头主义"，让高潜力人才跨部门、事业单位或区域调动。表 6-3 是一些最佳实践公司的做法。

表 6-3　最佳实践公司的做法

公司	跨职能、跨业务部门、跨区域、跨价值链的工作轮调	管理利润中心	挑战性的工作	导师（mentoring）/教练（coaching）/见习（job shadowing）/榜样（role modeling）	特别项目/工作组
迈瑞	内部招聘和双通道制鼓励员工横向流动和纵向发展			建立导师制，并设立"共同成长奖"，对带教效果好的导师和员工进行奖励	通过设立各类研发项目，为新员工提供各种尝试的机会，让他们在实践中尽快成长
帝斯曼	• 给经理后备人才提供跨职能/跨事业部的轮调 • 海外工作机会			给总部高层经理后备人才提供导师，导师来自其他事业部或职能部门	经理后备人才担任跨职能项目的团队领导
IBM	总经理发展模型： • 整合者的角色 • 跨部门的任用 • 全球业务管理	总经理发展模型： • 管理利润中心	总经理发展模型： • 高难度的任务	G100： • 总裁见习 • 指定导师 • 担任别人导师	G100： • 由总裁办公室主导的战略项目
可口可乐	• 在装瓶厂工作6～24个月 • 海外派遣			提供，但不指定导师	跨职能项目
格兰仕	跨职能的工作轮调	分裂繁殖，以小的利润中心培训人才	通过快速晋升提供挑战式任务		
联想	• 跨职能的工作轮调（20世纪90年代较多，目前以同一职能内的轮调居多） • 区域人才轮调到总部再回区域		通过快速晋升提供挑战式任务	为100名最优秀的管理者指派公司国际管理者做导师	

在设计实践锻炼的发展机会时企业应该遵循以下准则。

提供高影响力的发展机会

对于高潜力的人才，一定要在他需要发展的领域给他创造高影响力（使他令人印象深刻，对他的成长有很大的帮助）的发展机会，当然这种发展机会带来的挑战也比较大。有些公司培养人才只是从公司目前的需要出发，只让人才在原来就擅长的领域工作，这样他们的能力提升和视野拓宽就很有限，无法成长为能担负更多责任的主管。在帝斯曼，对于有潜力担任总部高层经理的人才，通常会先让他们在自己的职能领域内获得一些发展机会，之后在总部从事相关职能领域的招聘工作，这样的安排既应用了他们在专业领域的知识，同时又培养了他们识别和选拔人才的能力，为未来担任管理工作打下基础。在可口可乐，一名作为总经理储备人才培养的高潜力员工，有机会在财务、采购部门工作四年，然后中国区总裁又专门安排他去香港的装瓶厂工作了一年，在那里他承担销售发展的工作，要管理70名员工。这些跨职能、跨价值链的工作机会使他的能力快速提升，不仅对公司业务有更全面的了解，也能在未来为公司创造更多价值。在比亚迪、迈瑞和万科，年轻员工都有机会参与尖端项目，这极大调动了他们的积极性，让他们可以比同期进入其他企业的人才更快速地成长，也大大增加了他们的市场价值。

充分利用多种实践锻炼的方法

不同锻炼方法有不同的作用，能够培养人才的多重视角，帮助人才了解不同职能的运营，提升多种管理能力，同时让他们有机会和不同地区、不同业务部门、不同职能的同事打交道，建立良好的人际关系网，有助于今后工作的开展。最佳实践公司通常结合应用以下方法。

1. 跨业务部门、跨区域、跨职能的工作机会

这些机会有利于人才了解公司运营的各个方面，培养综合管理能力，并建立广阔的人脉。壳牌在大学毕业生进入公司的头三年提供两个不同的工作岗位，这可以

帮助他们了解公司的运营、个人的职业发展兴趣和方向并建立相关职能领域的专业能力。三年后，公司会对这些人才进行评估，然后制订下一步的发展计划。IBM 的总经理发展模型特别安排高潜力人才去承担各种不同职责（如管理利润中心、担任整合者、进行全球业务管理等），以提高他们的综合管理能力。万科作为职业经理人的摇篮，为人才安排有计划的轮岗，内部戏称为"有保障的流浪"。为了防止部门主管阻碍人才轮调，有些公司明文规定，只要其他部门接收，主管不得阻拦。联想提供一些跨区域的轮调，通常各地分公司的人才到总部工作一段时间后再派回分公司。这种安排有利于人才了解总部的管理理念和整体规划，也能帮助他们建立与总部人员的人际关系，便于以后开展工作。在收购 IBM 的 PC 业务之后，联想创造了更多中国和海外单位之间的轮调机会，有助于提升人才的全球视野和跨文化管理能力。

2. 特别项目或任务小组之类的短期项目

这是在工作之外接受的任务，投入少、见效快，可以帮助人才迅速了解其他职能领域，在公司内部有更高的曝光率。强生中国提供针对高潜力人才的发展计划，如果人才需要发展全球视野，除了派到海外工作，还可以指定为 些区域性项目的团队领导，和许多其他国家的员工一起合作。

3. 高管见习机会（如担任总裁助理）

这种机会通常给予年轻的高潜力人才。通过担任总裁助理，他们可以了解总裁的日常工作，学习总裁的工作方式和管理技能。贝索斯领导下的亚马逊就非常喜欢给每位高管配一位技术助理（technical assistant），通过在 1 ～ 2 年内参与高管各样的工作会议和决策，学习公司如何使用领导力准则做决策和任用人才。后来的亚马逊云总裁、现任亚马逊 CEO 安迪·贾西（Andy Jassy）就曾担任贝索斯的技术助理，后来的亚马逊印度 CEO 也有类似工作经历。

4. 跨价值链、跨区域的人才互换

这种安排使双方的人才都有更广阔的视野和更丰富的工作经验。可口可乐提供一些部门与装瓶厂之间的人才互换项目，联合利华提供跨区域的一年之内的高潜力人才互换项目。

5. 海外派遣以培养全球视野

走全球化道路的公司需要全球化的人才。培养全球化人才的方法之一就是把人才派到海外，让他在跨文化的环境中历练，提高跨文化的管理能力，并积累全球各地的人脉。在进行海外派遣时，要考虑人才的实际情况（年龄、家庭状况）以及工作性质（跟随别人学习还是独当一面承担责任）。如果因为家庭原因不方便去海外工作，也可以让他在国内工作，但承担全球性的职责，有机会和全球各区域的同事沟通。很多跨国公司都有这样的安排。强生中国的海外派遣至少一年半，公司总部有专门的部门协调安排。去之前派遣方和接收方要详细讨论，提供明确的发展计划，确保这次派遣能满足人才的发展需要和对方的工作需要。

6. 给予人才充分的支持和指导

公司在给人才挑战性工作和压力时，一定要提供安全网，让他的主管对他进行日常指导或者指派"导师"。导师可以来自同一部门，也可以是跨事业部和跨职能的，后者可以让人才拓宽视野，了解其他部门的工作。导师定期和人才讨论，了解人才遇到的问题，给他一些建议，这样可以让人才最大限度地从经验中学习，同时避免发生严重的错误，让他能够将精力集中在效益最大化的方面。对公司来讲，这可以避免因为人才失误而带来损失。对于人才来讲，主管或导师的指导让他不会有孤军奋战的感觉，这有利于强化他和公司的感情纽带，提高他的忠诚度。否则，即便成功，他也会觉得是个人能力所致，和公司无关，更容易成为一方诸侯。同时，如果项目的要求远远超出人才现阶段的能力，主管和导师也能通过定期沟通发现，并重新评估这一项目是否适合该人才，然后做出调整。IBM、强生中国、拜耳、帝斯曼、壳牌都有很强的导师计划，清晰地列出了双方的职责和期望。华为、腾讯、比亚迪、迈瑞、海底捞等一些本土企业也有这样的导师制。

7. 让高潜力人才教学相长

除了专业领域的贡献，可以为公司培养人才的人才能为公司创造更大的价值。人才在"教"的过程中"学"，不仅有利于他系统地思考和提炼自己所掌握的知识和经验，也有助于公司中的其他人才学习这些知识和经验，并能促进教导文化的传承。在 IBM 和飞利浦，高潜力人才不仅接受培训，还要担任讲师。

持之以恒：可量化的评估体系

要确保这套人才发展体系的落实和成功，另一个重要环节是建立可量化的人才发展评估体系。如同业务发展一样，建立可量化的评估体系有助于各级主管提高对人才培养的重视，并切实贯彻执行人才培养的各项措施。许多在人才培养上处于领先地位的企业都建立了有关人才培养的关键业绩指标，并且领导层参与定期回顾，及时提出改善措施，确保了企业长期人才梯队的建设。

针对主管 / 经理的衡量指标主要包括：

- 主管人员的管理能力（根据直接下属的反馈）。
- 领导力的有效性（根据员工问卷调查，以部门为反馈单位）。
- 能否培养本地人才接替外派人员。
- 向其他部门或职能输送人才的数量。

针对公司 / 事业部的关键业绩指标主要包括：

- 按照接班人计划继任的高潜力人才数量。
- 关键员工的留任率。
- 内聘员工与外招员工数量的比值。
- 人才本地化率。
- 关键岗位接班人的能力和数量（bench strength）。
- 已经达到继任要求的人才（ready talent）等待被提拔的时间。

小结

提升员工能力是一个系统工程。企业首先要明确为了打造所需的组织能力，需要具备什么样的人才。借助针对员工能力要求的能力模型，企业可以明确人才所需具备的专业能力和核心员工能力。要注意的是，在一家企业胜任的人才到了另一家企业并不一定能发挥作用，这里的关键在于每家企业的组织能力不同、文化不同，因此所要求的核心员工能力也不同。一旦确定了人才标准，企业可以通过 5B——外购、内建、解雇、留才和外借来弥补员工能力的差距。这 5B 中，内建，即企业内部人才的培养，是企业发展之本。如果完全依赖从外部购买人才，企业是没有竞争力的，因为你能买别人也能买。企业必须根据自己的特点和发展阶段，借鉴本章所介绍的人才培养发展框架以及一些在华跨国公司与中国本土企业的最佳实践，逐步建立人才培养体系，打造重视人才培养的氛围，形成良性循环。

在企业进行战略转型或者高速发展的阶段，适当引进外部人才可以缩短企业的学习曲线，有利于企业抓住商机。但是引进人才一定要注意命中率，确保获得的是能在岗位上有持续出色表现并能留在企业工作一段合理时间的人才。企业可以运用 4S 工具，从人才的标准、找人的渠道、筛选的工具和巩固的手段四个方面提高命中率。中国本土企业当前的人才缺乏意味着人才流失的风险，企业想要有效地留住人才和激励他们，可以从他们当前工作的满意度、未来发展机遇和转换成本三个方面努力，其中前两个方面对人才的保留更为关键，但是要做好，需要各层级主管的支持和参与。除了外购和内建，还有一种利用人才的方式是借才，企业不拥有人才，但可以通过战略联盟、项目合作、聘用外部顾问的方式低成本地运用外部人才。最后一点，对于业绩和行为表现不佳的人才，在提供了改进机会之后仍然没有进步的话，应该尽早淘汰，以确保组织的活力并为引进优秀的人才留出空间。

引进、培养和保留人才以及提升人才能力不是某一个人或者某一个部门的职责，是高层主管（尤其是 CEO）、中基层主管和人力资源部门的共同使命。人力资源部门可以设计相关的架构和工具，但是要把架构落到实处离不开高层主管的承诺、参与和推动以及中基层主管的贯彻执行。只有齐心协力、持之以恒，才能逐步提升人才能力，为打造公司组织能力和强化核心竞争力建立牢固的支柱。

附录 6A 人才培养体系的自我评估

运用表 6-4，企业可以在内部进行人才培养体系的自我评估，1 分为最低分，5 分为最高分。评分可以帮助企业了解自身人才发展体系的短板，找出问题的根源，并制定有针对性的改善措施，确定具体目标、资源投入和时间表，定期检视目标的完成状况。在制定改善措施时，企业可以借鉴本章中介绍的有关模块要注意的关键点和最佳实践公司的做法。

表 6-4

人才发展的架构提供	当前有效性（1～5 分）
基础：我们有明确而透明的人才识别标准和流程	
培训项目：我们有设计完善的培训项目组合，针对不同的专业职能和不同级别的人才提供有针对性的培训课程	
课堂之外的"课堂"：我们通过工作委派和特殊项目为人才提供锻炼机会，以提高技能和丰富知识	
高层领导的承诺和参与：我们的高层领导者通过即时辅导、传授和榜样作用，亲自参与和推动人才培育	

参考资料

[1] TICHY M. The cycle ot leadership: how great leaders teach their companies to win [M]. New York: Harper Business, 2002: 74.

[2] 腾讯的《2022 年环境、社会及管治报告》，腾讯官网，https://www.tencent.com/。

[3] 胖东来官网，https://baike.azpdl.cn/。

第 7 章
CHAPTER 7

如何塑造员工思维模式

什么是员工思维模式

当我去不同公司做调研，与员工进行焦点小组访谈时，常常会请他们用一些形容词来描述他们的企业。在腾讯，员工用了"正直、用户、产品体验"等词描述公司；在华为，员工则说公司"具有创业精神，以奋斗者为本，永远有危机意识"；在胖东来，员工用"幸福、美好、爱"来概括自己企业的特征。这种描述就如同在刻画人的性格一样，让外人可以很快捕捉到这些企业特有的个性特质。这些个性特质反映了公司员工认同的恰当的特质、行为和普遍的做事方式。在这些公司中，员工的所想、所言、所行表现出来的特征和公司贴在墙上的核心价值观是一致的。但是，我也亲眼看到有些公司宣扬的核心价值观和员工心中真正关心的是两码事。

1995 年，我刚从美国回国内参与教学工作时看到很多内地百货商店的门口都高悬红色横幅，上面写着它们的核心理念——"客户是上帝"。而当我走进店里，看到的却是营业员三三两两聚在一起聊天，完全无视顾客的存在，让我毫无"上帝"的感觉。有家银行的核心价值观是"客户导向"和"创新"，要求员工一切工作的考量要以满足客户需求和喜好为目标，要能突破原有的惯性思维，提出新的方法，而我在访谈中所观察和了解到的却是"领导导向"和"不要犯错"，没有人关心创新，员工每天关心的是老板在想什么，考虑的是怎样才不会挨老板的骂，怎样才能讨老板欢心和升官发财。

在以上两个例子中，公司领导提倡的是一套价值观，而员工心目中和行动中所体现出来的却是另外一套做事准则。本章将要介绍的员工思维模式指的是员工每天工作时心中真正关心的、追求的、重视的事情，是记在心中、行在手中的行动指引，不是放在公司网站、贴在公司墙上或者印在员工手册上的标语和口号。

企业要打造组织能力，实现战略目标，不仅需要员工具备胜任能力，还需要员工努力和奋斗的方向与公司的需求保持一致，这一点非常重要，因为它决定了员工的思维模式，影响着员工每天大大小小的决策和做事方式。一些中国企业的领导就是从改变员工思维模式入手扭转企业颓势的。海尔是我国最负盛名的家电品牌之一，截至 2025 年 1 月，在全球设立了 10 大研发中心、71 个研究院、35 个工业园、163 个制造中心和 23 万个销售网络，连续 8 年入选"谷歌 & 凯度 BrandZ 中国全球化品牌"十强，连续 21 年入选世界品牌实验室"世界品牌 500 强"。但在 1984 年张瑞敏接管之前，海尔并没有如此好的风光。彼时的海尔还是一个亏损 147 万元人民币、濒临倒闭的小厂，人心涣散，员工心里想的并不是怎样提升产品质量把公司做好，而是如何占公司便宜，把公司的东西搬回家。张瑞敏上任之后致力于改造员工思维模式，先是定下 13 条禁令，严明纪律。同时，他提出的目标是把海尔产品打造成名牌产品，要做到这一点，产品的品质必须要满足客户需求。有一次，张瑞敏从一封用户来信中得知海尔冰箱的品质有问题。经检查，这样的冰箱还有 76 台库存。当时不少人说，冰箱有点儿毛病不要紧，便宜点儿卖给员工算了，但张瑞敏却决定要把 76 台不合格的冰箱砸毁！要么不做，要做就要争第一。不仅要争中国第一，还要争国际第一！他当众勒令责任人在全厂 400 多名员工的面前抡起大锤砸了这 76 台质量有瑕疵的冰箱。这每一锤既砸在了冰箱上，也砸在了每个员工的心上，员工都心疼辛苦制造出来的产品变成一堆废铁，但也深刻地认识到质量不能有半点儿马虎。虽然员工还是同样的员工，但张瑞敏通过砸

冰箱这一令人震撼的方式让他们换了"脑袋","要做就要争第一"的声音留在了
员工们的心里，也带来了他们在工作行为上的变化。

重塑员工思维模式的常见情景

员工思维模式是需要不断塑造和强化的。在面临战略转型、体制改变、兼并
收购或者企业老化的情况下，企业更需要大规模地重塑员工思维模式，以确保公
司能适应内外部经营环境的变化，不断提升竞争力。

战略转型

IBM 的创始人老托马斯·沃森早在 1914 年就奠定了公司的基本信仰：尊重个
人（respect for the individual）、高品质的客户服务（the best customer service）和追求
卓越（the pursuit of excellence）。但在 1993 年郭士纳接管 IBM 之时，公司已如濒临
死亡的大象。经过一系列的变革措施，郭士纳让 IBM 绝地逢生，扭亏为盈，公司也
从以生产主机为主的制造商转型为集硬件、网络和服务于一体的解决方案提供者。
到了 2002 年，彭明盛执掌帅印，他认识到这些价值观历经多年已经走样，公司里形
成了理所当然和骄傲自满的情绪，让 IBM 陷入前所未有的危机。如果公司要成为引
领行业潮流的解决方案提供者，这些价值观已经不能满足 IBM 的发展需求，无法最
大限度地激励员工实施公司战略。因此他决定重塑文化，通过调查问卷、内部网络
等形式和全体员工展开一场有关文化的大讨论：哪些价值观应该保留，哪些价值观
应该更新。最终 IBM 在 2003 年 11 月宣布了新的核心价值观：成就客户（dedication
to every client's success）、创新为要（innovation that matters for our company and for
the world）、诚信负责（trust and personal responsibility in all relationships）。

兼并收购

一家企业在实施收购战略时，就会遇到两种企业文化的差异所带来的挑战。如

果被收购企业是因管理不善而濒临破产，那么，一旦收购方不能把企业文化移植到被收购企业，它也就无法将被收购企业扭亏为盈。海尔、青岛啤酒和中集集团都是把自己的管理模式和企业文化移植到被收购企业才成功地扭转了这些企业的颓势。如果是跨国并购，除了企业文化的差异还有国家文化的差异，例如联想收购IBM 的 PC 业务和 TCL 收购汤姆逊的彩电业务，这种情况需要并购双方保持思想统一、互信合作，以实现预期中的协同效应。联想在收购 IBM 的 PC 业务之前，已经与咨询公司合作，学习和借鉴国外先进企业的经验，形成了一套比较国际化的管理体系和制度，这在一定程度上有助于后来联想与 IBM 的 PC 业务的整合。联想在收购 IBM 的 PC 业务后发现美国人和中国人的文化差异很大，例如，开会时中国人沉默不等于同意，但美国人常常误以为中国人已经同意，会后又发现其实中国人有不同意见，只是会上不说而已。更让美国人头痛的是，有时候中国人说"原则上同意"，这让他们搞不清中国人到底是同意还是不同意。这种文化差异造成工作中的障碍。随着威廉·J. 阿梅里奥（William J. Amelio）的上任和联想整合的全面展开，2006 年联想启动了"文化鸡尾酒"活动。在线上，员工通过内部的网络访问"文化鸡尾酒"论坛，讲故事、谈感受，分享对中外文化差异和冲突的体验与认识；在线下，举办各种中外礼仪文化、饮食文化、社交文化的讲座、论坛、沙龙，让大家对中西文化的差异有更清楚的认识。最终，确定新的核心价值观为：成就客户、创业创新、诚信正直和多元共赢。其中，多元共赢指的就是大家要互相理解，珍视多元性，并以全球视野看待公司文化。然而，阿梅里奥高绩效导向和成本导向的价值标准，注重短期的行事风格，以及上任后的三次大裁员和对部分管理层人员的替换，使联想内部产生了巨大的信任危机，大家觉得只有和 CEO 成为好朋友才能得到公司的重用。伴随着金融危机的全面爆发，之前还高歌猛进的联想在 2008 财年三季度出现了接近 1 亿美元的巨亏。2009 年，创始人柳传志重新掌舵，除了确定公司未来发展的战略，另外一项工作便是重塑联想的公司文化，找回联想之所以能够在中国克敌制胜的"根文化"，就是每个员工表现出来的"主人翁精神"。在这种背景下，联想提出了 4P 文化：plan——想清楚再承诺；perform——承诺就要兑现；prioritize——公司利益至上；practice——每一年、每一天我们都在进步。为了把"主人翁意识"传递给西方这些职业经理人，让他们能够接受，柳传志想了很多办法，最主要的一个就是去世界各地巡讲，与各地的员工召开座谈会，告诉员工"联想做好了，员工能得到什么"，与员工讨论"如果公司做不好都逃下船的话，那么对公司最后负责的是谁"，而这种主人翁意识其实与 IBM 创立之初沃森父子所倡导的企业价值观不谋而合。通过这样一种高密度的文化宣导，联想全球员工的精神面貌发生了很大的变化。2012 年，杨元庆在 4P 的基础上又补充了第 5P，pioneer——敢为天下先。先前提出的 4P 文化，主要强调执行力，而增加的第 5P 则是鼓励不断创新。2013 年联想对外宣布其官方语言改为英语。如果没有建立这样的共识，遵照共同的核心价值观来做事，并购也只是一个表面上的合并，不但无法实现预期的种种协同效应，反而会因为整合的困难为竞争对手创造可乘之机。

企业老化

企业在获得成功后，容易变得骄傲自满，失去原有的创业干劲和不断进取、追求卓越的精神。宏碁 2000 年面临的就是这样一个危机。在经过二十几年的奋斗后，宏碁已经是台湾地区计算机产业的领袖，自创品牌 Acer 在国际舞台上也占得一席之地。然而，过去的成功并不意味着永远的成功。虽然创始人施振荣早就预料到产业的发展趋势，提出"吃软不吃硬"的战略，但是原有的企业文化过于强调"人性本善"，这造成了赏罚不明，大家做到与做不到好像没有太大差别，以致执行力薄弱，导致很多战略决策实施不力，致使公司在 2000 年陷入困境，两次下调业绩预测，股价大幅缩水。这种情况迫使宏碁下决心重塑企业文化，强调绩效导向和执行力以重振雄风（具体参见后文案例分享）。

体制改变

当中国移动、中海油、中国工商银行和招商局集团等国有企业成为上市公司后，由于股票价格的波动，公司面临的业绩压力巨大，因此需要员工转变为业绩导向的思维模式，要以好的业绩实现投资者的期望。在另一种情况下，原来的国有企业被管理层和员工买下变成私有公司（如恒源祥），虽然公司变成私有公司，但员工的思维模式不可能在一夜之间改变，在这种情况下，管理层也需要重新塑造员工的思维模式，明确新的核心价值观，让员工变得更具市场和业绩导向。

重塑员工思维模式的步骤和工具

思维模式是经历一段时间形成的，因此重塑同样需要时间。一般情况下，至少需要两三年，可分三个步骤进行，如图 7-1 所示。

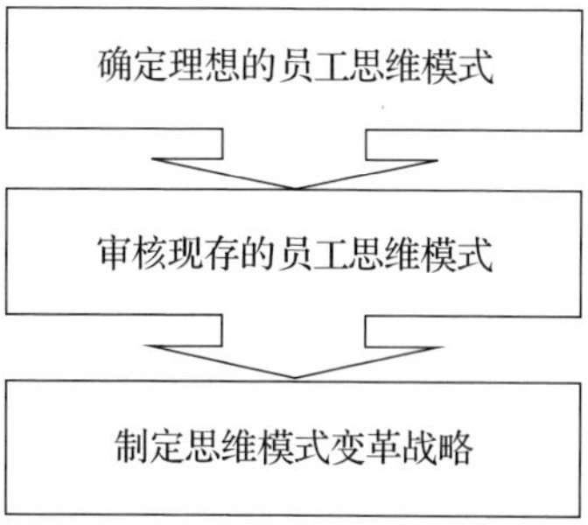

图 7-1　重塑员工思维模式的三个步骤

第一步：确定理想的员工思维模式

要塑造理想的员工思维模式，管理层首先必须对这个问题有所共识："要实现公司的战略，打造所期望的组织能力，公司需要具备什么样的共同思维模式？"这个阶段通常需要几个月的时间，企业最常用的方法是通过研讨会，从上而下分层讨论和细化，共同定出一些核心价值观，作为员工每天决策的准则或做事的依据。

在明确企业所追求的核心价值观时，有几点是需要注意的。第一，有些企业喜欢定很多核心价值观，洋洋洒洒一长串，但是重点不突出，落实起来很难，我的建议是定 3 ~ 7 项，以确保简单易行，超过 7 项员工就很难记住，在日常工作中也很难遵照。

第二，提出新的核心价值观时，管理层不要只是讲些听上去很好、心目中希望的价值观，而是要提出真正对企业成败有实质性影响的价值观，并且要与员工清楚地沟通为什么原来那套行之多年的核心价值观已经不能再为企业创造价值，为什么要树立这几个新的核心价值观，这些价值观会有什么样的重要影响。通过管理层和员工的互动参与，公司从上到下都理解和相信新的价值观会给公司和个人带来双赢，这样大家才会真正拥抱和实践这些价值观。

MBNA 是美国的一家十分注重客户导向的信用卡发行公司，但这家公司并非从一开始就是这样的。这一转变始于多年前的一次高层主管会议。在会议中，一位高管拿出了一些数据让所有高管都认识到公司没有客户导向所付出的沉重代价。对于美国信用卡行业来讲，当时吸引客户的普遍方法是大量邮递推广资料，进行电话营销，免年费甚至赠送礼物等，这样做才会有少数人成为新客户，因此获得新客户的成本相当之高，而这一成本平均要这些客户使用信用卡 5 年之后才能赚回。这一数据让高管清醒地认识到，如果公司的这一商业模式要赚钱，关键就是要留住客户至少5年！否则表面上看客户很多，但如果客户一两年之后就流失，公司又要花很大代价寻找新客户，就会始终处于亏损的状态。因此，公司之后就不遗余力地提倡和落实"客户导向"，因为客户导向对公司的盈利至关重要。

通用电气推行六西格玛也是同样的道理。它不是第一家推行六西格玛的企业，但是它推行得比较彻底，这要归功于1996年的一次调研。当时通用电气的质量只是达到三四个西格玛，公司原材料的浪费、不必要的返工导致的费用占通用电气营业额的10%～15%，相当于80亿～120亿美元被浪费了。如果通用电气要获得80亿～120亿美元的利润，营业额必须要增加1 000亿美元。所以当时大家意识到对通用电气来讲，质量是直接影响公司成败的关键因素，不只是一个听上去很好的口号而已。

第三，在确定价值观的时候要明确价值观的含义，到底它代表什么、不代表什么，这样大家才会有一致的理解，而不会各自按自己的喜好理解。例如，中国企业经常讲"以人为本"，但是，这个价值观的诠释和实施在每个公司都不同。在有的公司，"以人为本"就是与人为善，善待员工，不裁员；而在另一些公司，"以人为本"则是指充分发挥人的潜力和贡献，把人当作公司的竞争优势。再举一个例子，很多公司都把"诚信"列为核心价值观，但是诚信的标准在不同公司也有完全不同的理解。所以公司在定下核心价值观的时候一定要明确这些价值观代表什么、不代表什么，这样公司上下才会有一致的认识并容易遵照。华为是一个很注重价值观的公司，华为的价值观考核内容主要为工作态度考核，将核心价值观中的责任心、团队精神、敬业精神和奉献精神等纳入考核内容。考核主要依据考核者通过观察和记录员工工作表现所获取的事实行为。华为采用主观等级评价的方式，将各项工作态度要素划分为5个等级，对每个等级进行描述和打分，考察员工行为与哪一级别的描述相符合。

第二步：审核现存的员工思维模式

找到了理想的员工思维模式之后，下一步就是评估企业现存的员工思维模式，找出和理想的思维模式之间的差距以及症结所在。这一阶段所需时间最短，一般一两个月便能完成。审核现存的员工思维模式可以采用问卷调查、一对一访谈或者焦点小组访谈等方式。公司也可以借助外部顾问来帮助审核现存的员工思维模式，并且向他们保证谈话内容的保密性以减少员工说真话的顾虑。

1. 员工问卷调查

通过量化的方法找出主要差距所在，有助于在之后的访谈中聚焦重点并挖掘根源。问卷调查要有代表性，覆盖不同业务部门、层级和区域。除了得出总体的数据分析报告，也可以再进一步，对不同业务部门、层级和区域加以比较，找出关键的差异点，并在之后的访谈中再去追根溯源。员工问卷要根据每个企业的实际情况来设计。以下是一个简单的例子，用以了解员工思维模式上的差距：我们假设公司未来要树立的核心价值观是客户导向、绩效导向、创新和拥护变化，而目前的员工思维模式还停留在内部导向、关系导向、仿效和抗拒变化。在问卷调查中，可以提供这些核心价值观的明确含义，让参与的人员进行打分，获得一些量化的数据（见图 7-2）。

请根据你的观察，针对以下几项分别对公司员工现存的思维模式以及理想的思维模式打分：

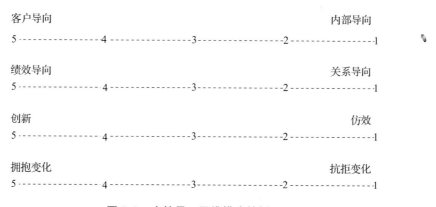

图 7-2　审核员工思维模式的例子

此外，企业可以在组织能力的问卷中设计针对员工思维模式的题目，评估员工思维模式和组织能力的匹配度、思维模式的强度以及打造思维模式的工具的有效性。以下是我常用的一些问题，供大家参考，公司也可以增加一些开放性问题以更深入地了解员工思维模式的问题所在。

- 员工多大程度了解执行新战略所需要的核心价值观和行为准则。
- 员工多大程度认同公司的核心价值观和行为准则。
- 高管的言行多大程度与公司的核心价值观和行为准则一致。
- 履行工作职责时，员工多大程度遵循公司的核心价值观和行为准则。
- 我多大程度清楚自己的绩效目标。
- 我多大程度看到绩效结果与晋升和奖励有明确的关联。

在问卷调查之后，经过对量化数据和开放性问题的整理，企业可以进一步就一些重点问题与相关人员进行一对一访谈或者焦点小组访谈，以便深入地了解问题的相关事例和背后的原因，为提出有针对性的改善方案做好准备。

2. 与高管一对一访谈

高管所处的职位通常使他们对公司的未来有更清晰的认识，也对公司的整体状况有更全面的判断。企业可以根据问卷调查结果更细致地了解高管对于员工思维模式的理想状态和目前状态之间差距的认识。在有些情况下，一些公司有一套成文的核心价值观，公司高管认为自己对这些价值观已经进行了充分的沟通，并且能以身作则地实践这些价值观，但是与中下层主管和员工的访谈反映出的情况却并非如此：在员工眼中，高管常常只说不做，导致下属也不把这些价值观当回事。而在另外一些企业，尤其是创业期的企业，企业文化还在初步形成中，公司本身没有提炼成文的价值观，高管也很少谈什么价值观，但他们的言传身教却能让员工感受到公司的价值观。

3. 对中下层员工和主管进行焦点小组访谈

了解员工的感受和想法是很重要的一环。他们在一线面对客户，最了解客户的需求和公司目前的差距，他们的热情和心思花在哪里决定了公司战略执行的力度。通过对他们的访谈可以具体了解在公司不同部门、层级和区域所体现出来的思维模式上的问题与具体的事例，将汇总的信息和高管访谈的内容进行比较、分析之后可以找出员工思维模式上的主要问题和根源。在进行焦点小组访谈时要注意减少参与者的顾虑，不要把有直接上下级关系的人员放在一个小组内，也要注意不要让个别健谈的人"垄断"了整个谈话，这样才能了解到比较普遍的问题，而不只是个别人的问题。

4. 与客户进行焦点小组访谈

从客户的角度了解公司产品、服务、营运的状况和目标的差距，可以反映出员工思维模式的现状，并为说服大家重塑员工思维模式提供支撑的证据，有利于为变革创造一定程度的危机感。

在公司进行问卷调查和访谈之后，参与者会对公司产生期望，如果公司管理层毫无行动，或者拖延太久才采取行动，或者只是采取一些影响力有限的行动，员工和客户对公司会产生失望和怀疑情绪，不利于推动变革。以后再次进行变革的时候，大家投入的热情就会减少。

第三步：制定思维模式变革战略

打铁一定要趁热。在找出员工思维模式的差距以及症结后，企业可以根据自身的情况，运用不同工具重塑思维模式。这个阶段所需时间最长，企业规模、过去的成功经历等因素会影响转型的难度和所需时间。一般来说，两三年时间是少不了的。以下简单介绍思维模式变革的三大类方法。

1. 由上而下

这类方法主要是依靠高管通过个人言行、决策、制度等多种方法改变员工思维模式。

- **领导层的以身作则**。员工把主管当作自己学习的榜样，如果主管不带头改变，员工便不会把变革当回事。

  尹钟龙在 1997 年担任三星 CEO 后对公司文化进行大规模变革。为了鼓励创新，他改变自己的管理风格，减少对别人的批评，产品决策追求差异化，不靠低价赢得竞争，产品销售的渠道是百思买和 Circuit City，而不是沃尔玛和凯马特等低价渠道，每年再花好几亿美元宣传三星的数码产品。要追求速度，他就提倡不能老是开会听报告。他的决策和行为向员工传递清晰的信号：三星对变革是认真的！

郭士纳在 IBM 进行变革时，针对公司缺乏客户导向的问题提出了"热烈拥抱"计划，要求公司的高管每人要在计划宣布后的三个月内认领三个重要客户，去拜访他们，倾听客户的心声，回来要交报告给郭士纳或者找到能直接解决客户问题的人。如果失去这些重要客户，高管要为此负责。由于高管在时间安排和行为上更重视客户导向，公司全员都认识到了公司是在认真实践客户导向，进而各层级主管和员工加速行动以满足客户需求。

格力电器的企业文化强调的是"透明、公开、和谐、竞争"。前任董事长朱江洪和现任董事长、总裁董明珠都规定企业不允许出现裙带关系，自己家里不能有任何人在格力工作，为了严格管理也从不请下属去家里。他们认为做领导就是要做出牺牲，放弃一些个人利益来成就企业利益。早在1995 年董明珠担任部长的时候，当时货源紧张，经销商就通过各种关系找她。其中有一位找到她哥哥，让她哥哥帮忙说情拿点儿货，虽然卖给谁格力的利益都不会有损失，卖给这个经销商 1 亿元的货，她哥哥可以拿 200万～300 万元的佣金，但是董明珠认为这样做有损格力的形象，当场就把哥哥拒之门外，同时也停止给这个经销商供货。

- **建立危机意识**。危机感可以促使人们改变行为，参与变革。领导者可以通过客观数据统计和沟通，让各级主管和员工了解变革的紧迫性，并说服他们积极参与。前面所提到的张瑞敏砸冰箱就是这样一个典型的例证。波音公司在 20 世纪 90 年代看到美国有很多企业倒下，为了唤醒员工的危机意识，公司专门做了一个 5 分钟的录像带，内容是美国西雅图郊区一个空的工厂和很多在出售的空房子，并且对员工说如果不改变，以后就会变成这样。只有建立危机意识，员工才会有紧迫感参与变革。

- **绩效管理**。把核心价值观列入绩效考核，并根据考核结果给予员工相应的奖惩，是推动员工改变意愿和行为的有效工具。如果客户导向是新的核心价值观之一，那么考核中就要包含客户满意度；如果创新是新的核心价值观，那么每年产生的专利和新产品就要列入考核。这样员工才会努力实现公司期望他们达到的目标。譬如说，为了确保高管对长期客户导向和短期利益进行综合考量，IBM 改变了原有的激励体系，所有负责大客户的高管在完成项目之后只能先拿和项目利润有关的 50% 的奖金，其余 50% 和客户满意度挂钩，而且是分 3 年发放。在每个项目结束之后，客户要对高管的业绩评分，评分对该高管的奖金产生很大的影响。通用电气在推动六西格玛的时候明文规定：如果不参加六西格玛，那就拿不到长期奖金的 40%，而且也不会有机会升到主管层或高管层。西尔斯为了确保客户导向，改变了以前对每个店长只考核营业额和利润的方法，用"全面绩效指数"（total performance index）取而代之，添加了客户满意度、人员管理方面量化的考核指标。格力注重绩效导向，公司对高管的考核既包括定量指标（如销售额、利润等），也包括定性指标（如廉政、创新等）。

● **降职或开除**。企业在变革中对于违背新价值观的主管和员工，要给予警告和惩处，杀鸡儆猴，让其他主管和员工都明白公司变革的决心；同时要把拥护变革、取得进展的员工列为榜样，给予嘉奖和进行宣传，以鼓励其他员工。例如，通用电气在 1986 年为了推行新的核心价值观，把 16 个事业单元中 14 位行为不符合公司核心价值观的领导者统统撤换掉。三星为了支持"创新、速度、全球化"的转型，同样把半数不合格的高级经理换掉。格力最重视的是诚信，从干部队伍开始抓廉政建设。2002 年年初，刚任总经理 8 个月的董明珠发现在中层干部这一级有个别不廉洁、不公正的行为。有的分厂厂长依据员工和他们的关系好坏决定工资，引起很多员工的不满，有些员工都要联名抗议了。董明珠在董事长朱江洪的支持下，整顿干部队伍，当时干部有七八十人，公司通过一个专门的机构去调查和考核干部，第一个考核思想意识，第二个考核能力，了解他们为员工做了什么，员工对他们有什么投诉，之后免掉了 8 位中层干部。这次干部队伍的清理在企业内部带来了明显的改善，员工的凝聚力增强了，发牢骚的人没有了，大家觉得公平了，同时也为员工树立了榜样。没有这样的决心和行动，文化变革难以推动。

● **制度、流程和沟通**。通过使用管理工具，企业可以把所期待的思维模式融入日常运营管理，使它固化生根。例如，"创新"对于金蝶这样的知识型企业尤为重要，金蝶的管理者双管齐下，来创造热烈的创新氛围：第一，彻底消除"家长式管理"和"公司政治"，从而鼓励一线员工的创新实践；第二，建立完善的制度、流程体系，让员工在全面的管理制度与标准的业务流程下实现自我管理。金蝶历史上有过一次轰轰烈烈的"斩尾行动"，即消除日常称呼中的官称，比如在金蝶内部，绝不容许称呼某领导为某总、某经理，而是要称呼领导的中文名或英文名。"斩尾行动"后，金蝶的管理者与员工之间的那层隔膜消失了，工作的气氛轻松而和谐。另一个举措是举行 Beerbust 活动，这是金蝶例行的一个特色聚会，它强调"只有啤酒，没有座位"，组织部门针对公司近期的热点话题，组织一个轻松欢快的聚会，员工与公司高层在这个聚会中面对面地沟通。这种沟通打破了组织架构的层级壁垒，拉近了管理者与基层员工的距离，员工的激情与创新获得了最大限度的释放。通过这些管理制度、流程和沟通渠道，金蝶建构了有利于创新的"没有家长的大家文化"。

- **提供培训**。通过培训，主管和员工可以了解变革对于公司的必要性和重要性，也可以帮助他们提高技能，开阔视野，掌握变革所需的新观念和技能，使他们有强烈的意愿和足够的能力去变革。西尔斯和百事通过标准化的游戏来增强员工的商业意识，认识到客户的重要性。游戏中可能会问：当我们把向客户收的 1 美元放进收款机，公司赚取了多少利润？又如，中国企业在收购外国企业时，就需要对主管和员工进行跨文化的培训，不仅要提高他们的语言沟通能力，更重要的是要让他们了解双方的文化差异和做事方式，互相尊重，有效合作。

2. 由外而内

这类方法主要是依靠外部客户和竞争对手改变员工思维模式。

- **倾听客户的声音**。当公司的主管和员工直接听到客户的声音时，他们才会知道原来公司给客户带来那么多的困扰，有那么多的地方需要改进。每年的 7 月 11 日，台湾地区所有 7-Eleven 便利店的主管和员工一定要和客户接触，高层主管必须拜访主要客户的主管，中层主管到电话中心，基层员工到店面和客户接触。当初在宏碁，为了让大家能更加了解客户导向，我组织了多场客户焦点小组访谈，公司主管可以在客户不知情的情况下听到客户的真实心声。当听到客户对公司产品和服务的种种抱怨时，主管们大吃一惊，才清醒地了解到原来公司在客户心目中是这样的。此外，企业中往往只有销售人员和客户直接打交道，为了让企业真正地做到客户导向，企业也可以创造一些机会，让研发人员、采购人员、制造人员和销售人员一起去拜访客户，或聆听客户的焦点小组访谈，了解客户如何使用公司的产品，客户对产品和服务有什么意见和改进建议。当听到客户的声音后，这些主管和员工才会明白变革的必要性，才会有强烈的意愿去改变。

- **与竞争对手或标杆企业对比**。公司的主管和员工常常有盲点，过于内部导向，只看到自己公司在过去几年的进步。如果他们能更多地向外看，了解最强竞争对手和跨行业的标杆企业的业绩信息和最佳实践，通过与它们比较，就能看到自身的差距。例如，在客户满意度上公司比竞争对手差多少？从订货到出货，公司比竞争对手慢几天？在人才管理上，跨行业的标杆企业是如何做的？对于已经是行业中最强的公司，也可以树立内部标杆。中集集团是全球集装箱行业的第一，集团借鉴日本企业的模式设立了绩效看板作为内部管理的平台，每月刊登包括成本、质量、效率、环保等在内的经营数据，让内部从事集装箱生产的分公司在关键经营指标上互相比较，学习提高。刘强东是一个喜欢用数据说话的人，京东商城的账期、库存周转率、运营费率等衡量企业运营效率的关键性指标与国内外主要竞争对手或标杆企业的优劣比较，他几乎可以脱口而出。

3. 由下而上

这类方法主要是依靠基层员工的参与和推动改变员工思维模式。

- **提案奖励**。公司文化重塑通常都是公司由上而下单向倡导，在执行中可能受到中层主管的阻碍，而在基层的员工往往因为是被动的执行者而很难理解自己要如何参与和配合变革。有一些公司就直接邀请基层员工参与变革，由下而上地动起来。在海尔，如果员工提出创新的提高工效的发明并得到采纳和应用，公司会以员工的名字来命名该项小发明，并给予物质奖励。通过这种做法，海尔内部形成了良好的激励员工发挥主动性的氛围，让他们积极投入工作，为提升质量、降低成本和提高效率积极献计献策。在丰田，如果员工的提案被采纳，员工可以从该项提案获取的收益中提成、拿奖金。三一重工不仅设立了董事长电子邮箱，还在几个产业园都设置了实体信箱，听取员工建议，每年通过董事长电子邮箱能够收到四五千封信。同时，三一重工还建立了一个类似于贴吧的网络平台，了解员工心声。曾经有一位员工提出的一个改善建议为公司节约近百万元，梁稳根亲自给他发嘉奖令，并奖励 9 万元（合理化建议按预期收益的 5% ～ 10% 对员工进行奖励）。

- **群策群力**。最典型的由下而上的做法恐怕要数通用电气的群策群力（workout）。20 世纪 80 年代，韦尔奇在通用电气进行一段时间的变革后发现：在庞大的通用电气，中层主管是变革最大的拦路虎。于是他就提出群策群力，动员基层的员工发动变革，让这些有能力、没权力的基层员工参与推动变革。每次群策群力的会议都会事先选定改善的议题，并且挑选一位高管担任项目赞助人，这位高管有权对该议题最后拍板。参加群策群力的人员是和该项目相关的不同等级和部门的 30 ～ 40 位员工，以及一名顾问。群策群力一共 3 天。在群策群力的第一天，高管会花 30 分钟向参与者说明这是目前公司遇到的难题，希望大家开动脑筋，群策群力，解决问题。然后，高管必须离开会场，员工分组后用顾问教的工具先看数据，分析问题所在。第二天早上，员工分组进行头脑风暴，讨论解决问题的方法，下午给解决方案排序。到了第三天早上，每个小组先互相汇报，选定一些经大家讨论而达成共识的建议。第三天下午是整个会议的高峰，在高管（项目赞助人）再到会场参与的情况下各小组做口头汇报，一个一个汇报建议，高管必须当场做出一个明确回应：同意或者不同意，或者需要进一步研究。如果他同意，员工马上会自愿组成一个群策群力小组，在 90 天内完成项目。如果不同意，高管必须讲出理由。在通用电气，因为跨部门的小组成员提出的建议质量高，高管当场同意的建议比例超过 90%。通过群策群力，高管开始听取员工的意见，让员工感到自己受重视，更有影响力，而且以前工作中长期悬而未决的事现在一下子就得到了解决，也让他们深受鼓舞。因为是员工自己提的建议，所以他们也更加有动力去主动做好。同时，公司内部管理的效率提高，公司文化也得到了改变，更加体现出了"速度"。

附录 7A 列出了改变员工思维模式三个不同角度的常用工具，作为参考。

☐ 案例分享 ☐

下面，我结合宏碁、趋势科技和星巴克的案例，来具体演示改变员工思维模式的三个步骤和三类变革方法在企业中的实际应用。

宏碁转型中的文化再造

背景介绍

2000 年，宏碁面临经营环境的重大挑战，个人电脑的毛利不断降低，市场供过于求，竞争激烈。同时，互联网时代到来，客户对新的互联网应用工具有巨大的潜在需求。宏碁以前的产品和营运模式已无法适应新的竞争格局，更无法保证公司在新时代中取胜。

为了重塑企业竞争力，宏碁内部经过深入讨论及各种会议沟通，时任董事长的施振荣于 2000 年 12 月正式宣布改组计划，将贴牌事业（纬创资通）与品牌事业（宏碁电脑）分割开来，各自专注服务不同的目标客户，并强调宏碁转型的三大重点：简化、专注、前瞻。通过品牌和贴牌事业的分家，公司内部组织得到简化，文化的差异、内部转移价格的争议等问题得到了解决；在各营运领域中，无法赚钱或没有竞争力、不具前瞻性的事业单位一律整顿，使资源专注在利润或附加值高的事业单位。为配合战略转型，宏碁同时推行文化再造。

明确勾勒出期望的文化轮廓

为了强化现有产品的竞争力和新产品的开发能力，高管列出三大文化改造方向：绩效导向、客户导向、执行力。在这三个文化改造的方向下，高管也列出员工应具备的理想行为以及不该有的行为。宏碁已成立 20 多年，要改变其员工多年的思维模式是一项大工程，因此，核心文化的转变，一定要取得高管的共识，才有可能推广到基层员工，落实在组织深层。

审核现有企业文化

2000 年 12 月，我作为负责推动宏碁文化转型的首席人力资源官，决定针对不同层级的员工进行数次焦点小组访谈和员工全面性的问卷调查，并于12月底通过各种途径（电子邮件、问答、面对面说明）与员工进行沟通，从中了解到员工心目中当时宏碁企业文化的三大问题：

- 赏罚不明。员工不知道公司晋升的标准，绩效好与不好的员工一样领奖金，绩效不好的主管依然在位。
- 老大心态。宏碁经过多年的成长和成功，很多主管都变得自以为是，缺乏危机感。此外，不少员工渐渐失去创业时期的打拼精神，只是按部就班，奉命行事，这严重影响到其他愿意努力工作的同事。
- 主管对公司策略的执行力偏低。年初定下的目标沦为讨好老板的口号，当目标达不到时老是在找借口，不是市场环境不佳，就是竞争对手太狡猾，而从不找方法克服困难。

通过分析，公司找出了这些问题背后的两大原因：

- 管理制度未能与绩效导向、客户导向和执行力文化匹配。
- 主管本身的管理风格及行为影响了员工的行为和心态。

这两个障碍严重影响到企业文化重塑，一定要设法解决。

运用工具重塑文化

了解到公司最需要解决的问题及其原因之后，2001年，公司管理层决定进行四波改善行动。

第一波：裁员警示（由上而下的方法）

在2001年2月，公司进行裁员。这是继1991年首次裁员后，宏碁进行的第二次裁员，目的是建立员工的危机意识，并于短时间内迅速减少亏损。管理层希望员工知道公司这次转型的决心，并且在关键时刻一定会采取必要的行动，来达到既定的目标。

第二波：简化工作流程（由下而上的方法）

2 月裁员之后，许多员工马上面临工作量增加的问题。针对这一点，3 月宏碁发起"简化总动员"活动，鼓励员工提出改善方案，精简工作流程，并改进方案预期产生的结果，希望员工可以将时间花在更有意义的工作上面。活动推出后，员工共提出 315 件申请简化的专案，有 228 件核准执行，其中 185 件于 7 月如期完成，达成率超过 80%，高于高管预期的 75%，相当成功。整个活动鼓励员工积极参与，而不是等待主管鞭策才完成。管理层希望员工能在短时间内取得一些速赢（quick win），并为进一步变革热身。

第三波：加强绩效考核与目标执行（由上而下的方法）

第三波行动主要是将公司年度 KPI 落实到各部门、主管、个人，并作为年底绩效考核、晋升、分红和劝退（针对绩效最差的 5% 的员工）的依据，以建立绩效导向的赏罚制度。

为了强化执行力，管理层希望员工都清楚自身岗位的绩效考核指标。一方面，这可以确保每位员工都能对公司的年度目标有所贡献；另一方面也让员工清楚地了解公司对自己工作的期望，作为自我效率检视的标准。主管必须定期与员工按 KPI 的进度进行反馈，了解目标和进度是否合理，并了解员工在哪几方面需要协助。到年底进行整体绩效考核时，主管与员工便能以 KPI 最后达成率来评定员工的考核及晋升。通过整个流程的实施，公司赏罚不明的弊病得以解决，另外，表现不佳的员工也得到了改善的机会。如果在限定时间内不能改善，公司将考虑解聘这些员工。

第四波：提升主管人才的管理能力（由上而下的方法）

从员工的访谈结果得知，主管的管理能力和行为是影响公司文化的关键。为了执行绩效导向的管理制度，宏碁也针对主管的管理能力做了重点培训，并让所有的主管都明确，为下属设定目标、赋能授权、适时与员工沟通并辅导、赏罚分明以及领导变革，是主管的人才管理基本责任。在 5 ～ 7 月共进行了 20 次培训，从董事长到基层主管都参加。培训前，人力资源部先对参与培训的主管的下属进行"主管管理能力问卷调查"，然后在培训当天让主管看到下属给他的评分，与主管给自己的评分做比较，供主管参考。培训后 3 个月，人力资源部进行第二次"主管管理能力问卷调查"，如果到那时候其下属所给的分数还是不理想（例如整体分数低于3.5分），人力资源部将严格要求主管与他的上级主管制订出强化主管能力的改善计划。为了让主管认真落实提升这些管理能力，人力资源部在新的主管绩效考核内容中，加入了20%对主管管理能力的考核。

不断追踪执行进度及状况

在公司宣布转型后，宏碁马上成立转型决策小组会议，一方面评审转型进度和KPI，另一方面及时解决变革中出现的问题。同时，人力资源部也继续不定期地以问卷调查的方式追踪员工的反馈意见。要强调的是，定期检查是整个策略能否彻底执行的关键。

在宏碁的文化重塑中，公司采取一波又一波的行动，让员工知道公司转型的坚定决心，同时也给大家提供足够多的训练资源、工具与配套制度，希望员工与公司同心协力，再创佳绩。

趋势科技的文化传承与更新

背景介绍

由张明正、陈怡蓁夫妇和陈怡桦于1988年创立的趋势科技是全球网络安全领导厂商，也是服务器与虚拟化安全领域的市场领导者。趋势科技在短短35年的时间里，版图扩张至70多个国家和地区，2023年营收超过1.95亿美元，员工7 000多人，为50多万个来自175个不同国家的商业用户提供服务。公司根据全球各地资源优势设立多个中心，如财务中心在日本，营销中心在美国，研发中心在中国台湾地区，客户服务中心在菲律宾，因其独特的全球化运作模式被《商业周刊》称为"超国界的公司"（transnational firm）。公司的全球化程度在华人企业中处于领先地位。

对趋势科技来讲，如何在竞争环境不断变化和公司高速扩张的过程中实现公司文化的传承与更新，建立全球统一的核心价值观是一大挑战。这一挑战在2000年公司规模扩大、战略转型的时期显得尤其突出。

制定新文化

趋势科技早期的文化是 3C——创造（creativity）、沟通（communication）、改变（change），这是三位创始人个性特征的体现。当员工人数较少时，公司文化通过朝夕相处潜移默化地传递。到了 2000 年，员工人数增加了 1/3，特别是有专业人士加入，同时公司的产品策略从技术为重转向服务为重，服务对象也由个人消费者转变为中小企业和跨国企业，种种外在（客户）和内在（组织）的变化都对公司文化提出了新的要求。趋势科技的跨国团队专门针对公司的愿景、使命、战略与文化进行了讨论。在经过反复筛选之后，趋势科技在原有的 3C 文化之外又加上了客户（customer）和值得信赖（trustworthiness）两项，变成了 4C+T，这是由于服务为重需要客户导向，而网络安全业客户最看重的是值得信赖的安全伙伴。这一次的讨论从上至下，反复求证，整整花了 4 个月的时间，新的文化每个趋势人都能倒背如流，也被中国员工亲切地叫作"四菜一汤"。2010 年年初，为了全方位支持云安全战略的实施，又调整为 3CiT：客户（customer）、协作（collaboration）、变革（change）、革新（innovation）、可信赖（trustworthiness）。看起来只是改变了一些字眼，但实际上所有趋势科技的员工都参与了变革的过程，且其中包含了员工所提出的主张，所以员工更能深刻理解变化背后的价值理念。

为了排除不同文化间的沟通障碍，趋势科技还倡导两种沟通精神。

- 无我（no ego）：公司利益第一，自我利益第二。
- 自在做自己，发挥最好的潜质（be yourself, be the best part of yourself）：强调大家自信、互信，敢于表达自己真实的想法而不是掩盖分歧。

落实新文化

制定了新的企业文化之后，管理层开始考虑如何让分布在全球、来自不同文化的员工真正理解和认同趋势科技的文化。为了让创业者和专业人士互信合作，趋势科技通过各种生动有趣的活动结合组织架构调整等方法，达到逐步落实文化的目的。

派拉蒙运动（由上而下的方法）

为了让全球员工协调一致，为共同的目标努力，趋势科技从 2001 年起开始举办全球性的派拉蒙运动。公司最高层会亲临全球各地举办该项活动，上午向员工介绍公司战略，下午进行以公司文化为核心的各项活动。例如，其中有一个"纸房子"游戏。游戏要求每个团队用报纸与胶带在 10 分钟内"盖"出一栋可供人进出的"房子"，用意在于搭建出让客户满意、值得信赖的房子。团队需要创新、沟通和不断改变计划，员工会在游戏中体会到这些核心价值观的重要性。每位员工还会收到代表公司文化的 5 件礼物（如代表创意思考的帽子，代表沟通的耳机），这些小礼品时刻伴随着员工，让员工在感动之余也时刻牢记文化的含义。高管每年年底花一个月的时间跑遍全球分部，让各地员工都能感受到趋势科技文化的力量，这其中少不了的是公司最高层对文化的重视和亲力亲为。

高度沟通会议（由上而下的方法）

每个季度的业绩公布当周，各区域和各部门的主管要召开高度沟通会议，由 CEO 介绍公司战略，财务总监做财务汇报，技术总监介绍技术，部门主管总结上一季度的工作并布置下一季度的工作重点。如果高管不能到场，就用录影带代替。这样周而复始，使员工实时了解公司发展的状况。

倾听客户声音（由外而内的方法）

趋势科技从 2005 年开始进行组织架构调整，把原先以产品为中心的架构调整为以客户为中心。这个重大的变化就是源于公司转向客户导向、倾听客户声音的做法。在最高管理团队制定了战略意向书后，就由善于沟通的下属组成"策略验证精英团队"，跑遍各大区域，拜访大中小客户，倾听他们的反馈意见。他们从中发现，规模不同的企业之间的需求差异要大于不同区域客户需求的差异，也就是说，日本和欧美的大客户对网络安全的需求基本相同，而日本的大企业客户和中小企业客户的需求却差别很大。以此为基础，趋势科技从战略到组织架构都进行了调整，在原有的区域架构之上附加了大企业、中小企业和消费者这一层，以便更好地为不同客户服务。

倾听员工声音（由下而上的方法）

除了了解客户的需求，趋势科技也很重视员工的想法，因为战略的执行离不开他们。为此，趋势科技又组成"组织健身精英团队"，去访问全球不同区域不同部门的员工，并将访问中得来的信息通过会议反馈给最高管理团队。会议中，高管只能为确认所听到的意见而发问但不能辩驳，在反馈会议结束后他们再开会针对精英团队的意见提出改进方案。凭借这样的做法，公司了解了员工的心声，使战略执行更精准有效，员工也真正感受到公司对他们意见的尊重，体会到自身对公司发展的参与感，认识到文化不只是贴在墙上的标语。

跨部门合作（由外而内的方法）

全球化公司的一大特点就是跨区域、跨文化的团队合作。趋势科技是一个"超国界"的公司，善于利用全球各地的人才资源共同为客户服务。因此在趋势科技，不仅最高管理团队成员来自不同国家，代表不同市场的需求，同时大量项目也是在跨区域、跨文化的团队中实施的。如何让有着时间、语言和文化差异的团队成员建立互信、有效的合作呢？这里除了强调两个沟通精神外，在招聘新人时，对其团队合作精神的考察、公司老员工帮带新员工和领导以身作则等都是重要手段。

除了这些，趋势科技的绩效考核中还包含对于员工价值观的 360 度评估，每年还举办全球五大价值观选拔赛，选出全球 60 名最能代表企业文化的员工，颁发奖牌。对于违背公司核心价值观的主管和员工也采取惩戒措施。经过几年的努力，趋势科技全球各地的员工对公司的文化认同度有了提高，员工的合作精神也得到了强化。

星巴克迷失后的文化重塑

背景介绍

星巴克咖啡公司成立于 1971 年，是世界领先的特种咖啡零售商、烘焙者和品牌拥有者。1987 年，时任董事长的霍华德·舒尔茨收购了星巴克，1992 年星巴克在纳斯达克上市。目前，星巴克在全球 80 多个市场拥有超过 40 000 家门店，全球员工人数超过 400 000 名。长期以来，星巴克一直致力于向顾客提供最优质的咖啡和服务，营造独特的"星巴克体验"，让全球各地的星巴克店成为人们除了工作场所和生活居所之外温馨舒适的"第三生活空间"。

随着 2005 年董事会选择吉姆·唐纳德（Jim Donald）担任首席执行官，舒尔茨逐渐在星巴克快速增长的背后嗅出了一丝不安的气息：快速增长使得星巴克产生了战无不胜的错觉，增长也不再是一种做对事情后的结果，而是成了一种刻意追求的战略；公司文化的发展也令人感到担忧，公司把业务增长放在了首位，而价值观、社会良知、经营理念和人性关怀统统退居二线，新一代的咖啡师没有得到切实有效的培训和受到星巴克企业文化的熏陶；引进自动浓缩咖啡机在解决服务速度和服务效率问题的同时，却使得顾客的"第三生活空间"体验大打折扣；由于衡量和奖励的是服务的速度和每小时成交量，加上美国的咖啡质量也在退步，星巴克成功的根基——门店顾客体验开始恶化；星巴克没有坚持不断创新的道路，反而向着偏离"咖啡体验"核心产品的不相关的领域大胆冒进，如娱乐界。2006 年，顾客在星巴克门店的消费额开始减少，2007 年夏天，门店交易增长率低至 40 年来最低水平，股票的市场表现也从强于变为弱于标准普尔 500 指数、纳斯达克综合指数和标准普尔非消费必需品指数。

重归核心价值（由上而下的方法）

2008 年 1 月舒尔茨宣布出山，重掌星巴克，开始了重塑星巴克咖啡品质和重获顾客及伙伴信任的历程。舒尔茨这样强调信任的作用："要想建立一个伟大的消费者品牌，信任是最关键的。如果你无法赢得员工的信任，就无法赢得客户的信任。如果你破坏了信任，一切就全完了。""除了咖啡和经验外，我们唯一的竞争优势就体现在员工如何创造客户体验上，员工是我们创造独特客户体验的源泉"，舒尔茨这样评价员工的重要性。在星巴克内部，舒尔茨一直强调通过"提升伙伴体验"来"提升客户体验"。

倾听伙伴的声音（由下而上的方法）

在星巴克，员工被称为伙伴。舒尔茨再次担任首席执行官的第一件事就是邀请伙伴直接发电子邮件给他，站出来，倾听伙伴的声音，与星巴克的伙伴交流。舒尔茨第一个月就收到了约 5 600 封电子邮件。有时候舒尔茨并不直接回复邮件，而是打电话给全美各地的星巴克伙伴们，回答他们的问题或问问他们的情况，并不止一次地告诉电话那头的人："是的，真的是我在打电话。"舒尔茨还经常视察门店和烘焙工厂，每天不停地在总部的办公室楼上楼下走来走去，同在办公桌前工作的伙伴们打招呼，有时还停下来和他们聊聊天。

为了更好地融入伙伴，舒尔茨恢复了过去两年已经停止的定期举办公开论坛的做法。公开论坛一直是伙伴们听取星巴克高层领导意见的机会，特别是在公布重要通告的关键时候。在公开论坛上，参会者即席发言，任何人都可以问任何问题，而不用担心遭到什么报复。

咖啡师的再培训（由上而下的方法）

在浓缩咖啡饮品的准备环节再培训几万名咖啡师，从制作一杯完美的浓缩咖啡到正确地加热牛奶。2008 年 2 月 26 日，星巴克超过 7 000 家门店暂时停业一天，损失高达数百万美元，进行了"历史意义重大的店内教育和培训活动"。"我们这样做承担了很大的风险，受到了不少的批评和媒体的关注。虽然公司在经济上受到了损失，对公众印象也造成了一定的消极影响，但是再培训的效果还是利大于弊的。我们饮品的质量毫无疑问地得到了提升，但更重要的是，再培训一事有着重大的象征性意义。企业通常需要采取大胆的行动，促使员工履行新的使命或重新调整工作的重心。浓缩咖啡饮品培训向我们的消费者、员工、股东和整个市场发出了一个信号，表明了我们对于重整旗鼓、回到正轨的严肃态度。"舒尔茨后来这样回答记者停业培训的意义。

高管感受顾客的体验（由外而内的方法）

星巴克有一个传统，每隔几年就在不同的城市举行盛大的集会，以激励和奖励管理人员。在舒尔茨重新出山之前，星巴克已经好几年没有举行这种集会了。2008 年 3 月 4 日，星巴克举行了 200 多名来自世界各地的高层领导的全球峰会。在这次峰会上，与会的领导团队成员走出会议室，走进西雅图最激励人心的零售商店。在这场"见证"活动中，他们不是从商人和经营者的角度出发，而是从顾客的角度出发感受零售店带给他们的体验。他们见到、闻到、听到了什么？非语言暗示增强了哪些体验？所有的伙伴都将自己的观察记录下来，然后拿出来一起分享。这次活动使得星巴克领导团队成员回到了顾客的立场上，给他们某种启迪和温情体验。

在领导团队峰会上，经过星巴克高层领导反复讨论和辩论，星巴克在"成为永续发展的伟大公司，在全球创建最著名和最令人尊重的品牌，以激发和孕育人文精神而闻名于世"这样宏大的愿景号召下，确定开始实施七大战略举措：成为咖啡界无可争议的领袖；吸引并激励我们的伙伴；点燃顾客的激情，与顾客建立情感纽带；扩大全球业务——让每个门店都成为当地社区的核心；做道德采购和环境保护的领军者；打造与我们的咖啡匹配的创新发展平台；建立可持续发展的经济模式。

得益于这次峰会，星巴克的全球领导团队在两大重要的议题上达成了共识：列出每个星巴克人应该做的事情的变革议程，以及时刻提醒为什么这样做的使命宣言。

尽管爆发全球金融危机，但星巴克2009财年第三季度业绩出乎所有人意料，实现了自2008年第一季度以来的首次盈利增长。2010年，星巴克彻底摆脱颓势，取得了创纪录的销售收入和利润。经过20年研制，2009年星巴克推出速溶咖啡VIA，非常受顾客欢迎。2011年是星巴克成立40周年，年初星巴克将"绿色美人鱼"LOGO中的圆环去掉，并将美人鱼标扩大，作为唯一的识别符号，昭示自己即将翻开历史的新篇章——从专注于在门店提供咖啡、高增长的单一性专业咖啡零售商转变成具有多渠道、多品牌、多发展平台的全球消费者产品公司。

思维模式变革的关键要点

从宏碁、趋势科技和星巴克的文化变革案例来看，三者面临的行业竞争态势与企业自身的战略迥异。一个是制造型企业，一个是软件公司，一个是零售服务型企业；一个是在企业老化、面临危机的状况下重塑文化，一个是在全球化的高速增长中顺应公司战略的变化，传承并更新文化，一个是在快速增长中，企业文化稀释和偏离情况下的核心价值观的回归。三者采用不同的工具落实其文化，但公司管理层为了实施战略而改变企业文化的决心和对企业文化建设的投入是相同的。归纳起来，思维模式变革要取得成功，必须掌握四个要素。

危机感的建立

企业有危机感，文化变革才容易推动。因此，公司管理层要运用各种方式，凝聚高层和中层主管的力量，建立共同的危机感，这样才能推动文化变革。如果大多数主管和员工认识不到变革的必要性，变革是不可能顺利推进的。

高管以身作则

在变革的过程中，高管的榜样作用是最有效的，胜过所有的制度和工具，因此，他们一定要以身作则，给下属树立学习的榜样，这样才能传递并落实文化变革。否则，"上梁不正下梁歪"，文化变革容易半途夭折。

全面系统地考虑

文化重塑涉及组织的方方面面，一定要有全面系统的安排。例如，不同行动的先后顺序和背后的逻辑，各种制度设计与执行能力的配合，各种制度间的配合（例如，主管培训与绩效管理、考核与晋升等）。在所有的体系中，绩效管理是最有效的。

耐心和恒心

最后需要强调的是，换文化口号容易，但是思维模式变革不可能在短时间内完成，也无法很快在财务报表上显现成果，推动者需要有耐心和恒心，需要长期不懈的努力去层层推进。公司可以设定阶段性的目标，定期检视取得的进展和实施不力的情况，积极努力地克服困难。

员工思维模式是影响公司组织能力建设的第二大支柱，是公司竞争力的重要来源，也是竞争对手难以模仿的软实力。企业领导者一定要有远见和承诺，在打造思维模式上坚持投入，才能看到它的作用，为企业的可持续发展打下扎实的基础。

附录 7A　员工思维模式塑造工具

以下的工具可以在不同的变革方式中使用，每个工具都是好工具，但是在挑选的时候要考虑哪些工具比较适合你的企业。

由上而下的工具

- 最高管理层沟通 / 宣示。
- 市镇厅会议（双向沟通、改进行动）。
- 领导力模型。
- 人力库存盘点。
- 制定新绩效标准，并加以反馈和追踪。
- 晋升 / 降职 / 劝退。
- 最高管理层言行一致，以身作则。
- 文化营销 / 活动 / 奖赏。
- 360 度反馈、向上反馈等。
- 全员性培训、学习引导图、课堂学习、网络学习等。
- 变动性工资、激励计划、股票期权、股票所有权。
- 组织架构重组。
- 利用新信息技术（数据库、自动化、信息共享等）。

由外而内的工具

- 客户接触与反馈。
- 跨职能价值链流程再设计。
- 与竞争对手基准比较。

由下而上的工具

- 通用电气群策群力（取消低附加值活动）。
- 对一线员工进行授权。
- 鼓励和建立员工专案工作小组。

第 8 章

CHAPTER 8

如何选择合适的组织架构

员工治理概览

当员工具备了能力和意愿，是否就能顺利地完成工作职责，帮助公司打造组织能力、实现战略目标呢？答案是未必。让我们看看以下 3 个例子。

案例 1　在一家老牌国有企业，公司的组织架构设置庞杂，职能重叠，权责不清，在基层部门存在着"一个媳妇多个婆婆"的现象，员工遇到问题时很头疼，要一个一个"婆婆"地去请示，办事效率极其低下，眼看着市场份额被竞争对手一点点夺走。

案例 2　在一家传统的制造企业，公司刚换了新的总裁。新官上任三把火，总裁对公司战略和品牌定位提出了自己的想法。几个月以后，总裁却发现公司内部动静不大，战略执行不力。经过顾问对公司基层员工进行焦点小组访谈才发现，原来是因为公司内部缺乏高层和基层直接沟通的机制。尽管总裁在中高层会议上宣布过自己的新政策略，但是这些主管却没有及时地往下传达，或者只是部分传达，甚至有少部分主管为了达到自己的目的，曲解总裁的意图去传达，使一线员工不清楚公司的发展方向，或者因为误解而产生抱怨，以致战略目标没有被贯彻执行。

案例3 在一家民营企业，公司总裁发现，新产品的推出总是落后于预期，因此常常错过最好的销售时机。经过调研发现，原来公司没有一套跨部门的新产品开发流程，在现有的管理体制下，公司的采购、研发、制造和销售部门各自为政，在制订工作计划时互不沟通，没有考虑到公司整体的需求，出了问题也只会互相埋怨。

在以上例子中，员工的能力和意愿都不是障碍，出问题的是权责不清、沟通不畅或者关键业务流程缺失。这说明打造组织能力的第三个支柱——员工治理也非常重要，如果缺乏关键的管理资源和制度支持，员工即使有能力、有意愿，也无法充分施展才华，不能为公司做出最大的贡献，公司战略也就变得难以实施。

关键的管理资源和制度支持主要包括三个方面。

（1）**权责**：指公司在划分岗位分工时，给予员工相匹配的责与权，使他们能够做出符合组织能力发展目标的决策。一些公司在设置关键部门或岗位时，出现有权无责或者有责无权的问题，造成相关主管的无奈和抱怨，所以权和责必须平衡。企业应授予员工多少权责，要视企业的发展阶段和强调的组织能力而定。比如在一些成熟的跨国大企业，权责定义一般都非常清晰，但在一些创业不久的小企业，权责就相对模糊。在一些强调成本和产量的生产型企业，流水线上员工的职责定义得非常窄，每个人负责的就是很小的一个环节，而在另一些对创新能力要求高的企业，员工职责就定义得比较宽泛，授权也比较广。每家公司对于权责的设计各不相同，设计是否有效取决于是否便于员工职责履行，是否与组织能力相匹配，是否支持企业战略的实施。员工的权责往往受整个组织设计的影响，应该在岗位描述中定义清楚。

（2）**信息**：指公司给员工提供及时、有用的信息，让员工能够做出对的决策、采取对的行动。这种信息的支持可以通过面对面的会议或者沟通，让员工了解到自己的决策和行动对整个组织的影响。在数智化时代，通过价值链不同环节的数据采集和分析计算，企业的主管和员工可以在电脑、手机或看板上及时看到生产、销售、物流和客户服务数据，企业可以及时获得关于客户、业务运营和供应链不同环节的信息，以便快速做出响应，企业也可以尽早发现产品或服务存在的缺陷，便于有针对性地采取改进措施（有关数智化管理，可以参考我的另一著作《数智革新》）。

（3）**流程**：很多时候一项任务的完成需要几个部门的合作，例如订单交付、客户服务、新产品开发等。因此，公司设定一套流程对于员工高效率、高质量地完成任务很重要。如果关键的、日常的流程已经标准化和简化，那么员工在工作中，和其他部门同事的沟通协调成本就大大降低。否则，实现跨部门的有效合作就要依赖个人之间的关系而不是流程。有流程就好像爬山时已经有现成的道路和阶梯，只要沿着铺好的路走就可以了，如果没有路，上山还要靠自己开路，付出的时间和努力自然就要多很多。

在本章，我将专注于讲述如何进行权责的分配和整合，关键的议题就是如何设计和打造一个与企业组织能力发展目标相匹配的组织架构。哈佛商学院的教授克里斯托弗·巴特利特（Christopher Bartlett）有一个很形象的比喻，他把组织架构比作人的骨架，各种管理系统就好像人的呼吸系统、消化系统等，而公司的文化就好比人的精神状态。一旦决定了组织架构这个大框架，其余相应的管理系统（如汇报关系、信息沟通、绩效考核）和流程设计就应与之配套，确保组织整体运作的顺畅。

什么是组织架构

当一个任务需要两个人以上协作完成时，就需要运用某种组织架构。组织架构是一个思考的框架，帮助组织系统地把庞大的任务或目标分解到不同部门、层级和职位，让这些单元有合适的能力和资源完成任务。当然，员工少的时候组织架构比较容易设计，重要性也相对较低，但是随着人员的增加，合理地设计组织架构，使大家有组织地分工合作、完成任务，就显得格外重要。

组织架构帮助企业厘清两个核心问题：如何分工以及如何整合。

如何分工的问题

企业要完成一项复杂庞大的任务，需要对任务进行细分，形成二级任务目标，分配给不同部门、层级和职位的人员去执行。通常有四种主要的分工方法。

（1）以职能分工：按照不同职能进行划分。例如，划分为研发、采购、制造、销售等不同职能部门（见图8-1）。

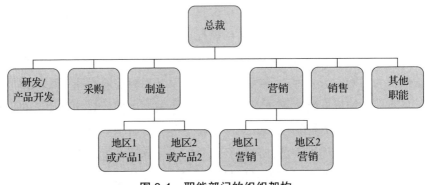

图 8-1　职能部门的组织架构

（2）以产品分工：按照不同产品线来划分。例如，划分为消费电子产品、通信产品、计算机产品（见图8-2）。

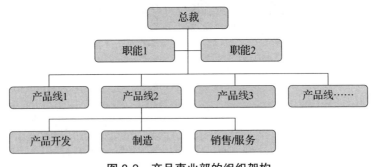

图 8-2　产品事业部的组织架构

（3）以地区分工：按照地区来划分。例如，在中国以华东、华中、华南、华北等地区来划分，如果全球运营，可以按照北美、欧洲、亚太、中东、非洲等区域来划分（见图8-3）。

（4）以客户群分工：按照不同客户群来划分。有的分成企业客户和消费者客户，有的则是按照客户所属的不同行业来划分，如金融行业客户、电信行业客户等（见图 8-4）。

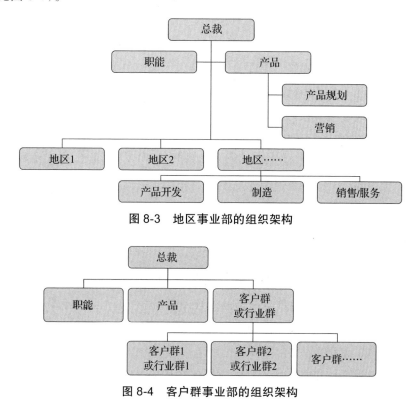

图 8-3 地区事业部的组织架构

图 8-4 客户群事业部的组织架构

除了根据这四种方法进行分工和设计的组织架构之外，还有一种很多跨国公司都采用的矩阵式组织架构。随着运营规模的扩大，公司常常希望在两三个维度上同时兼顾不同业务目标或群体的需要，如在发挥全球规模效应的同时，也能满足对不同地区响应速度的要求或者各专业领域之间相互转移、共享知识的需求，因此不少公司采用矩阵式组织架构。这一组织架构的特点是双重或三重汇报关系。例如，某一地区的产品经理要向地区主管和全球的产品主管同时进行汇报。当然这一组织架构的优势是兼顾全球规模效应、地区响应性和知识转移的多重需求，但缺点是互相之间的沟通协调变得非常复杂，这对于很多中国企业来说挑战很大。即便企业采用矩阵式管理，两三个维度中还是有一个处于比较强势的主导地位（往往是利润中心），其他维度起到的实际作用以支持和辅助为主。

近年随着平台战略的流行，不少企业希望打造一个以自身业务为核心的生态，如腾讯的微信和游戏，都能通过流量和技术能力的赋能，与相关战略伙伴形成紧密合作关系，扩大竞争优势，为客户提供更完善的产品和服务。其他例子还包括小米、阿里巴巴、美团、字节等平台型企业。在这类企业中，一种"业务团队＋共享平台＋生态伙伴"的新型组织架构开始流行，我把它称为市场化生态组织（见图8-5）。关于这种架构的设计和运作，可参考我的另一著作《组织革新》。

图8-5　市场化生态组织

如何整合的问题

分工之后的问题是如何进行整合，确保企业内的不同部门、层级和岗位朝着同一个目标努力。整合可以依靠合理设置管理层级之间的汇报关系来实现，例如，使几个不同的部门向同一位上级进行汇报，由这位上级来协调这些部门的工作进度和方向。整合也可以通过由不同部门的主管组成的管理委员会来实现沟通协调；通过建立规章制度，并使之成为判断的标准和依据，确保大家具有一致的做事方法；通过在不同部门之间建立统一的工作流程，打通各个部门和环节；通过建立信息系统，确保不同相关部门实时掌握其他部门的工作进程。如果没能有效地利用好这些管理工具，不同部门、层级和岗位各行其是，就不能形成合力，充分发挥企业的协同综效。

组织架构的设计主要受三个因素影响：规模、复杂度和不确定性。

1. 规模

随着企业员工人数的增加，企业整合不同部门、层级和职能的要求与挑战也会随之增加，这就需要通过设立更多的管理层级、建立更多正式的规章制度以及完善的信息系统等工具帮助整合。在企业创立之初，人员较少，管理架构是扁平的，可能每个人都直接汇报给总裁，管理也比较随意，有什么问题通过口头沟通就解决了，很少有正式的规章制度。但随着企业人数的增加，如果继续沿用小企业的管理模式来管理大企业，就可能导致失控或者效率低下，因此就需要建立比较复杂的组织架构（多层级、多部门）和比较正规的管理系统来支撑企业的运营管理。但企业规模扩大后，组织管理的一大挑战就是如何避免组织过度官僚化，失去小企业的人性化和灵活性。

2. 复杂度

企业初创时，为了满足单一产品的制造和销售需要，组织架构通常以集权化的职能型架构为主，以确保各环节的专业性和效率。但是随着公司的发展壮大，管理的复杂度也随着产品种类、地区分布和客户群的增加而加大，企业就有压力要授权，把权力中心下放，因此需要调整组织架构。如果产品的种类越来越多，而且不同产品间的差异较大，就需要调整为产品事业部主导的组织架构，让每个事业部拥有更多的专属资源进行产品设计、制造和销售。如果业务运营的地区分布越来越广，而且地区间的政治、经济、文化背景和客户需求差异很大，建立地区事业部主导的组织架构才能更有效地满足不同地区的需要。另一种情况下，不同客户群的需求差异越来越大（如第 7 章提到的趋势科技），只有建立客户群事业部主导的组织架构才能应对不同客户群的需求。调整为产品事业部、地区事业部或者客户群事业部主导的组织架构可能带来的问题是授权之后每个事业部各自为政，导致企业丧失协同综效或者总部管理失控。例如，不同事业部分别向同一个客户兜售不同的产品，采购时各买各的生产资料，因为数量少而缺乏议价能力。出现这类情况时，企业往往会在某些环节减少授权，把部分权力集中到总部统一行使，譬如统一管理关键客户，建立全球采购系统和全球供应链系统，以确保资源和专业知识的共享，这时矩阵式组织架构就会应运而生。

3. 不确定性

有些行业所处的外部经营环境非常稳定，技术变化较少，竞争形态稳定（如垄断型行业），客户需求稳定，政府法规也很少变化，这些行业中的企业可以采用分工很细、授权很少、高度标准化的组织设计。反之，当经营环境变化较快时（如互联网行业），一般而言，组织分工会比较模糊，管控宽松，重视授权，以便及时针对市场的快速变化做出反应。

以上各项是西方企业在进行组织设计时主要考虑的因素。但是，并不是所有中国企业的设计都需要完全依照这些因素，因为中国的市场环境快速变化，文化和人际关系深具本国特点。第一，相比西方成熟的企业，有些中国企业的组织设计比较宽松和模糊，谁负责什么、谁不负责什么，通常不是很明确，这一点和中国企业的发展历史较短也有关系；第二，一些中国企业因人设岗，老板可以为了发挥一位资深和信任的下属的才干，就专门设一个部门，让他负责，考虑的因素往往是保持与下属之间的亲疏、平衡权力分配、解决人员安置问题，而不是根据行业竞争特点和企业自身的发展阶段等相关因素来设计组织架构；第三，管理层级分得很多，这主要是为了给员工创造更多的晋升机会；第四，即使有书面上的授权约定，老板还是经常越级进行管理。每种组织的架构设计都有它自己的特点和背景，不存在哪种设计更为优秀的问题，关键是哪种组织设计在企业所运营的环境中能更有效地帮助企业服务客户，赢得商业竞争的胜利。

怎样选择合适的组织架构

了解了什么是组织架构以及影响它的三个关键因素后，接下来你关心的问题可能是什么样的组织架构最好。答案是没有最好的组织架构，也没有一成不变的组织架构。组织架构的设计很多时候要看企业的发展阶段和经营战略。当组织的规模、管理的复杂度、外在经营环境或战略方向发生改变的时候，组织设计也要随之而变。另外，因为组织如何分工和整合会影响企业内部员工将精力和注意力放在哪里，组织设计必须要与企业希望强化的组织能力和战略重点紧密关联。

组织架构与经营环境和战略之间的关系

即使是在同一个行业，不同企业也会因为战略和组织能力的不同而设计出不同的组织架构。这方面的典型例子是消费电子行业的两大跨国公司飞利浦和松下。20世纪70年代之前，飞利浦公司采用的是地区/国家事业单元主导的矩阵式架构（见图8-6）。

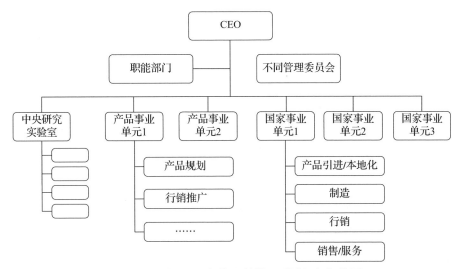

图 8-6　20 世纪 70 年代之前的飞利浦组织架构图

　　由于荷兰国内市场狭小，飞利浦在创立的前 10 年间就开始积极拓展海外市场。之后由于第二次世界大战、交通运输、贸易关税壁垒和欧洲各国不同的市场需求等原因，飞利浦各个国家事业单元必须独立作战，因此国家事业单元（而不是产品事业单元）掌握了资源和实权，并培养了很强的快速满足本地需求的能力。借助这种能力优势以及从创立之初就非常注重的研发实力，飞利浦在战后赢得了消费电子行业的领先地位。在这种组织架构中，各个国家事业单元直接向总部的管理委员会汇报，管理委员会把各个国家事业单元当作单独的事业部看待。与之相比，产品事业单元在产品规划和行销推广等职能上的管理角色薄弱。飞利浦的中央研究实验室虽然为各个国家事业单元提供最新技术，但后者并不一定采用它的技术。

　　虽然这一高度授权的架构在战后的经营环境中非常有效，帮助飞利浦在各地区迅速成长，占领市场，但随着生产技术的进步所带来的经济规模的扩大、交通运输的日渐发达以及成本下降、全球经济一体化和关税壁垒的减少，这个架构在面对日本的竞争对手时，就暴露出它与生俱来的弱点。各自为政导致飞利浦难以在采购和制造上形成全球规模并发挥协同效应，难以建立全球统一的标准，无法有效地服务跨地区运营的全球大客户，使它在和全球性公司的竞争中逐渐居于下风。此外，研发部门、产品事业单元和国家事业单元之间的松散联系也导致新产品开发缓慢。到了 20 世纪 60 年代，欧洲共同市场的建立和技术发展改变了行业的游戏规则，生产上的规模效应和对市场的快速反应成了行业制胜之本。由于分散的产品开发和制造，飞利浦不仅开始出现成本上的弱势，而且新产品推向市场的能力也受到限制。例如，公司发明的 V2000 录像制式在技术上要优于索尼的 Beta 或者松下的 VHS，但由于北美分公司决定销售松下的 VHS 产品，而不得不放弃 V2000。这些组织架构设置带来的相关运营管理问题，导致飞利浦 20 世纪 90 年代在全球竞争中处于下风，迫使几任 CEO 不得不对组织做出重大调整。

与飞利浦相反，松下强调的是集权的产品事业单元。松下由松下幸之助于 1918 年在日本创立，1933 年建立各产品事业单元，负责不同产品的运营。到了 20 世纪 50 年代，公司才在松下电器贸易公司（METC）的协调下向海外拓展。当时的时代背景是技术发展需要大规模研发和设施投入，关税水平低，贸易壁垒不断被打破，有利于发展出口，松下以产品事业单元的架构和总部集权的管理模式后来者居上，在 20 世纪 80 年代以低成本和快速的新产品开发上市，取得了行业领先地位（见图 8-7）。

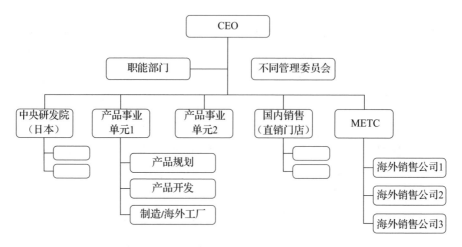

图 8-7　20 世纪 80 年代的松下组织架构图

在这一架构中，产品事业单元掌握了产品开发和制造所需的资源、专业技术以及决策权（对应用研究拥有影响力），而海外销售公司只负责销售产品事业单元的产品，并且依照总部的规定监督生产多种产品的工厂，它们向监督国际销售活动的 METC 汇报。松下之所以采用这样的组织架构设计，一方面是因为公司创始人松下幸之助喜欢放权以推动各产品事业单元迅速发展；另一方面是因为当时已经出现了全球性的产品市场，松下的生产技术使它得以实现规模经济。总部强势的产品事业单元有效地整合了新产品的开发和制造，有利于松下快速地把新产品推向全球市场。另外，与飞利浦松散的跨部门关系不同，松下研发部门的资金来自各产品事业单元，所以，它们之间的合作很紧密。同时，产品事业单元和海外分公司也通过派遣大量外派人员（如分公司总经理、财务经理和技术经理），进行内部商品展和产品规划会议，以及从总部研发部门向海外制造部门调遣人员等方法确保总部研发部门、产品事业单元和海外分公司之间保持紧密的联系。不可避免的是，松下的这一组织架构也有它的弱点。例如，它在满足全球不同市场需求方面就处于劣势，总部的高度集权使得本地管理人员缺乏创业精神和主动性，集中于总部进行技术研发、生产的做法使松下很难获得投资国地方政府的青睐，因为它们喜欢跨国企业在本地市场投资技术研发和进行生产。过于集中在日本的生产制造让松下在日元强势的情况下丧失了产品价格的竞争力。

从飞利浦和松下两种不同的组织架构设计中可以看出，没有所谓最好的组织设计，不同的组织架构有不同的设计背景，和企业制胜的组织能力相关，也有各自的优劣势，往往一种组织架构的优势就是另一种组织架构的劣势。

值得注意的是，后来两个公司都努力地进行变革，飞利浦希望能像松下那样具备全球规模和效率，松下则希望能像飞利浦那样具备满足本地需求的能力和创业精神。两家公司的组织架构调整都经历了几代总裁不断、大量的努力，才取得一定的进展。改变组织架构是一项复杂的工程，牵涉权力、资源的重新分配，必然会遇到各种阻力和矛盾冲突，尤其是已经发展到规模庞大的跨国企业，面对经营环境的变化、内部变革、市场竞争等诸多因素的相互影响，它们要进行的组织架构改革，注定是一场伤筋动骨的大手术，领导者必须要有充足的准备和坚强的意志力才能完成。

如何设计有利于组织能力发展的组织架构

从飞利浦和松下的案例中我们可以清楚地看到，在设计组织架构时，每个公司应从自身的战略出发，明确公司制胜的组织能力，选择最有助于建立这些组织能力的组织架构。通常来说，组织架构的设计包含四个步骤。

（1）厘清公司制胜的组织能力。公司首先要从战略角度出发，分析行业竞争趋势和关键的因素，结合公司的资源和能力优势，明确公司以什么组织能力打败竞争对手、赢得客户。不同的制胜关键可能包括技术水平、产品开发速度、经济规模 / 成本、本地市场响应度、定制化的解决方案等。比如，飞利浦当初选择的制胜组织能力是本地市场响应度，而松下则以产品开发速度和经济规模 / 成本的组织能力取胜。关键是选择的组织能力必须与竞争策略和客户需求相符。

（2）确定价值链各环节中不同部门的角色。根据所选择的组织能力，明确在价值链不同环节中（研发、产品管理、采购生产、销售服务），哪个部门（职能部门、产品事业部、地区事业部还是客户群事业部）应被赋予更大的决策主导权，哪个部门应扮演支持角色，哪个部门只要做好执行工作就行。例如，飞利浦若要在不同市场取得胜利，必须让国家事业单元根据不同市场需求决定本市场卖什么产品（产品管理权），什么产品需要在本地生产以快速满足本地市场需求（采购生产权），通过什么渠道、什么价格卖，如何进行售后服务（销售服务），飞利浦的全球产品事业单元和中央研究实验室只是扮演支持角色。相反，松下强调的是经济规模和产品进入市场的速度，所以开发什么产品由全球产品事业单元决定并集中资源进行研发和制造，海外销售公司只扮演执行角色，对产品管理和采购生产几乎没有发言权。在明确各部门在价值链环节中的不同角色后，企业才能决定不同部门的权责和考核指标。图 8-8 显示了企业如何思考不同部门在不同价值链环节的角色。

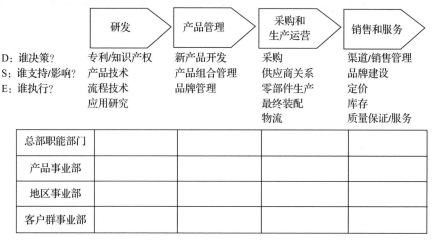

图 8-8   确定价值链环节中不同部门的角色

（3）分配部门的职责和汇报关系。确定各部门所扮演的角色后，企业就能进行第三步，设定各部门的职责和权限，什么决策全归它管、什么不归它管，并且明确彼此之间的汇报关系，以确保决策和执行的质量及速度。

（4）制定绩效考核标准。最后一步是制定各部门的绩效考核标准。绩效考核必须与部门的权责相称，不然的话就会出现有权无责或有责无权的情况。假如和20 世纪 70 年代之前的飞利浦一样，公司以响应和适应本地市场需求为组织能力的话，国家 / 地区事业单元在多个环节都是权力中心所在，因此它们理所当然应为当地市场的利润负责，而考核全球产品事业单元的指标可能仅为对全球品牌推广的支持和产品设计的专业知识转移等。但是在松下，全球产品事业单元必定是利润中心，对产品线的全球销售额和利润负责。海外销售公司作为执行单元，可能只考核销售量、销售成本等指标，对整体利润无法负责，因为它们没有价格决定权，也没有产品决定权。

随着组织能力的明确和权力中心的理顺，企业就可以确定适合自己的组织架构。在选择组织架构时，企业必须要清楚每种组织架构的适用条件以及它们的优缺点。

- **职能部门主导的组织架构**。这种组织架构适用于以知识和资本密集为竞争优势的企业，产品单一或业务相关度比较高。例如半导体制造公司、太阳能光伏制造企业、人工智能初创企业常用这种组织架构。这种组织架构有利于培养公司在各职能领域深厚的专业知识，并且能让稀缺的资源服务于多个产品和地区。它的缺点是职能利益高于客户利益，跨职能的协调通常挑战较大。比如说，新产品开发需要多个部门（如销售、物流、营销、研发和采购部门）的密切配合，但是在职能部门主导的组织架构下往往困难重重，效率低下。
- **产品事业部主导的组织架构**。这种组织架构适用于业务多元化的公司，各地区的产品和服务基本标准化，公司凭借产品创新、速度和规模制胜。这一架构有利于实现协同综效，产品开发速度快，并且能有效整合资源以应对全球性或者全国性的竞争对手。但是，这一架构的缺点是职能部门重复设置，导致资源浪费，本地市场适应度低，并且当客户需要跨事业部的解决方案时，难以满足其需求。

- **地区事业部主导的组织架构**。这种组织架构适用于产品／服务地区差异较大的公司，例如金融服务机构（银行、保险公司）以及法律、会计、税务和受政府法令影响大的行业（如房地产）。它的优点是本地适应性和响应性较好，可以为本地市场量身定做产品和服务，有利于整合跨产品或者跨职能的资源，满足本地区客户的需求。员工可以获得更广的职业发展途径。但是，这种架构在资源共享、采购及产品开发上缺乏规模和协同效应，难以和具备整合全球／全国资源能力的竞争对手抗衡，也很难为全球性／全国性的大客户服务。

- **客户群事业部主导的组织架构**。这种组织架构适用于服务对象（客户群或者行业）需求差异较大的公司，企业通过为不同客户群／行业提供量身定制的产品和服务制胜。例如，咨询公司可能按照金融、保健、能源等不同行业划分客户，设置组织架构，而建筑设计公司可能按照民用、商业办公、酒店建筑等不同建筑类别来设置组织架构。在这种架构下，公司以单一窗口面对和服务客户，有利于挖掘追加销售（up-sell）和交叉销售（cross-sell）的机会。但这种架构对企业的内部资源整合和跨部门协作的能力要求很高，否则无法为客户提供跨产品线或跨地区的产品和服务。

⊞ 案例分享 ⊞

本章最后，我以两个中国企业为例来说明组织架构如何应公司战略重点和组织能力的变化而调整。

腾讯的三次组织变革

从1998年成立至今，腾讯经历了三次重大组织变革（见图8-9），分别是2005年的"BU变革"、2012年的"518变革"、2018年的"930变革"，每一次变革都踩在了时代的风口上。

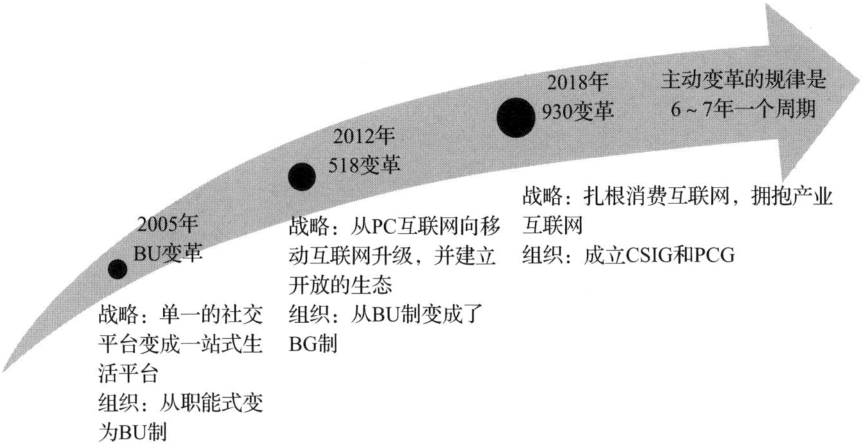

2018年
930变革

主动变革的规律是
6 ~ 7年一个周期

2012年
518变革

战略：扎根消费互联网，拥抱产业
互联网
组织：成立CSIG和PCG

2005年
BU变革

战略：从PC互联网向移
动互联网升级，并建立
开放的生态
组织：从BU制变成了
BG制

战略：单一的社交
平台变成一站式生
活平台
组织：从职能式变
为BU制

图 8-9　腾讯历次组织变革

资料来源：腾讯咨询。

创业之初，腾讯由创始团队的五个成员各分管一块，分别负责业务、市场、行政法务、技术、客服，人数不多，组织架构扁平。2005 年，鉴于业务开始多元化，腾讯决定把"职能式"组织架构改为"事业部制"（BU 制），各个业务单元相对独立，各自拥有技术、服务、市场等独立模块。此后近 7 年，这套架构支撑了腾讯空间留言、游戏大厅、QQ 聊天多个爆款应用的诞生。腾讯由此成了一代人在PC 时代经典的童年回忆。

进入新世纪第二个 10 年，移动互联网到来，新浪微博崛起，用户的主要时间向手机转移。主力还停留在 PC 端的腾讯也于 2012 年开启了第二次组织架构变革——将所有同类业务的 PC 端与移动端合并，成立单独的事业群。很快QQ 顺利过渡为最风靡的手机聊天软件，微信则奠定了中国最受欢迎社交应用的基础。

在 2018 年，接近 20 周岁的腾讯开启了第三次，也是尤为重要的一次组织架构调整——"930 变革"。这次变革的驱动力之一是产业互联网机遇的来临，腾讯决定"深耕消费互联网，拥抱产业互联网"，把原 7 大事业群重新调整合并为 6 个（见图 8-10）。企业发展事业群（CDG）、互动娱乐事业群（IEG）、技术工程事业群（TEG）、微信事业群（WXG），这四个事业群保留。三个消费互联网相关的事业群——移动互联网事业群（MIG）、网络媒体事业群（OMG）、社交网络事业群（SNG）重新组合，主要业务放在一个全新的事业群——平台与内容事业群（PCG）。为了拥抱产业互联网，腾讯成立一个全新的事业群——云与智慧产业事业群（CSIG），主要赋能不同产业的客户，拥抱数智化转型升级。

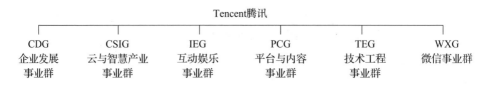

图 8-10 "930 变革"后腾讯的组织架构

资料来源：腾讯官网。

与 2012 年的"518 变革"相同，之所以会有这次"930 变革"，最核心的原因还是外界环境发生了变化，战略需要调整，因此内部组织也必须随之而变。

2018 年有几个大的趋势，一个是消费互联网人口红利的渗透已接近饱和状态，互联网用户差不多 10 个亿，微信、QQ 等 app 的用户群体已经很大，虽然持续发力做深、做透也能挖掘出更多的价值，但很难有大的用户增长了。同时腾讯也看到重要的科技升级，包括人工智能、大数据、云计算、区块链、5G 等技术不再高高在上、无法应用，而是能以更低的成本普及化，让每个人都能享受到科技带来的便利。另外，通过产业互联网，腾讯在帮助 To B 的企业为客户提供更好的产品和体验的同时，也可以反哺 To C 领域，活跃微信和 QQ 平台。

通过三次变革，腾讯成功完成了由 PC 互联网向移动互联网再向产业互联网的跨越。而腾讯的三次组织架构的变化，也反映出公司在不同时期，面对外部环境的变化，厘清不同战略重点后，采用不同组织架构的必要性。

联想整合 IBM 的 PC 业务

2005 年 5 月，联想集团以 12.5 亿美元收购 IBM PC 业务。收购后的两年内，联想进行了三次组织架构的调整，因为业务亏损，2009 年又进行了进一步的组织架构调整。每一次调整都是配合不同阶段的战略重点进行的。

第一阶段的组织架构

在这一阶段，联想的目标是兑现对客户、员工和股东的承诺，组织架构上保持相对独立的运营体系，设立双业务运营中心（国际业务和中国业务），以最大限度保持业务的稳定。在这一阶段唯一公用的资源是全球采购（见图 8-11）。由于采用了这个架构并且由原来 IBM 的史蒂夫·沃德（Steve Ward）担任总裁，联想较好地保留了欧洲和美洲区的老客户，同时由于品牌的拉动作用，联想中国的业务也有很大的提高。

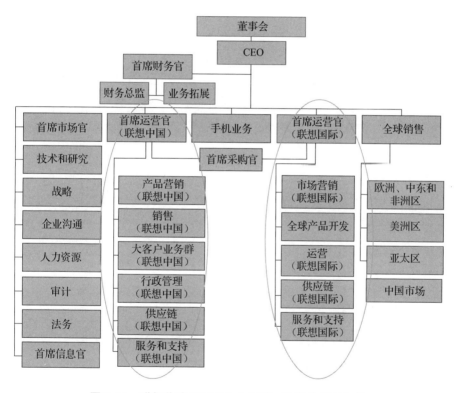

图 8-11　联想收购 IBM PC 业务第一阶段的组织架构

第二阶段的组织架构

第一阶段的架构是出于稳定考虑的过渡架构，但是不利于发挥协同效应。在第二阶段，联想的目标是通过品牌、效率和创新，提升公司的竞争力，组织架构要配合加速整合与过渡。因此，到了2005年10月，公司推出了新的职能部门主导的组织架构，这种架构有效地整合了联想中国和联想国际的系统、流程和资源，把原来联想中国和联想国际的两套班子合二为一（见图8-12）。当然，重新画一张组织图是容易的，但是这一调整带来许多敏感的变化，如谁来担任各部门新的全球负责人，自己的权力会变大还是变小等。对于这些人事权责的变化，如果处理不当，就会造成人才流失或者心理不平衡，影响工作中的相互配合。关键是要做到公平，谁更有能力负责该部门，就由谁来担任这个部门的全球主管。

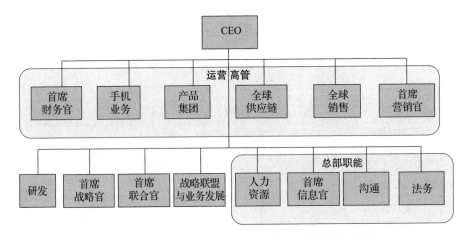

图 8-12 联想收购 IBM PC 业务第二阶段的组织架构

第三阶段的组织架构

到了这一阶段，公司的目标是实现主动的盈利增长，组织架构实现完全整合。2006年7月，联想推出新的以地区事业部为主导的组织架构（见图8-13）。之所以从以职能为主导的组织架构调整为以地区事业部为主导的组织架构，是为了使联想在完成后台资源、系统、流程的整合之后，能集中力量，转向前台作战，赢得各地区市场竞争的全面胜利，同时把一些最佳实践（例如渠道管理）复制到全球各个地区。

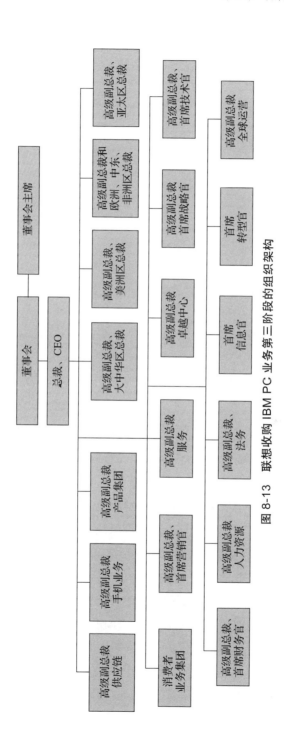

图 8-13　联想收购 IBM PC 业务第三阶段的组织架构

2009 年的组织架构

在完成了以上三个阶段的组织架构调整以后，联想的组织架构并非从此就不再发生变化。由于受到金融危机的影响和自身管理存在问题，联想 2008 年第三季度亏损 9 700 万美元。公司为扭转亏损局面，打破原有的地理区域的架构，重新整合划分，成立两个新的业务集团，分别针对成熟市场客户和新兴市场客户，目的是使组织架构"和公司战略方向以及市场特性更匹配，更好地服务客户"。同时，为了把资源聚焦到核心业务上，联想还调整了产品组织，成立两个新的产品集团，"新的 THINK 产品集团专注于关系型业务以及高端的交易型中小企业市场；新的 IDEA 产品集团专注于新兴市场和成熟市场的主流消费者，以及交易型中小企业商用客户"。在短短的四年间，面对跨国收购带来的全球资源整合、协同效应的需求，面对快速变化的行业和金融危机带来的巨大冲击，联想不断调整战略重点，进行了四次组织架构调整。

小结

从各种组织架构的介绍和之前的案例分享中可以得出的结论是：没有十全十美的组织架构，公司所能做的就是从自己的战略和组织能力出发，选择与公司战略最为匹配的组织架构，帮助公司解决主要问题（而不是全部问题）。同时也要意识到，一旦选择了某种组织架构，就不可避免地会受到它固有的种种盲点和缺陷的限制。通过其他管理流程和工具，企业可以减少盲点、弥补缺陷，打破各个部门／事业部之间的边界，实现无边界的管理，这将是我下一章介绍的重点。

最后一点，随着企业的发展，规模扩大、管理复杂度加大和外部经营环境不确定性增加，企业要适时调整战略重点和组织能力，同时需要对组织架构做出相应的调整。无论是新崛起的企业还是拥有百年历史的企业，都需要不断地进行调整、巩固和强化竞争力。特别是作为全球舞台上后起之秀的中国企业，无论在中国市场上还是全球市场上，都有很多其他公司的经验可以借鉴。但需要注意的是，照搬他人的组织架构未必有效，即使有效也难以建立竞争优势、超越对手。

参考资料

［1］ 《联想调整业务单元划分，聚焦新兴市场和成熟市场》，联想官网，http://appserver.lenovo.com.cn。

［2］ 巴特利特，戈歇尔，伯金绍，等. 跨国管理：理论、案例分析与阅读材料［M］. 宋志红，宋海腾，唐玉秀，译. 4 版. 北京：中国财政经济出版社，2005.

［3］ 李晓红，《腾讯的组织能力是什么？》，腾讯咨询公众号，2020-08-11。

第 9 章

CHAPTER 9

改善组织边界

何为无边界组织

在上一章中我讲述了企业如何通过组织架构进行分工和整合，从而有效执行组织战略；介绍了组织架构的多种主导模式：职能部门、地区事业部、产品事业部、客户群事业部；也谈到了每种组织架构的盲点和缺陷，譬如说，职能部门主导的组织架构最大的挑战是跨职能部门的协作，建立端到端的意识，满足内外部客户需求；地区事业部主导的组织架构最大的盲点是无法有效进行全球资源共享，与全球性竞争对手抗衡，或为全球性客户提供一站式的服务。因此，企业在选定了某种组织架构之后，还要针对这些盲点和缺陷，通过管理体系和流程来消除不同边界之间的障碍，达到有效协作的目的。本章重点介绍无边界组织，它是一种很好的思维框架，能帮助企业减少选择某种组织架构所带来的边界挑战。

什么是组织边界呢？使组织内外人员在工作方法、资源、想法和信息上无法顺畅整合的隔阂和障碍就是组织边界。在企业中，由于部门间的边界隔阂，往往造成彼此在利益想法上的不一致，资源无法有效共享，有时不知不觉间造成很强的部门墙，影响企业的整体战斗力。设立无边界组织的目的是减少这些边界带来的隔阂和障碍，以实现更有效的工作、人员、想法整合和信息流动。

组织边界可以分成三种：

- **垂直边界**：不同层级和等级间的边界。例如，从最高层的总裁、副总裁到中层的总监、经理，再到基层的员工，每个层级和等级之间所存在的隔阂和障碍。
- **水平边界**：横向部门间的边界。例如，不同职能、不同地区、不同产品线单位之间的边界。
- **外部边界**：这是公司与外部利益相关者间的边界。例如，公司与客户、供应商、政府、媒体、当地社团之间的边界。

组织存在一定的边界是必要的，因为组织内部边界可以明确不同层级和部门的职责、权力、专注点和专业分工，而组织外部边界可以明确在一个更大的"生态圈"中不同组织所扮演的不同角色和彼此间的界限。如果完全没有边界，大家互相侵入别人的领域，那只会造成混乱。但是，边界的存在也不可避免地带来弊端，因为所有的边界都会带来沟通协调成本，所以并不是层级越多越好，也不是部门分得越细越好。我这里讲的无边界组织，指的不是拆除所有边界，而是从公司打造组织能力、实施战略出发，减少或削薄不必要的边界，确保整个组织赢而不是单个部门、层级赢。

要了解公司的边界是否合理，可以从两个方面来看：

- **边界太多**：公司的层级、等级、职能部门、产品线单位、地区单位是否分得太多？职权是否分得太细？企业有时为了让员工有更多晋升机会，故意设计了很多的管理层级。但问题是当我们每增加一个层级，企业的沟通协调成本也同时增加。通用电气的韦尔奇曾经用一个比喻说明这个问题，他说当企业建立很多管理层级时，就好像一个人穿了很多件毛衣，对外在环境的变化越来越不敏感。

- **边界太厚**：公司不同的层级、等级、职能部门、产品线单位、地区单位之间进行工作、人员、想法和信息的流动与共享是否容易？例如，在一家产品多元化的企业中，要培养能管理不同产品业务、能力全面的人才，需要人才能在不同的产品线单位之间轮岗。如果边界太厚，人才无法流动，公司就无法培养出能管理各个产品线单位的综合性管理人才，不利于公司发展。

在以上两种情况下，边界太多或太厚，都会导致组织不能有效地整合资源，不能对外界环境做出快速反应，员工即使有能力、有意愿，也无法对公司做出更大的贡献。对于这些不利于打造整体竞争力的边界，公司要尽量减少。

无边界组织的创始人是通用电气的韦尔奇。他担任 CEO 的 20 年中的第一个 10 年（20 世纪 80 年代），着重强调的是公司"硬件"——战略和业务改革。韦尔奇提出的战略是每个业务要在行业内做到第一或第二，如果哪个业务做不到，就要整顿、关闭或者出售。韦尔奇提出这一战略的目的是通过兼并、抛售、裁员和扁平化，加强公司所保留的每个业务的竞争力。同时，他还通过实施业务多元化，从制造延伸到高科技和服务。而在第二个 10 年中，他更着重于强调公司"软件"——文化和组织的建设，强调"速度、简单、自信"，在每个业务做到第一或第二的基础之上，进一步强化组织和人才的竞争力。就是在这样的背景之下，他思考通用电气众多的事业单位如何超越边界，共享人才和最佳实践等资源，以进一步提升公司整体的竞争力。在 1993 年年报致股东的信中，他第一次提出了"无边界"这一说法：

> 无边界行为是当今通用电气的灵魂……人们似乎总是愿意在自己和他人之间树立层级和隔墙……这些隔墙约束了人的行动，遏制了创造力，浪费了时间，限制了视野，扼杀了梦想，更重要的是降低了效率……我们所面临的挑战是削弱并最终摧毁挡在我们之间以及我们与外部世界之间的这些隔墙和障碍。

在 20 世纪 90 年代，他采取了一系列措施，打造"无边界组织"。例如，通过群策群力和类似市镇厅会议（townhall meeting）的沟通形式，减少垂直边界，通过流程改进、快速反应市场以及六西格玛改善水平边界，通过最佳实践学习和使客户成为赢家来减少外部边界。通过这些举措，韦尔奇把通用电气从一个充斥官僚作风习气的企业转变为一个具备"速度、简单、自信"的企业，为员工发挥创意和做出贡献创造了一个有利的环境，把通用电气建成了其时全球最有价值的企业，他本人也被誉为"世纪 CEO"。

如何改善垂直边界

在以往相对稳定、产品供不应求的环境中，组织设计强调规模（scale）、分工（specialization）和控制（control），这些确实可以帮助企业在市场竞争中制胜。相应地，传统企业进行组织管理的方式的特点是组织层级很多、分工很细、决策权集中在高层，公司内部通过大量标准化的作业流程、规章制度和审批程序加强控制，并依靠大量中层的管理人员上传下达，执行公司决策和监控执行进度。这一传统的企业治理方式在过去有效地帮助很多企业（如 20 世纪初期的福特汽车、通用汽车、西尔斯百货公司）获得了成功。

但是，随着 AI 互联时代的到来，今天的经营环境已和过去大不相同。经济的全球化、技术的日新月异、客户需求的不断升级、政府法令对于行业游戏规则的影响，改变了企业制胜的关键因素，企业必须更加快速、灵活、创新，而且善于整合全球资源。与这些组织能力发展的新要求相比较，传统的治理方式越来越多地暴露出其弊端。公司分级别进行决策授权的规定或者与实际工作需求不符，或者因人的原因在执行中被打了折扣，造成决策速度慢、成本高、客户满意度低。例如，很多时候，直接面对客户、掌握客户信息的员工没有办法马上对客户的需求做出回应，需要层层上报，这些都会让员工抱怨公司不信任他们，工作被动，缺乏参与感。也有的时候，由于职权分工和激励措施不匹配，导致每个层级都为了避免担责而把应该由一线员工直接决定的事情，推到高层主管那里去解决。在创新制胜的高科技企业，拥有最尖端、最前沿专业技术的往往并不是高层主管，而是一线员工，如果凡事都要层层审批，他们创新的念头很容易胎死腹中，创新的热情在遭到几次否定之后也会荡然无存。仅有高层主管的前瞻和决心，却没有员工的积极参与和贡献，战略是无法落实下去的。

　　要在今天的竞争环境中胜出，企业必须减少不必要的垂直边界，充分调动各层级员工的积极性，激励他们围绕企业的组织能力做出更大的贡献。而要做到这一点，关键是高层主管为员工提供适当的资源和支持，通过运用权责、信息、能力和激励这四个杠杆，激发他们的主人翁精神，让他们的思想和行为都能与高层主管更加协调一致。新联合汽车制造公司（New United Motor Manufacturing Inc.，NUMMI）的改造、三一重工的服务体系和波特曼丽思卡尔顿酒店的卓越服务，都充分体现了减少垂直边界所带来的员工行为、感受和绩效的积极变化。

⚞ 案例分享 ⚟

NUMMI 的员工治理方式

　　1984 年成立的 NUMMI 是通用汽车和丰田的第一家合资企业。它的前身是通用汽车在美国加州弗里蒙特（Fremont）的一家工厂。该工厂 1963 年就已成立，在 1978 年高峰时期员工规模曾达到 7 200 人，但是 1982 年由于在员工管理上出现很多问题，工厂被迫关闭。1982 年的数据可以说明当时工厂问题的严重性：当时员工人数为 5 000 人，缺席率达到 20%，每年员工申诉 2 000 件，一年罢工 2～4 次。员工即使来上班，脑子里想的也是捣乱而不是好好干活。由于员工管理上的问题，工厂的经营业绩很糟糕：每辆汽车的生产成本要比日本工厂高出 30%，生产一辆汽车需要 38.2 小时，在通用汽车的质量审计和消费者满意度报告中这家工厂是通用汽车所有工厂中表现最差的。通用汽车看到这家工厂问题如此严重，于是决定把它关闭。

　　之后由于丰田想要进军美国市场，它提出要和通用汽车合作，于是通用汽车就和丰田合资成立了 NUMMI，各占 50% 的股份。当时通用汽车用来合资的是土地和厂房，拿出来的工厂就是之前被关闭的弗里蒙特的工厂。丰田贡献的是资金和管理模式。合资之后，工厂地点没有搬迁，新工厂 85% 的员工聘用的都是原来的老员工，因为根据美国法律规定，工厂关闭之后重新开业，所有老员工都有被优先雇用的权利，其中还包括当初最难搞的 UAW 工会所有谈判小组的成员。合资企业也没有投入任何新技术。可以说，除了一套新的生产和人员管理体系，其他都是旧的。但是，令人惊讶的是，两年之后员工管理和工厂绩效却发生了翻天覆地的变化：1986 年员工总数只有 2 500 人，员工缺席率下降到 2%，员工申诉只有 2 件，全年没有罢工事件，每辆汽车的生产成本降低到了和日本相同的水平，生产一辆汽车只需 17.5 小时（比以前的一半时间还少），而当时通用汽车的其他工厂生产一辆汽车却需要 36.1 小时，在通用汽车的质量审计和消费者满意度报告上，NUMMI 都名列前茅。而且，此后 NUMMI 的优秀业绩一直持续到 2010 年关闭（金融危机导致陷入破产保护的通用汽车在 2009 年撤资，现在 NUMMI 厂房被特斯拉收购，改为制造电动汽车），一直都是美国汽车行业和通用汽车旗下生产效率最高、质量最好的工厂。NUMMI 的脱胎换骨让人惊讶。丰田到底采用了什么秘密武器，为何同样的一群人前后的表现和创造的工厂绩效会有天壤之别？关键就在于丰田所提供的员工治理模式（见图 9-1）。

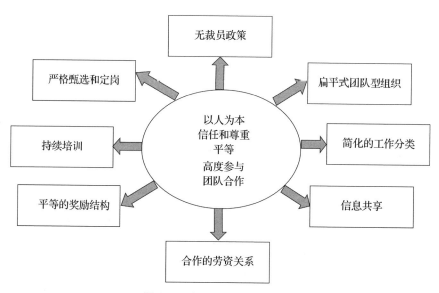

图 9-1 丰田的员工治理模式

NUMMI 为员工提供的工作环境基于一个核心理念：员工是 NUMMI 生产效率和质量竞争优势的来源，因此整个工作环境必须能充分发挥员工的积极性和创造性，必须高度信任和尊重员工，而不是控制他们。公司要平等对待员工，让他们高度参与，发挥他们的才智，并且强调团队合作。很多企业都讲以人为本，但是没有落到实处，丰田则是用各种具体的手段真正做到了以人为本，为NUMMI员工创造了高度信任和授权的工作环境。

（1）**无裁员政策**。NUMMI原则上采取无裁员政策，但是在公司遇到危机，不得不裁员时，NUMMI会先做两件事：第一，外包的工作先收回；第二，公司最高级别的65位主管先减薪。我们通常看到公司盈利时高管会拿到很多的奖金，甚至是在公司困难时期，有的公司在亏损很大的情况下，依然照常给高管发奖金，却又拿员工开刀，采取裁员措施。这种公司讲以人为本就只是一句空话。而NUMMI的做法则表现出了在困难时高管勇于承担责任，和员工同舟共济的态度。在公司处于顺境时，员工也不用担心自己因为企业生产效率的提升而被淘汰。高管有这样的态度和行为，员工才会信任管理层，才愿意和高管一起打拼。

（2）**扁平式团队型组织**。NUMMI减少了管理层级，把原来通用汽车弗里蒙特工厂的6个管理层级减少到3个，而且大量使用自我管理的工作小组，并把部分权责下放到这些工作小组。每个自我管理的工作小组由3～6名员工组成，负责一个生产环节。在小组负责的工作范围内，他们每个人的工作职责可以互换，工作流程由他们自己决定，彼此之间互相培训。

（3）**简化的工作分类**。原来工厂有81个工种，NUMMI把它简化为3类：生产线上的员工、维修设备的员工和制作模具的员工。这样，每位员工就必须学习多种新技能，成为多面手。而且，所有的员工都要对工厂的安全和产品的质量负责。如果生产线上发现质量问题，任何员工都可以停下生产线（即按灯管理），解决了问题以后才重新启动生产线。虽然员工们都知道生产线每停一分钟，工厂就要损失15 000美元，但他们也深切地认识到保证质量更为重要，所以需要时必定把生产线暂停下来，同时车间组长也会立即提供协助。

（4）**信息共享**。丰田在车间里设置了很多看板，有关质量的问题大家一目了然。每天早上召集所有小组组长开会，告知要注意的问题。每两周工厂还召开全员大会，由厂长向大家介绍工厂的工作进展和出现的质量问题等。通过持续的沟通和信息共享，员工可以及时获得做好工作必须掌握的信息和整个工厂的工作进展，更加有主人翁的感觉，也能够更好地互相合作。

（5）**严格甄选和定岗**。生产型企业筛选员工，通常要进行半小时到一小时的面试，再通过体检确认身体健康就算完成了。但是为了确保员工具备自我管理能力，并且掌握多种技能，NUMMI 在选择员工时严格把关，单是甄选就要花 3 天时间，会采用生产模拟测试、心理测试和小组讨论等工具来全面地了解员工的价值观和技能。员工进入工厂后要经过一系列有关丰田生产模式、质量管理、安全管理等的培训才定岗，这一过程要 4 天。这样严格的甄选和定岗流程确保了 NUMMI 能招来"对"的人才，并把他们安置到"对"的岗位上，只有这样，公司对他们的投资才不会白费。

（6）**持续培训**。员工在职期间还要接受一系列的培训，在专业方面他们要学习如何解决问题、管理冲突、进行质量管理和团队协作等。如果员工有机会担任基层主管，还要接受脱产 13 周的管理培训，确保他们能成功地从普通员工转型为主管。为了让 NUMMI 的员工快速地掌握丰田的管理方法，丰田在初期派了很多人来 NUMMI 传授经验，同时 NUMMI 的员工也有机会去丰田学习。这样的双向交流不但有助于生产技术经验和管理方式的快速复制，也有利于丰田的管理哲学和文化在 NUMMI 实实在在地扎根。

（7）**平等的奖励结构**。NUMMI 的薪酬体系也充分体现了公平原则。员工和小组组长每小时的工资差额只有 0.5 美元。除了底薪之外，员工还有小组奖金、工厂奖金、提案奖金和出勤奖等激励。小组的产量和质量决定了小组奖金，工厂奖金则是看整个工厂的绩效是否达到目标。员工如果提出好的建议并被工厂采纳，他就会获得提案奖金。如果员工连续半年或者一年的出勤率是 100%，可以参加免费获赠汽车的抽奖，这对员工来说很有吸引力。这样的奖励结构既鼓励大家团队合作（不仅是小组内部的合作，还有小组间的合作），也激励大家提出改善意见和准时出勤。在传统的治理环境中，员工的表现需要他们的主管督促，而在 NUMMI，小组成员之间会互相督促，因为每个成员的表现都会影响到整个小组的绩效和奖金。

（8）**合作的劳资关系**。在通用汽车时代，弗里蒙特工厂有关员工和管理层双方的权利、义务、责任的手册长达 1 400 页。这表明双方缺乏信任，因此，所有东西都要清清楚楚写下来，以便将来万一打官司有据可依。到了丰田时代的 NUMMI，虽然一样有手册，但是已经缩短到 100 页。这一变化反映了劳资双方的互信合作，和以往大不相同。

从以上案例我们可以清楚地看到，同样的一群人在不同的治理方式下会有完全不同的表现。在通用汽车掌管的时期，员工好像是公司最大的敌人，消极怠工、搞破坏，让企业丧失竞争力。但在NUMMI的管理下，同样的员工却可以成为公司最大的贡献者，积极参与和投入企业建设，帮助企业提升效率、降低成本、改善质量，让企业成为竞争中的领先者。其中的区别在于员工治理模式，企业如何对待员工，提供了什么支持和资源给他们。当然，直接影响这些治理模式的是高管的管理理念：他们是否真的把员工看作公司实现差异化竞争中最重要的资产？他们是否真的信任和尊重员工，并为他们提供充分的资源和支持让他们成功？

其实NUMMI的做法，与国内企业近年学习的稻盛和夫的"阿米巴管理"有异曲同工之处，也给很多国内制造企业带来很多启发。

此外，从无边界组织的框架分析，我们也可以看到丰田在NUMMI的员工治理中充分地与员工分享四方面的关键资源：

- 权责共享：通过管理层级扁平化、自我管理团队和工种的简化给予一线员工更大的权责。
- 信息共享：通过看板、每日小组组长会议、每两周全员大会及时地共享有用的信息。
- 能力共享：通过招聘中的严格甄选和定岗、入职后的持续培训，确保员工能力的提升。
- 激励共享：通过平等的底薪、设立小组和工厂奖金、奖励出勤、给予提案奖金，鼓励员工全身心地投入生产，为企业做贡献。

这四个管理资源/杠杆必须同时配备，才能让公司管理走上良性循环的正轨，哪样都不能少。例如，如果缺乏权责，员工发现质量问题就不能马上停下生产线，而是要请示上级，结果只会给工厂带来更大的损失，员工积极性也会因此受挫。如果仅有权责，让员工成立自我管理小组，却没有提供培训提升他们各方面的能力，员工就有可能因为缺乏技能而犯错误。如果没有合适的激励措施，优秀的员工打拼之后没有得到相应的物质和精神回报，积极性受到挫伤，就会不再努力，甚至转投其他能够激励他们的企业。因此，这些杠杆工具就像桌子的四条腿，只有四条腿一样长，桌子才能放得稳。NUMMI的经验告诉我们：在看到员工的表现不尽如人意时，主管要反思：到底是员工的问题还是主管的问题？如果改变治理方式，员工的态度、行为和绩效是否会有不同？

所以，改善垂直边界成功的关键在于：第一，高管的管理理念；第二,四大资源的共享和打通。中国企业三一重工正是通过不断改善垂直边界，将服务做到无以复加，最大限度地满足客户，目前已经发展成为全球领先的工程机械企业。

三一重工的服务体系

三一重工创立于 1994 年，主要从事工程机械的研发、制造、销售。2011 年，三一重工以 215.84 亿美元的市值，入围英国《金融时报》全球 500 强，是唯一上榜的中国工程机械企业。2012 年，三一重工并购混凝土机械全球第一品牌德国普茨迈斯特，改变了行业竞争格局。如今，三一重工的泵车、拖泵、挖掘机、履带起重机、旋挖钻机等主导产品已成为中国第一品牌，混凝土输送泵车、混凝土输送泵和全液压压路机市场占有率居国内首位，泵车产量居世界首位。

服务，从一开始就成为三一重工制胜的战略选择。创始人梁稳根说："我们要用偏执的态度，穷尽一切手段，将服务做到无以复加的地步。"在三一重工，有个形象的说法："德国产品能用四年，我们的产品能用三年，但我们的服务工程师随叫随到。"在服务上，三一重工坚定地要引领行业。

高管理念和重视

在早年还只有几个服务人员时，梁稳根就手把手地带服务工程师，服务为本的基因由此种下。当时每周二的上午梁稳根都要亲自主持一个全球视频会议，对集团上周对客户的服务情况做出评价，所有事业部及分公司总经理，以及质量、服务、人事等职能部门负责人都要参加。在事业部层面，副总裁级别的高管每月都要抽 3～5 天走访客户，做市场调研，到一线去了解客户需求，以及对产品和服务的评价，回来写报告，而且要向董事长汇报。同时，各个事业部每年都会提出一些项目，如十大服务问题等，搭建平台，让大家把好想法聚集起来。每月还有一次跨部门交流会，分公司经理以及服务、研发、制造、质保、财务等部门都要参加，时间为半天到一天，对过去一个月出现的服务问题做总结交流。

以配件供应为例，缺件较多的事业部，梁稳根会在会上亲自指名问明原因。在三一重工，如果受到梁稳根点名，高管的压力会非常大。正因为"一把手工程"的推动，加上信息技术的支持，配件从采购到送到客户手中已可做到全程可视化。

权责

服务工程师是最直接与客户沟通的一个群体，对他们的有效管理非常关键。目前，三一重工有7 000多名服务工程师，分布于全球各地。从一线的服务工程师到集团总部有三个层级：一线服务人员驻扎的各地分公司；管理人、财、物的各事业部服务部；最高层级的经营计划总部，负责对整个集团服务的监控和评价等，所有服务工程师都受到经营计划总部的实时监控。一线作战的服务工程师的主要职责有五项：第一是随叫随到服务，客户的设备出现故障，必须2小时内到达，24小时内完工；第二是巡检服务，每个月对每台设备都要主动去做检查，督促客户做设备保养，预防各种重大故障的发生；第三是技改工作，公司的研发人员会定期到客户那里了解设备使用情况，发现设备使用中可改进的地方后，会制订技改方案，由服务工程师去现场督促并帮助改进；第四是工法支持，即客户施工的方法支持，比如，桩机是用来打桩的，但不同地区有不同的地形，施工方法就不一样，需要去为客户提供工法支持；第五是配件供应，客户需要配件时，给他送过去。

客户设备出现问题一般是打电话到总部的呼叫中心，由呼叫中心找到合适的服务工程师，告知客户需求。服务工程师会在15分钟之内联系客户，在电脑中录进订单档案，确认后出车服务。因此，每台设备是由哪位服务工程师在提供服务，总部一清二楚。服务结束后，服务工程师要回复一条信息给总部。在服务结束的当天或第二天，经营计划总部就会给客户打电话，询问服务工程师的服务技能、服务态度、服务速度等情况，并予以记录。

信息

2006年，三一重工花费4 000万元打造的行业唯一的企业控制中心（ECC）建成完工，这改变了业界客户直接求助于一线工程师的传统模式，实现服务的"天地人合一、一二三线协同"。当客户的电话接入企业控制中心，系统会自动显示客户设备的发动机转速、施工工况等信息，二线的技术专家可以根据这些信息进行远程诊断，为客户解决 60% 以上的技术问题；若二线技术专家判断必须到现场诊断故障，企业控制中心可以根据 GPS 定位设备位置，通知距离设备最近的服务工程师到现场处理故障。同时，企业控制中心还可以为服务工程师提供最近的行车路线，实现对客户的快速响应。若遇到少数疑难故障，二线技术专家还可以向三线的技术支持部或研究院寻求技术支持，由资深专家为客户提供解决方案。

除 ECC 系统的支持，客户还可以登录三一重工自主研发的全球客户门户（GCP）系统，监控自己设备的使用情况、保养情况和使用地点信息。GCP 系统可提供给客户在家使用。客户进入智能控制系统主页面后，可以点击进入某台设备的管理中心页面，了解设备基本信息以及最新的工况数据。只要设备在开机状态，系统就会每半小时回传一次底盘、泵送、电控的参数信息，让客户在家里就可以了解设备的运行实况。GCP 系统还可以与手机绑定，客户在页面中选择想了解的信息类别、回传次数等，输入手机号码和希望接收的时间段，系统将每天准点给客户发送免费的相关信息。如果客户担心旗下设备干私活，或不希望设备进入某个区域，可通过系统对设备进行区域管理，只要超出划定区域，或进入警戒区域，系统会及时发送详细报警信息通知客户。此外，通过系统还可以查看服务资源的分布情况，同时为客户开通网上配件查询以及申购功能，让客户了解最关心的配件库存情况、价格等信息。这一切的信息支持，都能支撑各级服务人员实现三一重工"无与伦比"的服务理念。

经过几年努力，三一重工形成了以 ECC（企业控制中心）、CSM（客户服务管理）、GCP（全球客户门户）、IEM（智能设备管理）、LES（物流执行系统）为主的、相对完整的支持服务智能化的信息系统，有效促进了服务水平与效率的提升。从被动坐等服务，转变为"只要你一个电话，剩下的交给我们"，再进化到"无须等你来电，一切已在进行中"的主动服务；由粗放式服务转变为精细化、品牌化服务；由大而化之的服务转变为个性化、差别化、情感化服务；由基础服务延伸到知识服务、智能服务。

能力

在三一重工，有两项费用不受预算限制，一项是研发，另一项是员工培训。三一重工为刚入职的服务工程师提供长达六个月的带薪培训，含三个月的服务技能培训与三个月的导师制实地实习。三一重工要求导师手把手将徒弟"带上岗，带成器"，为确保新员工能从导师身上学到管理知识和技能，公司给导师月度津贴，并落实季度考核和年度1万元的优秀导师奖来强化帮学关系。同时，每年服务工程师都要回到各自事业部接受两次时长为一周的培训，技能序列的服务工程师培训专业技能，管理序列的后备服务经理培训管理技能。此外，三一重工还将丰富的学习资源以文字、图片、视频等形式放到网上，打造了一个完整的在线学习平台。公司每年、每季度都聘请国内外最著名的服务专家到集团讲课，开阔服务人员的视野。三一重工对服务工程师的培训不仅包含技能培训，还有与客户沟通方面的培训。另外，还要求服务工程师每人每月将当月发生的一个典型服务事件写成案例，交给服务部技术科整理成册，再发给大家学习。对于案例入选的服务工程师会有300～500元的奖励。线下和线上培训资源帮助服务工程师掌握所需知识和技能，以快速有效地响应客户的需求。

激励

三一重工对服务工程师的服务质量有三级监控：一是服务结束后的即时电话回访；二是地毯式回访，保证每半年全国所有客户回访一遍；三是"神秘客户"调查，每年调查1万名客户，调查人员到客户那里了解服务管理制度的落实和服务行为的合法合规情况。三级监控由经营计划总部下设的服务监察部负责。如果发现客户有抱怨和不满，根据轻重情况的不同，首先要将服务工程师在集团通报，然后调回公司，技能不够的强化技能，态度不好的做面谈，合格后再返回岗位。受到客户投诉的工程师，一年之内将不会有晋级机会。每个月都会有做出特别贡献的两三个服务工程师受到董事长的嘉奖，并把表彰编成短信，发到每个工程师的手机里。

三一重工的目标是让员工过上富足而有尊严的生活，为此建立了一套富有竞争力的薪酬体系。基于财报披露的员工人数、人工成本等数据测算，2023年三一重工员工人均薪酬为 36.5 万元 / 年，与之相对应，重工行业另外两家巨头企业的员工人均薪酬分别为 16.5 万元 / 年和 13.9 万元 / 年。服务工程师的工资由"基本工资 + 绩效工资"组成，基本工资由技能等级决定，绩效工资由巡检服务和召请的订单数决定，巡检服务数一般是固定的，但召请的订单数不确定，多劳多得，这部分是工资的大头，能占到一半以上。

　　三一重工的绩效考核重点抓"分解到位"和"两极管理"。"分解到位"即按照公司战略目标，通过部门绩效合约、个人绩效合约的签订，将经营目标分解到人，职责清晰到人。"两极管理"是要将优秀和有待提升的员工区分出来。每年 1 月、7 月进行年度和半年度考评，称为"一七制"，按两个维度，一是技能，二是业绩（对服务人员来说，主要从响应速度、24 小时订单完成率、客户投诉次数、客户回访满意度、配件满足率等关键指标进行考评），把员工分成 16 个象限，区分出表现优秀的前 30% 的 A 类员工，表现欠佳的 C、D 类员工（5% ～ 10%）。对 A 类员工，公司"给他鲜花给他梦"，提供培训、送读、晋升、加薪的机会。对 C、D 类员工，和他们一起制订绩效改善计划，并给予转岗、技能培训机会。

上海波特曼丽思卡尔顿酒店

　　亚洲最佳雇主上海波特曼丽思卡尔顿酒店通过有效地利用权责、信息、能力和激励这四个杠杆改善了垂直边界，激励平凡的员工创造了非凡的业绩，打造卓越服务的组织能力，实现了财务增长和客户满意度的提升。

- 管理理念："以绅士淑女态度服务绅士淑女"，管理层的责任就是赋能前线员工，让他们为客户提供卓越的个性化服务。
- 权责：充分信任员工，并充分授权以服务好客户。例如，遇到客户投诉，员工有权花 2 000 美元为客户解决投诉的问题而不需要事先征得上级的同意，而且这一授权可以无限次使用。
- 信息：酒店的全球数据库"秘诀工程"记载了客户的需求和偏好，便于酒店在客户再次入住时"投其所好"，为他们打造旅途中的温馨家园。客人有任何不满，员工都会记录在"宾客投诉事件处理表"中并告知其他部门，其他部门的员工就会尽力在和客户的下一次接触中为他提供良好的体验以挽回客户满意度。

- 能力：上海波特曼丽思卡尔顿酒店在招聘时喜欢招聘可塑性强的刚毕业的学生，并且层层把关，全面评估应聘者的价值观，甚至酒店总经理会面试每一位应聘者。找到对的员工后，酒店还为他们提供 2 天上岗前培训、30 天在岗培训以及每年至少 130 小时的培训，不断强化他们对公司文化的认识和提升专业技能。

- 激励：上海波特曼丽思卡尔顿酒店既提供物质奖励，还评选"五星奖"员工，让他们和同伴一同在任何一家丽思卡尔顿酒店免费住宿 5 晚，两人的往返机票由酒店承担，另外还有 500 美元的补贴。同时，还有很多即时奖励，酒店还会在员工会议上以及人力资源部主持的公告栏上对员工予以表彰。员工之间也会互相赠送一流表彰卡，以表扬同事的卓越服务。

虽然上述几家企业所处的行业和国家不同，但是，关键是它们的高管都把员工当作公司获得竞争优势的源头，投入大量资源，明晰员工权责、互通信息、激发能力等，减少了横在高层和基层之间的层层边界阻碍，为各层级员工创造一个便于他们发挥主动性、同心协力做出贡献的工作环境，帮助员工和公司获得双赢。

垂直边界的诊断和改善

在了解了改善垂直边界对于激励各层级员工的重要性之后，你可以应用下面的工具评估你所在公司的现状并了解问题所在，从而对症下药。

第一步：整体来说，员工在公司的竞争优势中目前发挥什么作用？

根据你的观察，请选择员工在公司的竞争优势中所扮演的角色（见图 9-2）。

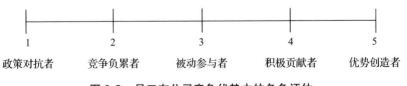

図 9-2　员工在公司竞争优势中的角色评估

"1"代表政策对抗者：在有些企业，如以前的通用汽车弗里蒙特工厂，员工就属于政策对抗者，他们脑子里想的不是如何配合公司，而是如何搞破坏。

"2"代表竞争负累者：在已经宣布申请破产保护的一些企业，员工不能帮助公司建立竞争优势，反而是竞争负累者，因为员工甩也甩不掉，没有他们，企业只会更好。

"3"代表被动参与者：在另外一些企业，员工被动参与，老板说一他做一，老板说二他做二，老板不说他不动，这样的员工属于被动参与者，公司难以依赖他们赢得竞争。

"4"代表积极贡献者：在有的企业，员工属于积极贡献者，他们有激情，愿意为企业打拼，但是公司没有提供相应的有关"权责、信息、能力和激励"的具体内容，因此他们的贡献还是不能完全发挥。

"5"代表优势创造者：在最后一类企业，如我前面提到的 NUMMI、三一重工和上海波特曼丽思卡尔顿酒店，员工很明显是公司竞争优势的创造者。

根据你的评估，选择最能代表你企业现状的评分。

第二步：原因为何？如何改善？

如果在你的公司，员工并不是竞争优势的创造者，接下来你就要寻找问题的根源（见图 9-3）。

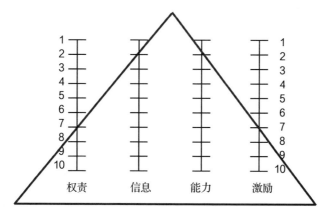

理念：员工是竞争优势源头

图 9-3　垂直边界问题原因分析

（1）是不是高管管理哲学的问题，有没有把员工看作竞争优势的源头？

（2）四大资源有没有配备？

- 公司是否赋予员工足够的权责？
- 有没有提供即时有用的信息来支持他们工作？
- 有没有投入充分的时间和资源，确保员工具备所需的专业和管理技能？
- 有没有提供适当的物质和精神奖励以激励他们积极参与和投入？

你可以就这 5 项分别从 1 ～ 10 分打分（1 分为最低分），找出薄弱环节进行有针对性、分阶段的突破。

如何改善水平边界

企业存在一定的水平边界是必要的，因为不同的产品事业部、职能部门或地区事业部需要专注于各自精通的领域，并有明确的权责利。但是边界太多太厚会造成不必要的障碍，降低组织效率，增加沟通协调和运营成本，为客户增添不便，影响企业的竞争力。作为客户，你是否有过这样的经历：同一家公司的不同部门分别前来推销它们各自的产品或服务，或者当你购买的产品出现问题，你打电话到厂商的客户服务中心时，对方让你联系技术支援部，之后技术支援部又让你联系质量部，质量部又说这不归他们管，让你联系另一个部门。这些都是水平边界可能带来的问题。

在传统的组织管理模式中，公司的指挥和沟通系统主要是上下垂直的。但是，随着企业组织能力的强化，改善水平边界也是必要的，这样，可以通过跨部门协作，更有效地完成任务，或者通过跨事业单位协作，共享关键资源，进一步提升公司的竞争力。下列公司就是通过跨部门工作的有效协调，更快更好地完成某些任务，创造了独特的组织能力。

- 在汽车行业，美国的汽车公司开发一个新产品需要 3 年，而丰田只需要 18 ～ 24 个月，能快速推出产品的背后反映了丰田的跨部门整合协调能力。

- 华为高价聘请 IBM 咨询团队引入集成产品开发（IPD）流程，以"先僵化、再固化、再优化"方针，成功提高研发效率、改进产品质量、提高市场响应速度，强化以客户为中心的文化。
- 海尔的服务闻名遐迩，只要客户一个电话，海尔的客户服务流程就能整合公司内部不同部门的资源，为客户解决问题，而不需要客户一个个部门地去"敲门"。

有些企业建立起组织能力，依靠的是跨事业部门或跨地区部门的关键资源共享。

- 作为世界级的管理顾问公司，麦肯锡擅长的是整合分布在全球 60 多个国家、130 多个城市的几万名咨询顾问的专业知识和经验，为客户提供最好的咨询方案。
- 花旗集团是全球最大的金融服务公司之一，它要发挥规模优势，就必须通过整合不同事业单位提供的金融产品和服务，为客户提供一站式的服务。
- 通用电气曾经在不同的业务领域能做到第一第二，其中关键成功因素之一是能够跨越不同的业务领域共享最佳实践和人才。
- 3M 要不断强化创新的组织能力，就要有能力共享资源、重复利用散布在各个事业单位的核心技术来创造新的产品。3M 的 49 个核心技术平台成为支撑其拥有五万多种产品的创新源泉。
- 迪士尼擅长的则是利用不同事业单位创造的商机。例如，一部迪士尼电影可以带来票房收益，同时也为其他事业单位创造了很多赚钱的机会：相关系列的玩具、游戏、图书、游乐园等。但这些并非偶然，公司有专门的部门负责寻找产生协同综效的机会，这一部门由公司副总裁负责，在迪士尼推出新片的前一年，这一部门每月召集各事业单位开会，进行头脑风暴，共同思考这个电影可能带来的各种商机，这样一年之后在电影推出之际，其他延伸产品也已准备就绪一并推出，公司就可以得到最大化的回报。

通常水平边界的改善都是针对某一特定的流程或者关键资源和商机，而不是全面性的。另外，水平边界的改善一定有一套体系的支撑，而不是偶然实现的。

以下我以瑞银集团（UBS）和麦肯锡为例，介绍这两家公司如何改善水平边界，建立竞争优势和创造商机。

⌗ 案例分享 ⌗

瑞银集团：实现"一个公司"的愿景

　　瑞银集团是一家通过多次兼并收购实现迅速扩张的企业，其主要业务领域包括：全球投资银行、资产管理、财富管理，以及在瑞士的公司银行和零售银行。这些业务通常都各自为政。但是金融业的发展趋势表明，单个产品和服务越来越趋于同质化，只有整合不同业务、不同地区的专长和经验，为客户提供定制的、一体化的解决方案，才能创造更高的价值，才能在竞争中实现差异化。同时，不同业务之间的合作也有利于为公司创造更多获利成长的空间。例如，不同业务之间互相介绍客户，投资银行帮助客户的公司上市，客户公司的高管就是潜在的财富管理的客户；又或者投资银行部和资产管理部的人员合作，可能会碰撞出火花，设计出创新的产品。因此，瑞银集团在皮特·伍弗里（Peter Wuffli）担任 CEO 时曾提出"一个公司"的愿景，希望减少水平边界，整合不同业务部门的资源和专长以强化公司竞争力，增加对客户"钱包的占有率"。

　　但是，投资银行、资产管理和财富管理等各个业务部门长期以来都建立了自己的专长，也一直靠自己单打独斗开拓市场、服务客户，因此，它们习惯了专注于自己部门的客户需求，而往往忽略客户对其他金融服务的需求和能实现集团商机最大化的需求。这种各自为政的做法与以下因素密切相关。

- **专业背景**：从能力上讲，不同业务部门的人可能都只关注本领域的产品和业务，对其他部门的产品和业务不够熟悉，因此要做到根据客户需求深入介绍并合理推荐他们可能需要的其他产品，还缺乏足够的跨部门的专业能力。
- **考核激励**：个人的奖金都和短期的、量化的部门业绩挂钩，与企业长期的发展目标和集团整体业绩缺乏关联。
- **做事风格**：不同业务部门的人拥有不同的工作风格和习惯，给彼此的沟通合作带来挑战。如投资银行的保守作风与交易部门的果断进取作风，容易在沟通协调中引发冲突。

- **信任**：彼此缺乏了解和作风上的差异让大家不愿意分享客户资源。如果我把我的客户介绍给你，万一你搞砸了怎么办？岂不是影响到我和这个客户好不容易建立起来的良好关系？

- **激励**：我自己已经忙得晕头转向，为何还要花时间和精力介绍生意给其他部门？即便别人生意做成了，我也得不到什么好处，岂不是白辛苦一场？

- **优先顺序**：同一个客户在我眼里和你眼里的价值不一样，如果我们要合作为客户提供解决方案的话，就很有可能发生我看重的客户对你并不重要，而对你重要的客户对我又不重要的情况，这样的合作岂不是很难有进展？

- **信息**：如果我要和其他部门合作，我和谁去谈这个事？我们公司的数据库是否有关于客户的完整信息？例如，我们有哪些部门曾为这个客户服务过？提供了什么产品？在什么时间、给客户带来的收益是什么？客户有什么反馈意见？

要实现"一个公司"的愿景，首先要从高层做起，他们要深信只有靠整合不同部门的资源和专长才能发挥"一个公司"的优势，在竞争中获胜。从 2002 年起，通过年度战略论坛（公司最高级别的 60 位主管参加）和高级领导者会议（公司最高级别的 600 位主管），CEO 伍弗里让公司的关键人员全体参与，明确公司愿景和核心价值观，讨论关键议题，在达成共识的基础之上，齐心协力地推动"一个公司"这项目标的实现。如果没有这些关键人员的认同和参与，仅仅依靠最高管理层少数几个人的力量，这一愿景难以层层推行到各部门，让全公司彻底接受和执行。除了要对愿景和管理哲学达成共识外，另一项重要的工作就是要通过权责、信息、能力和激励这些工具，实现资源共享，促进跨部门的合作。

（1）**权责**。如果每个部门各做各的决定，就无法从客户的整体需求出发考虑、从公司的整体优势出发去提供整合的方案，因此改变以往各自为政的决策方法就很必要。所以，瑞银集团需要考虑：在什么情况下，需要集合几个部门之力，给关键客户提供服务？谁是可以代表瑞银集团和客户保持联系的关键人员？在瑞银集团内部谁来整合不同部门的资源，为关键客户服务？当不同部门对客户的重要程度看法不一致的时候怎么办？为了整合资源，管理关键客户，瑞银集团推出了全球集团客户项目（Global Group Client Initiative）。针对每一位关键客户，瑞银集团都有一位全球高层主管委员会（Global Executive Board）成员负责解决跨部门合作中可能出现的争端，项目小组会定期召开会议，讨论客户的整体需求和获利性，并根据它对瑞银集团（而不是某个部门）业绩的贡献度，判断客户的重要性。

（2）**信息**。要为客户提供整合的解决方案，瑞银集团就必须更新原有的数据库，把原来散落在各部门内部的客户信息整合到统一的信息库中，便于大家了解：客户的整体需求是什么？获利性如何？原来有哪些部门为其提供过产品？这些部门和该客户的关系如何？谁是这些部门负责该客户的关键联系人？从2004年开始，瑞银集团针对公司和机构客户逐步建立这样的数据库。有了关于客户和瑞银集团所有交易的信息及相关的瑞银集团关系经理人信息，才便于瑞银集团根据客户需求整合相关的部门资源，提供整体解决方案。

（3）**能力**。瑞银集团原有的人才优势在于他们在各产品领域的专精知识，但是要为客户提供一揽子的解决方案，必须全面地拓展和提升人才能力。例如，要建立起客户导向的服务意识，并与其他部门有效合作，相关人员除了要了解客户所在行业的专业知识和瑞银集团其他部门的产品知识，还必须培养洞察客户需求的能力、创造性思维能力和团队合作精神。为此，瑞银集团从2002年开始，通过开展一系列的全球领导力体验（Global Leadership Experience）项目，培养来自不同部门的领导人才，建立起全局观的视野，为实现"一个公司"的愿景打好能力基础。同时，公司还安排工作轮岗项目，让大家更好地了解其他部门的运作情况，拓展内部人际关系网络。

（4）**激励**。要让员工愿意从"一个公司"的整体角度，而不仅仅从某个岗位或者部门的局部利益出发，进行决策和行动，必须对激励机制做相应的改变。瑞银集团的新绩效评估体系专注于考核四项新的能力（客户专注、团队合作、专业行为、技术才能）和四个贡献领域（客户、团队、经济、职能相关的技能）的业绩表现。高管的奖金分配原则也改为50%与本部门的业绩挂钩，另外50%和集团的整体业绩挂钩。激励机制改变了大家的思维模式，有效地促进了从"部门导向"到"公司导向"的转变。

在公司宣传了实现"一个公司"这个愿景的重要性，并通过改变四大管理资源/杠杆的设计来促进跨部门的合作以后，还要注意一个关键点，那就是使所有高管在日常工作中的决策和行为与公司表达的愿景保持一致。如果开会时大家群情激扬而散会后依然因循守旧，仍然信奉自我部门利益至上的旧理念，那么下属就不会把公司新的愿景目标当真。如果这些高管言出必行，带头进行跨部门的合作，下属就会积极响应，目标才有可能真正实现。在瑞银集团，高管是新愿景的代言人，他们不仅要把新愿景和价值观通过沟通层层传递给他们的下属，更要身体力行，带头行动，用自己的实际言行树立起员工学习的榜样，鼓励大家走出部门的狭隘圈子，学会站在公司的高度进行思考、决策和行动。公司也根据这些高管在跨部门合作和提升集团综合效益中的表现，对他们进行打分和排名，激励和督促高管以身作则。

麦肯锡：以全球知识和专长服务客户

作为全球领先的管理咨询公司，麦肯锡的成功秘诀在于在全球范围内，为客户提供高度专业、领先的管理思维和解决方案。公司要建立这样的组织能力，不仅要培养精通各个职能和不同行业的专才（所谓 T 型的咨询顾问），还需要整合分散在全球 130 多个城市的咨询顾问的经验和智慧，从而为客户提供最好的解决方案。麦肯锡是如何同时实现这两个目标的呢？

为了同时实现这两个目标，麦肯锡强调"一个公司"的管理哲学，并把它贯穿到公司内外部运营的关键领域。公司倡导大家是利益共同体，都要以客户优先的角度出发，整合资源，服务客户。例如，公司的顾问都是从整个公司的需求出发，在全球范围内进行招聘和选拔的。服务客户也不仅是某个办事处的责任，而是整个麦肯锡的责任。所有的利润都集中到全球公司（而不是区域办事处）层面来分享。在这个管理哲学的基础上，麦肯锡采用多种工具，确保员工在权责、能力、激励、信息四个方面实现共享。

（1）**权责**。为了便于调动全球的人才资源，在按区域划分的组织架构基础上，麦肯锡还增设了另外两个维度的组织架构：能力中心（例如商业技术、公司财务、战略、营销和销售等）和行业领域（例如汽车和装配、化工、消费品、高科技等）。这样根据每个项目的需求，可以从不同组织维度寻找最合适的专家，提供支援。

（2）**能力**。公司形成了一套行之有效的、在全球范围内共享所有办事处人才资源的运作体系。虽然每个雇员分布在不同的办事处，但是这些人才都属于公司，而不是当地办事处，他们的工作分配和调派是基于公司整体的需要，在全球层面上进行的。受各地特有的行业分布和客户资源的影响，每个办事处的顾问最擅长处理的行业各不相同，例如，纽约办事处的顾问对财务机构了如指掌，硅谷办事处的顾问则精通高科技行业，而达拉斯的顾问非常熟悉石油行业。在进行咨询项目时，公司会根据项目的行业需求、职能专长需求和公司自身培养人才的需要，抽调不同办事处的人员，组成临时团队来完成项目。事实上，20% 的项目工作都是由短期或长期借调其他办事处的顾问来完成的。如果某位顾问因为现有的工作负荷重，而无法正式参与某个项目的运作，也可以通过其他方式帮助这个项目的成员，例如，给他们提供一些信息来源，或者做短期拜访，和他们分享自己的经验等。

（3）激励。为了鼓励不同办事处之间分享人才和专长，麦肯锡规定每一位要求晋升合伙人的员工，必须拥有一技之长，他的个人专长，须得到全球各地的同事的认可，并在不同的办事处的项目中发挥过积极作用。在这个晋升标准的考量下，顾问当然非常愿意推广自己的专长到全球不同的办事处，并乐意以不同形式参加或支援不同的项目。此外，由于不同办事处擅长处理不同的行业、不同职能的咨询项目，没有一个办事处拥有所有的咨询知识和经验，它们必须通过合作才能为客户提供最佳的解决方案。由于公司只有全球这一个利润中心，因此员工非常明白，只有公司的整体业绩得到提升，个人才会得到更高的经济回报。由于采取了这些激励措施和公司一贯推行的"一个公司"的文化理念，每位顾问接到来自别的办事处顾问的求助请求时，都会很快做出回应。

（4）信息。对于以整合全球知识和专长取胜的咨询公司，如何积累、提炼、储存和重复利用不同项目取得的经验和专长至关重要。麦肯锡通过三个数据库，有效地管理这些宝贵的经验和专长。例如，客户服务数据库储存了所有客户相关的信息，从全球各个办事处为客户提供咨询服务的最初提案，到最后的报告，以及所有相关的客户和项目信息，都包含其中。专业知识库则是从不同专业实践（包括各个行业和不同职能）的角度出发，囊括了公司在所有实践领域所积累的行业知识、咨询方法和实践经验，写成不同的"白皮书"。另外一个数据库是人才数据库，里面按照实践领域列出了麦肯锡在各领域的全球专家名称，相当于麦肯锡人才的黄页分类，这样一来，搜寻相关领域的专家和他的联系方法就变得非常便利。

有了"一个公司"的管理原则和相应的管理体系的支持，麦肯锡得以真正利用全球智慧，服务全球客户。1999 年我在宏碁工作时，公司曾经考虑雇用麦肯锡来进行订单交付流程的再造。在初步了解了宏碁的需求以后，麦肯锡在台湾地区的客户主管为了准备与宏碁高管的会面和报告，就通过公司的客户服务数据库，寻找别的办事处为其他电脑公司（如惠普、戴尔）所做过的类似的项目，取得当时客户的报告资料，在根据宏碁的情况加以修改后，便信心满满地向宏碁的高管团队进行汇报。尽管这位客户主管并不是这个领域的专家，但凭借着他的报告技巧和公司在先前服务同行业企业过程中积累的项目经验，他最终还是赢得了宏碁高管的信任，顺利拿到了项目。在项目确定之后，项目经理开始组建一个临时项目团队，成员中包括熟悉电脑行业的顾问、专门从事订单交付流程再造的顾问、精通 SAP 平台的顾问，等等。如何了解和寻找这些顾问？项目经理通过人才数据库，找到不同领域的专家。虽然有些顾问并不在台湾，但可以通过短期租用、出差参与或者电话会议等形式参与到项目中来。为何这些顾问愿意支援其他地区的项目？因为他们个人都希望晋升为合伙人，地区之间也需要在项目上彼此协助。通过这样的体系，麦肯锡不仅仅是依靠台湾顾问的力量和经验，而是利用和结合了全球人才的力量以及过往项目的经验来服务客户。通过项目又可以进一步提升人才在专业领域的能力，公司的各个数据库积累的知识也不断增加，使麦肯锡的组织能力随着项目的积累而进一步提升。这一优势是各个单打独斗的咨询公司无法匹敌的。

我们从瑞银集团和麦肯锡的例子可以看出，要真正改善水平边界，有效利用各个部门和事业单位的资源，不仅公司内部要达成清晰的共识，确认"一个公司"的愿景和管理哲学，还有赖于高管的身体力行，以及权责、能力、激励和信息四个资源的跨部门 / 地区共享。除了瑞银集团和麦肯锡，还有很多公司也在努力地实现"一个公司"的愿景，如 IBM、摩根士丹利、飞利浦、联合利华等。不仅这些规模庞大的跨国公司，这些年一直快速增长和不断国际化经营的很多中国企业，也越来越多地面临着如何减少"山头"和部门的本位主义，增强各部门、各事业单位有效协作的问题，特别是其中的"人治"的问题，中国企业部门之间的合作更依赖于 CEO 的决心和各位主管之间良好的人际关系。上述这些跨国公司在强化跨部门合作上的经验值得中国企业借鉴。

水平边界的诊断和改善

同样，你可以根据以上内容，用以下工具对公司的水平边界做个评估。

第一步：针对公司重要跨部门流程的协作或关键资源 / 商机的共享，公司相关部门或单位的水平协作程度如何？

请根据实际情况，评估目前公司的水平协作程度（见图 9-4）。

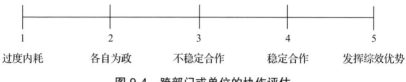

图 9-4 跨部门或单位的协作评估

图 9-4 中，"1"代表过度内耗：在有些公司中，大家把部门和单位的同事视为问题制造者和仇敌，主要的时间和精力都放在内耗上，而不是放在一致对外、服务客户上。

"2"代表各自为政：在另一些公司中，虽然大家没有彼此为敌，但是基本上各自为政，各人自扫门前雪，井水不犯河水。

"3"代表不稳定合作：还有一些公司，各部门之间有合作，但是权责、信息不通，能力不够，或者激励机制不鼓励跨部门合作，因此合作时好时坏，没有保障。

"4"代表稳定合作：有些公司做得较好，基本能够确保稳定合作。

"5"代表发挥综效优势：最好的公司是能够主动出击，寻求跨部门或单位的资源和商机共享，发挥协同综效，真正做到了看准方向后一个拳头出击，而不是五个手指各行其是，就如同前文所提到的麦肯锡、瑞银集团、迪士尼、3M 等。

第二步：原因为何？如何改善？

如果公司的跨部门或跨单位协作还没有达到充分发挥协同综效的程度，接下来就可以运用图 9-5，从四个杠杆的角度入手，通过评分（1 分为最低分，10 分为最高分）了解自己的薄弱环节，分析问题到底出在哪里：是因为缺乏共同决策的机制和渠道，或是因为信息传递不畅通、不了解全局和彼此工作之间的相关性，还是因为心有余而力不足，需要在能力和经验方面进行提升和共享，抑或是因为激励机制不到位，没有形成利益共同体？找到了根源就容易对症下药，逐步改善，但是，改善需循序渐进，不要指望一下子从 1 跳到 10。

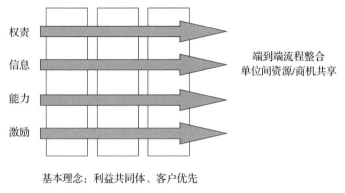

图 9-5　水平边界问题原因分析

小结

　　要打造所需的组织能力，三大支柱缺一不可。不仅员工要有能力、有意愿，公司也要为员工提供所需的资源和支持，为他们创造良好的治理环境，让他们能发挥能力为公司做贡献。第 8 章介绍了公司首先要从战略和组织能力出发，设计和确定以不同部门或事业部为主导的组织架构：职能部门、产品事业部、地区事业部、客户群事业部。但是，世上没有完美的组织架构，每种架构都有它与生俱来的缺陷和盲点，会带来各种水平和垂直边界，不利于整合公司资源服务客户。因此，公司必须通过其他管理工具减少边界。

　　今天，企业面对的经营环境和以往大不相同：竞争越来越激烈，变化日新月异，客户要求越来越高，企业必须根据外在经营环境的改变，重新设计治理模式，从传统的控制导向、专业 / 分工和规模扩张为重点的治理模式，转变为以发挥员工才能、整合资源和快速反应为重点的治理模式。本章我集中介绍了其中一种治理模式——无边界组织。无边界组织的一个重点是垂直边界的改善，目的是充分调动和发挥各层级主管及员工的积极性，让他们围绕所需的组织能力做出更多更大的贡献，这和以往主要靠高管打拼、基层员工却非常被动的治理模式大不相同。

NUMMI、三一重工和波特曼丽思卡尔顿酒店的实践印证了不同行业、不同国家的企业都可以改善垂直边界，发挥各层级员工的才能，进而提升企业的组织能力。水平边界的改善是通过重要流程端到端的整合，或者通过各职能部门、各事业单位之间在关键资源上协同综效的发挥，来强化组织能力。瑞银集团和麦肯锡的例子表明了打破水平边界带来的障碍，可以帮助公司更有效地整合各水平单位的资源，实现 1+1>2 的效果。当企业进行变革时，管理层可以通过四大管理资源 / 杠杆（权责、信息、能力、激励）的调整来改变员工的行为，实现无边界的合作。在今天的竞争环境中，无边界组织比传统的治理模式更有利于整合资源、把握商机并快速反应，更具竞争力和生命力。

参考资料

［1］ Rajiv Lal, Nitin Nohria, Carin-Isabel Knoop, "UBS: Towards the Integrated Firm", Harvard Business School Case No. 9-506-026, Feb. 14, 2007.

［2］ Christopher A. Barlett, "Mckinsey & Company: Managing Knowledeg & Leaning", Harvard Business School Case No. 9-0396-357, Rev, Jan. 4, 2000.

PART 3

第三部分

组织能力建设应用情景

▼

第 10 章

劳动密集企业与知识密集企业

从通用模型到应用情景的精准模型

在前面九章，我基本介绍了组织能力杨三角的核心思想、框架和工具，主要包括以下四个要点：

（1）持续成功＝战略方向 × 组织能力（第 1 章）。

（2）组织能力关注的是团队整体发挥的战斗力（第 2 章）。

（3）打造组织能力的三部曲。

● 组织能力确认：为了落实公司战略，企业需要什么样的组织能力？

● 组织能力建构：需要员工能力、员工思维、员工治理三大支柱的平衡和聚焦。

● 组织能力诊断和"开药"：公司目前三大支柱与所需三大支柱的差距如何？挑选和设计合适的管理工具，确保三大支柱的平衡和聚焦（第 2 章）。

（4）如何强化三大支柱。

- 员工能力升级：首先确认公司所需人才（能力模型）（第 3 章）；然后实施招聘（第 4 章）、保留、淘汰（第 5 章）和培养（第 6 章）。
- 员工思维塑造：首先明确公司所需的员工思维，审核并找出差距，再由上而下、由外而内、由下而上，用不同工具重塑员工思维模式（第 7 章）。
- 员工治理优化：明确支撑战略最合适的组织架构是哪一类（第 8 章）。注意，没有任何一种组织架构是完美的，关键是它能解决主要矛盾，至于不同架构带来的边界，可以使用无边界组织减少或削薄不必要的边界（第 9 章）。

到目前为止，这些思路、框架和工具是广泛适用的。但当企业针对自身的组织能力建设需求进行诊断和"开药"时，我们必须考虑颗粒度更细的应用情景。在实践的过程中，我发现以下三个维度的情景必须予以充分考虑。

行业特性：企业从事的是劳动密集行业还是知识密集行业

我在 1997 年第一次提出"杨三角"理论框架，1999 年受宏碁集团时任董事长施振荣邀请，担任标杆学院院长，后来适逢宏碁集团 2000 年"世纪变革"，临危受命担任首席人力资源官，协助施振荣成功推动宏碁集团的转型升级。作为其时全球最大的个人电脑制造和品牌企业之一，宏碁集团员工超过几万人，涵盖电脑产业链相关的研发、生产、物流、营销、渠道、服务等不同环节，是典型的实体企业，也是劳动密集企业。我第一代的组织能力框架得以在这个行业背景下实践和完善。

2008 年我荣幸获聘出任腾讯集团高级管理顾问，协助开展快速发展中的人才培养、人力资源体系搭建和后期的组织变革。从宏碁集团到腾讯集团，我发现之前一直使用的杨三角方法论在腾讯这类互联网企业不完全适用，因为腾讯员工绝大部分都是受过高等教育的研发工程师，人数较少但知识水平高。而且腾讯所处的行业环境变化速度很快，要求产品创新和迭代更加敏捷。之前在宏碁采用的管理工具在腾讯感觉做得"太重"和"太慢"。所以，宏碁和腾讯的经历，让我感受到劳动密集企业和知识密集企业的组织能力设计不完全一样。

客户特性：服务企业客户（To B）还是消费者用户（To C）

第二次对杨三角理论框架的冲击发生在 2018 年的腾讯"930 变革"之后。正如第 8 章提到，面对快速普及的人工智能、大数据、云计算等数智科技，腾讯 2018 年决定在深耕消费互联网之上，同时拥抱产业互联网，并成立了云与智慧产业事业群（CSIG）。

从 1998 年创立以来，腾讯一直都是面对消费者用户，提供不同通信社交工具和数字内容。但新成立的 CSIG 面对的是企业用户甚至政府，之前的人才标准、考核激励、组织设计、业务流程突然就变得很不同，需要重新设计，以适应 CSIG 的发展。这又丰富了杨三角在面对 To B 客户这一不同情景的差异化要求。

发展阶段：快速成长阶段还是停滞衰退阶段

第三次对杨三角理论框架的冲击发生在 2022 年。从 2004 年回国在中欧国际工商学院任教，到后来参与腾讯被投企业的赋能辅导，我经常为不同企业提供培训或管理咨询服务。当时企业最大的挑战往往是企业快速成长带来的组织管理挑战，很多企业处于快速成长期，每年业务收入增长 2 ~ 3 倍很正常，随之而来的就是员工人数快速增长，并带来一系列组织管理挑战。

但在 2022 年以后，很多中国企业进入另一个发展阶段，普遍存在市场需求下滑、业务增长乏力的挑战。随之而来的又是一系列不同的组织管理挑战，如降本增效、精简人力、保持士气等不同问题。

所以，虽然杨三角的底层逻辑和框架是广泛适用的，但具体到组织能力诊断和"开药"时，企业必须充分考虑以下维度，以便更加精准地"开药"。

维度一：行业特性——劳动密集与知识密集。

维度二：客户特性——To B 与 To C。

维度三：发展阶段——快速成长阶段与停滞衰退阶段。

企业可以从以上三个维度的对照中，思考更适合自身的工具和参考案例。本章（第 10 章）先对比劳动密集和知识密集企业的组织能力建设，第 11 章会对比服务消费者的企业与服务企业客户的企业的组织能力建设，第 12 章会对比快速成长期企业与停滞衰退期企业的组织能力建设。

劳动密集企业组织能力建设

劳动密集企业特点

劳动密集企业需要依赖大量的员工进行生产、零售或服务，典型例子如制造业的富士康、比亚迪、美的；餐饮连锁的麦当劳、海底捞、霸王茶姬；零售行业的沃尔玛、百丽国际、永辉、大润发、胖东来；服务业的美团外卖、京东物流、贝壳找房、滴滴出行等。这些企业雇用的正式或非正式员工都数以万计，甚至几十万、上百万！

劳动密集企业有几个明显特征：

- 除了员工人数众多，一般工作地点分散全国甚至全球各地。
- 工作内容一般比较容易标准化，如麦当劳制作汉堡、富士康生产苹果手机或者美团外卖的到家服务。
- 因为涉及大量且分散各地的员工，流程的标准化、简单化、智能化（或者傻瓜化）非常关键，因为它不但影响员工的效率，还影响企业用工成本、生产或服务的质量。
- 劳动密集企业除了总部有比较少的知识员工，其余大部分员工是前线操作或服务人员，知识水平或者专业要求普遍偏低。

不少人认为劳动密集产业是低端产业，附加值低，技术水平低，从而普遍地轻视劳动密集产业的发展。其实，这是一个误区，劳动密集企业是中国经济发展的重要力量，创造大量就业机会和税收，所以如何提升劳动密集企业的组织能力至关重要。

以美团外卖业务为例，其拥有超过 700 万人的外卖大军，是典型的劳动密集企业。2024 年美团全年营收 3 376 亿元，经营利润 368 亿元。美团成功的背后离不开科技的支撑。美团运用科技力量，不断提升配送效率和用户体验。通过不断完善智能调度系统，在订单指派、路径规划等方面下足功夫，还通过大数据挖掘、机器学习和自然语言处理等技术，推出骑手职能助手，让外卖大军越送越熟、越送越顺、越送越快。

　　从美团的案例中我们不难发现，企业的知识密集或劳动密集，只是用来区分主体员工特性，方便我们更有针对性地分析企业形态，制定管理策略，而无好坏高低之分。

劳动密集企业常见的组织能力建设方式

　　由于员工队伍庞大、工作地点分散、工作内容重复性高，劳动密集企业往往最需要打造的组织能力是成本、质量和速度，这些都是劳动密集企业制胜的关键。

　　那么如何协助劳动密集企业打造三个核心组织能力？我认为对于三大支柱有以下要求（见图 10-1）。

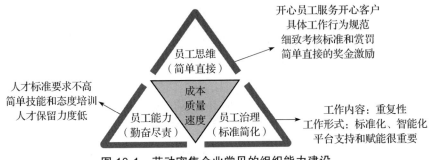

图 10-1　劳动密集企业常见的组织能力建设

- 员工能力：需要什么员工？对于大部分前线员工来说，核心是勤奋尽责。所以，招聘比较容易，因为需要的不是高学历或聪明度的人才，而是具备良好品格和态度的员工。因为工作内容具有重复性，公司一般提供简单技能和态度培训就行。员工保留力度相对不重要，因为新的员工上手比较容易，替代性高。

- 员工思维：如何更好地激励这些员工？答案是简单直接，不能过于复杂。首先，可以像胖东来、海底捞或京东物流一样，企业先善待员工，因为只有开心员工才能服务开心客户。面对这些教育水平相对不高的员工，企业希望员工怎么做，要有清晰明了、简单易行的工作行为规范。考核激励也需要简单、直接、快速见效，对比长期才能有结果的股权激励而言，员工往往更看重立即可以得到的利益，比如美团的外卖骑手，一天接多少单挣多少钱，员工立即可见。比如零售业的百丽，一线门店销售人员查看 app 就知道每天卖了多少件商品，奖金是多少。

- 员工治理：需要为员工提供什么管理支持？标准化的流程，加上数智化科技，这样可以让员工工作效率和质量稳定性有效提高。企业非常依赖总部少数决策者制定标准、流程和各式各样的赋能工具。

对于劳动密集企业而言，打造组织能力三大支柱最关键的是员工治理这个支柱，员工能力和员工思维都相对容易强化。

⌐ 案例分享 ⌐

海底捞

餐饮业的劳动密集企业代表海底捞，之所以能在竞争激烈的火锅行业取得成功，归根结底不过就是把服务做好，做到极致。追求一个门店的极致服务或许不难，但像海底捞一样，做到大规模的标准化服务，是非常困难的。海底捞招募的很多员工也是无学历、无背景、非亲非友的年轻人，和很多劳动密集企业无甚差别。

然而在员工能力、员工思维和员工治理三个方面，海底捞有自己独特的做法。

- 员工能力：海底捞举贤不避亲。很多员工是内推招来的。海底捞关注员工的人品，员工必须勤奋尽责，没有不良嗜好。员工入职后快速密集培训数天，学习基本技能，掌握流程，然后到店实习试用。试用期满考评合格后，成为正式员工。

- 员工思维：善待员工。用海底捞 CEO 张勇的原话来说：把员工当亲人看，把顾客当上帝看，相信员工，相信顾客。企业对员工好，员工必然能感受到，他们才会每天对顾客笑脸相迎，服务好每一位顾客。海底捞不光有口号，还有一套激励和培养的体系，可简单概括为八个字："锁住管理，连住利益"。

　　锁住管理：海底捞有 A、B、C 三级门店考核制度。在海底捞，只有 A 级门店才能扩店，C 级门店连续 16 个月不达标，店长直接撤职，要接受为期 6 个月的管理培训，培训并考评合格之后才能继续上任。

　　连住利益：海底捞店面员工工资普遍是同行的 1.3~1.5 倍，且多劳多得，落实到人、门店利润全员分红、师徒利润分成。海底捞把制造业的计件工资体系落实了下来——门口做美甲、擦皮鞋的，按人次算，卫生间递毛巾的，也是按数量算收入。这就是海底捞的按劳分配、多劳多得且激励公开。

- 员工治理：海底捞把所有工作流程都标准化，让员工容易掌握和操作。为了确保员工能为顾客提供卓越服务，公司给前线员工充分授权，为了解决顾客投诉或抱怨，员工必要时候可以行使免单权。同时，为了充分鼓励员工创意，在顾客服务方面有源源不绝的好点子，海底捞除了给予奖金激励，也把相关创意以员工名字命名。

　　2024 年，海底捞实现收入 427.55 亿元，同比增长 3.1%，净利润 47 亿元，同比增长约 4.6%。海底捞始终紧扣"锁住管理，连住利益"的员工治理理念，将服务质量做到极致，获得"BMC 金奖企业"荣誉，成为很多劳动密集企业的学习标杆。

知识密集企业组织能力建设

知识密集企业特点

　　与劳动密集企业不同，知识密集企业需要有比较高专业知识、经验或者技能的人才，进行创新或者定制化工作。典型例子：互联网如谷歌、微软、OpenAI、腾讯；私募基金如黑石、红杉、高瓴；投行如高盛、摩根士丹利；咨询公司如麦肯锡、BCG；其他如游戏或者电影等创意工作室、研究院、大学、医院等。

　　这些企业雇用人才的规模可大可小，但人才密度至关重要，企业在行业中能否脱颖而出，竞争优势之一是拥有多少顶级人才。知识密集企业有几个明显特点：

- 工作内容重复性低。产品或技术要创新，项目的差异性很大，需要更多的调研和设计，才能做出合适的解决方案。

- 对于这类创新性或独特性很高的工作，流程无法保证产出。换句话说，即使员工严格按照流程做每一步，也无法保证产出的创新性或独特性。游戏制作或者电影创作就是很好的例子，整个制作过程及细节步骤大同小异，但是能否做出爆款，依靠的是人，而不是流程。

- 知识密集企业虽然也有一些偏运营型或服务型的员工（偏标准化和重复型工作的员工），但是这些员工不是企业制胜的关键。

知识密集企业常见的组织能力建设方式

由于知识密集企业的工作产出追求创新或独特，知识密集企业最需要打造的组织能力往往是用户导向（了解用户的需求或痛点）、创新（以科技或新方式满足用户需求）和敏捷（因为创新很难一次做对，需要快速迭代和纠正）。

除了所需的组织能力与劳动密集企业所追求的成本、质量和速度很不一样，知识密集企业打造组织能力的三大支柱也非常不一样（见图 10-2）。

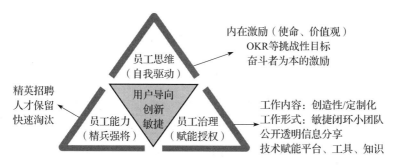

图 10-2　知识密集企业常见的组织能力建设

- 员工能力：需要什么员工？精兵强将！因为很多创新或者独特解决方案不是靠人多就可以实现，而是需要很有经验（甚至天赋）的专业人才。所以，员工必须精挑细选。顶级人才的保留非常关键。不合适的员工必须快速淘汰。

- 员工思维：如何激励这些教育和专业水平较高的员工？因为知识型员工与劳动型员工不一样，不是出力就可以确保产出，关键是他们肯发自内心、充分动脑。所以，自我驱动很重要。首先，尽量让员工高度认同公司的使命或者热爱这份工作。其次，鼓励他们制定高挑战目标（类似OKR），当然最终考核激励是按实际工作进度和成果评估，不然员工不会挑战高目标。最后，物质激励必须到位，因为知识密集企业的核心资产是人才。企业做出好的产品或服务的时候，人才的贡献是绝对重要的，所以他们也需要比劳动密集企业员工分享到更高比例的股权或者奖金。

- 员工治理：对于这些学历较高、自我驱动较强的员工，企业需要提供哪些管理支持？答案是赋能授权，不要过度干预。成立由不同专业人才组成的敏捷闭环团队，让他们具备完成任务所需的专长，快速创新和迭代。公司可以通过不同沟通或者信息渠道，让不同团队了解公司整体发展方向，方便不同团队保持相同的努力方向。最后，提供技术赋能平台，让团队获得合适的数据、知识或者工具。

对于知识密集企业而言，打造组织能力三大支柱最关键的是员工能力这个支柱，找到对的员工，提供合适激励和赋能平台与工具。

▢ 案例分享 ▢

腾　讯

从QQ、微信，到《王者荣耀》《繁花》，这些广受欢迎的社交工具和数字内容，背后离不开腾讯的核心理念："一切以用户价值为依归"。与其他知识密集企业一样，腾讯在不同领域脱颖而出，离不开用户导向、创新和敏捷等关键组织能力。

腾讯是如何强化三大支柱，打造这些组织能力的？

- 员工能力：腾讯一直强调"将来才有将来""强将精兵"的人才策略，一方面注重吸引领军人物，另一方面对于每一个基层员工也秉承高标准严格筛选。腾讯以做产品的方式思考人才供应问题，建设良好的雇主品牌吸引人才，在内部设立高端猎聘团队对核心人才持续进行行业匹配，并且与潜在人才建立长期的联系和互动。腾讯鼓励员工内部推荐新员工，设立了非常优厚的奖金机制，这背后的假设是"优秀的人身边一定还有其他优秀的人"，鼓励内部推荐不仅唤醒了员工的企业认同感，也切实起到了网罗优秀人才的作用。

2023 年，腾讯启动顶尖技术人才招聘项目"青云计划"，支持青年人才"揭榜挂帅"，在行业探索、难题突破、技术变革中挑大梁、当主角。"青云计划"招聘官网列出了三方面标准：有真正的技术理想、技术热忱、技术执着，愿用技术力量提升全球各地人们的生活品质；学生时代便取得了出色的技术成就，在学术、实践、竞赛等任一领域有卓越表现；能以独到的洞察力，穿透技术本质并应用落地，为复杂问题提供创新而深远的答案。

- 员工思维：腾讯的使命是用户为本，科技向善，公司文化价值观如正直、进取、协作和创造也是深入人心。除了让员工认同公司使命和价值观，员工的贡献与奖励也紧密挂钩，通过有竞争力的薪酬、奖金和期权，让员工全力以赴，创造对用户有价值的产品和服务。
- 员工治理：除了在人才吸引方面下足功夫，腾讯也为人才提供了宽松的工作氛围。公司把员工当作用户，让人力资源部门成为产品部门，打造极致的产品体验：上班无须打卡，各级管理人员尊重员工，在内部乐问平台平等沟通，每年进行员工敬业度和满意度调查并认真反思公司如何做得更好……

作为典型的知识密集企业，腾讯深谙优秀人才密度的重要性，用高标准选人才，丰厚的待遇吸引人才，宽松的文化土壤培育和保留人才，助推腾讯持续成功。

小结

为了清晰对比劳动密集和知识密集两类不同的企业，尤其是组织能力的异同，我们刻意采用了二分法。

　　但现实生活中，企业能否同时存在两类不同性质的工作？答案是肯定的。事实上，很多企业有些部门从事劳动密集工作（如生产、仓储物流），有些从事知识密集工作（如研发、创意部门）。企业必须尊重不同工作特性以及不同员工管理方式。

　　当美的集团从低成本制造转向科技创新企业的时候，它必须把从国内外引进的从事研究院工作的高端人才与传统的生产制造人才区隔管理，甚至刻意在地域上分开。例如，把研究院设在上海，生产基地留在广东顺德，便于采取不同的管理方式。今时今日，做好企业管理不能机械地追求整齐划一，而应该根据不同业务及工作性质，因地制宜，才能把不同领域的工作做好。

　　组织能力无所谓绝对的对错，必须充分考虑行业特性、企业战略和所需组织能力，才能对症下药。我将在下一章基于企业所服务客户的类型——To B 和 To C 企业——探讨它们在组织能力建设方面的异同。

参考资料

[1]　黄铁鹰. 海底捞你学不会［M］. 北京：中信出版社，2011.

[2]　2022 年中国劳动密集型产业现状分析（https://www.gonyn.com/industry/1234735.html）。

[3]　汽车狂人王传福，过去 20 年到底做对了什么（https://sports.sohu.com/a/711957156_125058）。

[4]　聚焦未来发展，腾讯发布"青云计划"人才招聘专项（央广网：https://tech.cnr.cn/techph/20230924/t20230924_526431427.html）。

[5]　腾讯文化公众号。

第 11 章

服务消费者的企业与服务企业客户的企业

企业所服务的对象群体不同，对其组织能力的要求也不一样。这是我在腾讯拥抱产业互联网之后才有的体会。在此之前，腾讯的用户是个人消费者（To C），其组织能力也是基于此类客户的特点所逐步建立形成的，而在面对企业客户（To B）时，不仅公司需要建立与之对应的新的组织能力，同时我们也很快发现，尽管杨三角的通用底层逻辑是不变的，但在建设组织能力时所使用的工具同样需要进行优化调整。

本章在对比 To C 和 To B 企业的组织能力时，更多的是使用互联网或科技赋能领域的企业实践案例。其中尤其要说明，我们所探讨的 To B 企业，更多针对的是需要按照客户行业（如出行、零售、金融、制造、政务、泛互联网等）和企业规模提供量身定制的服务或产品的 To B 企业，而不是提供标准化的产品和服务的 To B 企业（如 SaaS 类软件公司等）。

To C 企业的特点

面对消费者提供服务的互联网企业也包含很多种不同的类型，其中主要包括：

- 工具类（如社交、通信、搜索、地图等）。
- 内容类（如游戏、短视频、长视频、新闻、音乐、读书等）。
- 交易类（如电商、酒旅、出行、点餐等）。
- 服务类（如支付、理财、政务等）。

在移动互联网时代，这些企业主要是以 app、小程序等形式承载其服务，在 AI 时代或将被智能体或其他形式取代。

以上 To C 的互联网企业有以下主要特点。

- **链条短**：开发一款产品，最核心的是产品经理、研发人员、运营人员三类人群。产品经理基于用户洞察定义产品功能和规格，研发人员写代码实现相关功能，运营人员做好产品推广，让广大消费者接受和复购。基于以上特点，To C 企业可以用很小的人员规模推出一款产品。例如腾讯投资的 Supercell 公司，以小团队开发著称，多款产品的开发团队都只有极小规模。其开发的游戏《部落冲突》，开发团队不过 8 人。这些团队的成员都是精兵强将，需要对用户洞察、玩法创新、用户体验等很多领域具备极其专业的判断能力，正如其公司名——每个人都是公司的超级（Super）细胞（Cell）。
- **速度快**：To C 产品的另一特点是用户数量增长速度快，因为用户可以便捷地在不同应用商店下载 app。但同时用户数量下滑也可以很快，因为用户卸载 app 非常容易，没有重大时间或财务成本。比如，Uber 需要 70 个月才能达到 1 亿月度活跃数（MAU），但 Instagram 只需要 30 个月、微信 14 个月、抖音 9 个月，最近的 ChatGPT 更是破了纪录，只用了 2 个月。
- **标准化**：To C 产品一般都是标准化的，不会为不同用户定制内容或功能，用户往往基于需求和喜好下载合适的 app。同时，这些标准化的产品也力求简单、易用，用户通常能够快速、便捷地学会如何使用，无须额外的技术支持与现场调试（这与 To B 企业提供的产品和解决方案有显著区别）。

- **赢家通吃**：不管是在衣食住行还是吃喝玩乐等不同领域，往往都是"赢家通吃"——用户通常只会下载并保留 1 ~ 2 个同类型 app。基于这一特点，To C 互联网企业打造受用户欢迎的爆款产品非常关键，这些产品往往能获得指数级增长。因此，To C 互联网企业通常追求"速赢"——先占据用户规模，再考虑盈利。国内很多互联网企业如滴滴打车、哔哩哔哩、快手、美团在早期发展阶段均采用过类似方法。

To C 企业组织能力建设

为了打造爆款或者畅销榜上最受欢迎的 app，To C 互联网企业常见的组织能力主要有：用户导向（挖掘用户未被满足的需求或痛点）、创新（用科技实现创新的玩法及功能）、敏捷（快速迭代以赢得市场）。图 11-1 总结了 To C 互联网或科技赋能企业常见的组织能力内容。

图 11-1　To C 互联网或科技赋能企业常见的组织能力

为了在不同细分领域脱颖而出，To C 互联网企业在打造用户导向、创新和敏捷这些组织能力时，思考的关键如下。

- **员工能力**：员工能力建设的关键在于使用精兵强将。此类业务想要完成突破，往往需要在用户洞察及产品定义方面很有感觉的人才，甚至是天才，是不能靠"堆人头"达成的。有很多此类企业的领军人物是产品或技术领域的偏才。团队的人才密度也非常重要，需要找到和保留行业顶尖或最有经验的人才，因为他们直接决定了产品的好坏。谷歌、OpenAI、亚马逊、腾讯等科技和互联网企业，在人才吸引及保留方面均特别用心。
- **员工思维**：员工思维主要是自我驱动，对企业使命高度认同并热爱所在行业，认为所从事的工作就是在实现人生价值，无须考勤管理也会自发加班加点地工作。这些企业一般鼓励团队设立挑战性目标（如使用 OKR 目标管理方式），以创新形式挑战和创造与众不同的产品或体验。当然，对于这类人才密集而不是资金密集的企业，人才与公司往往高度共享成功回报，薪酬水平、股权激励和奖金普遍高于市场平均水平。

- **员工治理**：正如前文所述，To C 互联网企业的特点是"赢家通吃"、决胜速度快，在进行员工治理设计时需要给团队一定空间，容许团队敏捷进化。一般会采用闭环、敏捷、高度授权的小团队作为核心单元，通过责权利的高度结合来激发团队的主人翁精神。再通过建设资源共享平台（通常包括技术、工具、内容、代码等），让不同团队能够轻装上阵，按需获取支持工具和资源，专注完成团队的核心任务。

案例分享

OpenAI

2022 年 11 月 30 日，OpenAI 发布通用生成式人工智能 ChatGPT 3.0，立刻引起世人对人工智能新时代的来临充满期盼。短短 2 个月，ChatGPT 月度活跃用户数达到 1 亿，是目前最短时间达到一亿用户级别的 app，公司估值在 2024 年达到 1 570 亿美元。

OpenAI 成立于 2015 年，是一家总部位于美国旧金山的人工智能研究公司，由 CEO Sam Altman、前首席科学家 Ilya Sutskever 等人领导。OpenAI 的研究团队由来自世界各地的优秀科学家和工程师组成，研究领域包括机器学习、自然语言处理、计算机视觉等关键技术。基于 Transformer 技术架构，除了开发文生文的人工智能对话能力，OpenAI 还在很短时间内连续发布了文生图、文生视频、推理能力更强的"草莓"模型，在人工智能领域引领世界潮流。

作为一家 To C 科技赋能企业，OpenAI 的组织能力有何特点以及是如何打造的？作为一家引领前沿技术的创新型企业，OpenAI 有以下三个关键组织能力。

- **技术创新**：通过大模型，提升不同模态（文字、语音、图片、视频）的理解、生成和交互能力。
- **用户导向**：致力于推动 AI 的安全发展，并造福全人类。一方面了解用户的痛点及未被满足的需求，另一方面具备 AI 科技能力，推动包括医疗、教育、出行、金融等不同领域的生产力提升。

- **敏捷迭代**：快速试错、反馈、纠正和规模化。探索前沿技术的过程中，采取小步快跑的方式，不断迭代和升级产品版本。

在打造以上组织能力的过程中，我注意到 OpenAI 主要采用了以下管理工具和措施。

员工能力：绝对的精兵强将

随着 OpenAI 产品的快速扩充，团队规模也在不断增长，从几十人到 500、800、1 000 人左右，但公司的全职员工人数始终很少。大量训练模型的工作均交由外包人员进行处理。

公司非常关注人才密度。公司拥有超强的联合创始人和领军人物，包括 CEO Sam Altman、前首席科学家 Ilya Sutskever（AlexNet 的核心人员、Hinton 的徒弟）、联合创始人及总裁 Greg Brockman（Stripe 公司前 CTO），以及前 CTO Mira Murati。

在进行招聘时，则偏好各领域学习能力超强的顶尖人才，团队以技术、研究和工程人员为主，大量成员毕业于顶级高校，其中斯坦福大学、加州大学伯克利分校、MIT 的毕业生就占 30%。团队成员以"90 后"为主，20～29 岁成员占 34%；30～39 岁成员占 61%；40 岁及以上成员占 5%。这支平均年龄为 32 岁的精英团队，引领了这一波大语言模型技术的创新风潮。

公司鼓励员工追求教育机会并提供补贴，这是为了确保员工在 AI 领域始终保持在进步的前沿，但员工的主要能力成长则是在项目的实践当中进行。

员工思维：自我驱动

团队使命清晰且富有感染力——推动 AI 安全发展，造福全人类。价值观和行为指引（2023 年版本）包括：聚焦 AGI（通用人工智能）、热切且斗志昂扬、规模化、创造用户喜爱的东西、团队精神。

除了使命和价值观引导，OpenAI 的薪酬理念是"支付市场顶部薪酬以获得最优秀的人"。一般 L5 级别的 AI 工程师年薪超过 800 000 美元，超过头部科技公司同等级别工程师薪酬水平 50% 以上。公司的薪酬结构包含基本薪酬及独特的股权激励（PPUs），很少有签约奖金，完全没有绩效奖金，也没有薪酬谈判的可能。相比其他大部分科技公司，极大程度地简化了薪酬结构。持有 PPUs 的个人拥有参与公司利润分配的权利，其获得的是财务回报。相对于获得一般股权激励（期权或RSUs）的个人，独特的 PPUs 股权对应的价值属于资本回报。

OpenAI 还为员工提供全面的福利方案，包括医疗、牙科和视力保险、心理健康支持、无限期休假以及丰厚的育儿假政策。这些福利一方面起到了吸引和留住顶尖人才的作用，同时也促进了员工幸福感的提升。

员工治理：灵活敏捷

OpenAI 推崇扁平化的组织结构，淡化组织内部的职称级别，绝大部分员工都被称呼为"技术团队成员"，这可以减少因为职称而产生的竞争，鼓励团队合作，培养平等感，并鼓励不同专业水平员工之间的协作，使员工能够专注于使命而非头衔。

- 敏捷闭环小团队：项目团队通常由设计、研究、工程和产品开发人员组成（DREP），确保各领域专家能够紧密合作，避免纯粹的实验室文化或产品商业文化，快速实现原型制作和创新，让想法迅速转化为产品。
- 迭代试错：每个项目都像初创公司一样运作，强调快速迭代和市场适配，允许团队在相对较小的规模下高效迭代。非耦合和渐进式发布，尽量避免采用"一次性全部"的发布模式，最好经过验证后，不断快速迭代（1.0，2.0，3.0，3.5，4.0……）。
- 建立和提供公用的软件研发工具、IT 运维和信息安全平台，让不同团队获得更好用的工具，提高生产效率。

OpenAI 是知识密集的 To C 科技公司的典型代表，它的组织能力特点和打造方式，与我们在第 10 章介绍的知识密集企业和本章介绍的 To C 科技企业高度吻合。

To B 企业的特点

To B 企业的服务对象是产业客户，典型例子包括科技赋能企业如国外的 Oracle、SAP、Salesforces、Accenture 等公司，以及国内的阿里云、腾讯云、华为、东软等企业。与 To C 企业相比，To B 的互联网或者科技赋能企业有以下主要特点。

- **链条长**：除了需要产品经理定义产品，研发人员完成产品开发，运营人员负责客户增长，To B 企业还需要通过销售、定制、安装、测试、服务等多个业务环节，方能满足客户需求，完成产品及服务交付。与之对应则必然需要成立更多部门，用以打造完成各环节交付的专业团队。

- **时间长**：产业客户是否购买产品并非如 To C 用户下载 app 一样简单，购买决策环节更多，参与决策的层级也更为复杂。对于产业客户而言，采购决策不但要考虑金额问题，还应考虑切换成本问题，其中包括系统更换、数据迁移、技术人员重新学习、流程改变、用户行为改变等多方面内容。因此，To B 企业的客户往往需要"个个攻坚"，数量的增长通常较慢。与之对应的好处则是客户数量的下滑也很慢，且客户一旦决定购买及使用产品，通常会持续使用多年，每年将延续付费。

- **投入重**：To B 企业的任务是帮助客户成功，或聚焦降本增效，或促进提升用户体验。这些客户从事的行业及其企业规模各有不同，其公司内部的组织结构、IT 技术水平、业务流程也往往存在差异。综合考虑以上因素，To B 企业需要向客户提供的解决方案往往包含不同的产品和服务。这也意味着需投入更多人力、物力才能完成产品和服务交付，让客户满意。

- **多家共存**：与 To C 企业的赢家通吃不同，To B 企业通常可以多家共存，各自专精在不同行业、区域或技术领域。

To B 企业组织能力建设

相较于 To C 企业，To B 企业在组织和管理方面的复杂度更高。这具体体现为：团队规模更大，业务复杂度更高，跨部门协作能力要求更高，需要具备更强的系统化作战能力。它们无法像 To C 企业一样采取去中心化的、各自闭环的小团队模式开展业务。

To B 企业常见的组织能力包括客户导向（注意：不是用户导向），企业必须深入了解其客户所在行业的特点，并找到客户痛点及还未被满足的需求。创新也是一项非常重要的组织能力，因为发现痛点和未被满足的需求后，需要用科技的力量高效

解决，最终做到以科技赋能管理，实现创新以及降本增效。服务能力也是很重要的
组织能力，因为服务的稳定性将直接影响客户的生产力或服务质量。例如，2024 年
7 月，一家提供在线安全解决方案的公司，因为一次软件更新导致全球范围内计算
机系统崩溃，短短几天 21 000 个航班因此延误，给航空系统带来了巨大负面影响。
由此我们不难发现，对 To B 企业而言，敏捷迭代不是关键的组织能力，服务稳定性
和延续性更为重要。图 11-2 总结了 To B 互联网或科技赋能企业常见的组织能力。

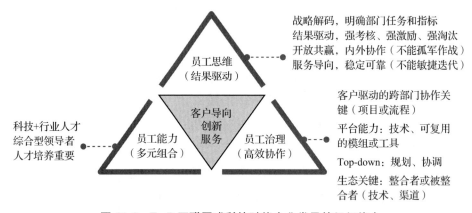

图 11-2   To B 互联网或科技赋能企业常见的组织能力

To B 互联网或科技赋能企业，其组织能力三大支柱的打造有以下比较常见的做法。

- **员工能力：复合型人才。**To B 企业的领军人物，其能力要兼具专业、沟通
  协调和领导力三个主要方面，这是由该类企业业务链条长的特点所决定的。
  另外，对产品经理的要求也更为综合，需要科技和行业结合的桥梁型人才，
  即不仅了解技术和产品，也要对行业有深入理解，这样才能有效地实现科
  技赋能产业。在人才培养方面，因为内部的很多管理知识和经验是可以复
  用的，所以培训、分享和交流也是提升团队能力的主要抓手之一。

- **员工思维。**To C 业务强调创新思维，但 To B 业务要求的不只是过硬的产
  品和技术，还要求业务团队关注每一个客户的需求，具备很强的销售及服
  务能力。在绩效管理方面，通常应该采取强考核、强激励、强淘汰的模式，
  其原因在于 To B 企业的每一个客户都非常重要，输掉一个客户经常意味着
  输掉一系列生意，因此团队必须要有狼性、结果驱动。To B 企业在提供不

同产品和解决方案的过程中，需要多部门联动，所以基于战略关键任务、自上而下的解码工作很重要。还需要注意的是，To B 企业自身不一定能提供客户解决方案中所有的技术或产品，所以开放共赢、内外协作的文化变得关键。To B 企业不能孤军作战，只有开放共赢才能团结内外部伙伴，一起高效地交付客户所需的解决方案。

- **员工治理：高效协作。** To B 企业在服务客户过程中涉及开发、销售、安装和服务等不同部门，因此链条长、协作难成为最大挑战，所以在员工治理上需要重点促进高效协作。To B 企业需要建立由客户需求驱动的跨部门协作机制，对于一些需要提供定制化解决方案的大客户，可以采取跨部门项目小组的模式；对于一些标准化的服务（如 SaaS 软件服务），则可以采用相对标准化的流程及作业标准，以确保协作顺畅。

以腾讯智慧零售团队为例，在服务大企业客户（KA）时，客户经理会先深度了解该企业客户的需求。为了使用数智科技助力客户的业务提升，可能需要借助微信、支付、广告、小程序、企微等多个产品。但为了符合客户的行业特性和企业业态，腾讯智慧零售团队必须将多种产品有机整合成一个整体性解决方案交付给客户。作业过程中，需要客户经理、行业方案设计和安装交付三个团队紧密合作、协同作战。这种模式与华为的铁三角很类似，需要三群人高度协同才能更好满足客户需求。这种工作模式的核心是从理解客户需求出发，到满足客户需求结束，而不是不同部门各自为政，给客户造成不必要的困扰。

在服务不同行业客户时，企业可以不断积累经验、知识、工具和代码资源。建设内部共享平台可以提高不同项目之间的复用程度。比如，无须每个项目都从零开始，而是在 60% ～ 70% 的模组基础上进行局部的定制开发，从而减少不必要的时间和人力浪费。

如员工思维部分提到的，生态合作对于 To B 企业也很重要，因为 To B 企业很难有一家公司能独自为客户提供完整的解决方案，往往要整合其他伙伴的技术或能力，为客户提供整体性解决方案，或被其他企业整合成为方案的一部分，成为客户解决方案中不可或缺的一环。除此之外，To B 企业通常也需要与不同垂直领域的渠道商或服务商合作（如金融领域、医疗领域），才能有效触达或服务相关领域的客户。

很明显，To B 企业打造组织能力的三大支柱时，其打造方法与 To C 企业非常不同，管理难度和复杂度更高，这也是促使我在帮助企业打造组织能力时，重点关注其所服务的客户性质这一维度的主要原因。

⊞ 案例分享 ⊞

华　为

1987 年创立的华为，经过 30 多年的发展，已经成为一家全球领先的 ICT（信息与通信）基础设施和智能终端提供商，拥有 20 万员工（其中超过 50% 为研发人员），业务遍及 170 多个国家和地区。

多年以来，华为一直坚持"聚焦管道战略"，通过管道来整合业务和产业。通信网络管道就是太平洋、是黄河、是长江，企业网是城市自来水管网，终端是水龙头，沿着这个整合，都是管道，对华为都有用。"当然，管道不仅限于电信，管道会像太平洋一样粗，我们可以做到太平洋的流量能级，未来物联网、智能制造、大数据将对管道基础设施带来海量的需求，我们的责任就是提供连接，这是一个巨大的市场。在大数据时代，如果说数据流量是水，那么华为做的是运水的管道，这是华为的核心战略。"任正非说，"公司要像长江水一样聚焦在主航道……无论产品大小都要与主航道有关，新生幼苗也要聚焦在主航道上。"这种战略定力使华为远离商业世界的诸多喧嚣与诱惑，得以集中力量攻其一点，把事业做到极致，从而很快在该领域站稳脚跟，并成为其中的佼佼者。

为了实现这一战略，华为专注于以下三大组织能力的打造。

- **客户导向**：任正非把"活下去"视为企业最基本的使命。对内而言是"活下去"，对外而言则是"以客户为中心"。"为客户服务是华为存在的唯一理由。客户需求是华为发展的原动力……以客户满意度为标准，公司一切行为都以客户的满意程度作为评价依据。"华为始终坚持：为客户提供最优质的产品和服务，让企业"活下去"，华为的一切经营活动都由此而展开。

- **技术创新**：持续做到客户导向需要技术创新的支持。华为多年来始终坚持可持续发展与技术至上理念，每年投入 10%～15% 的营收作为研发经费，依靠持续的技术创新构筑面向未来的价值增值渠道。华为多年的成长历程已经证明：正是长期坚持技术主导的战略，它才实现了持续多年的盈利增长。

- **全球化经营：** 当被问及华为为何要进行全球化扩张时，任正非以"为了活下去"回应，一语道出了华为迈向全球化的必然性。早在 1995 年，当程控交换机在中国市场正处于火红年代的时候，任正非就发出"如果中国的交换机市场饱和了，华为吃什么"的感叹。并且他还提出："海外营销容不得投机取巧，是一场稳扎稳打、步步为营的持久战。只要我们在跨国竞争中表现出自己的优势，踏踏实实做到质量优、价格低、服务好，那么，国际市场的大门迟早会被我们撞开。"

为了打造这些组织能力，华为三大支柱建设比较突出的做法如下。

员工能力：打造一批顶尖人才驱动、勇于奋斗的团队

- **严格的人才选拔与培养：** 华为以选拔制和奋斗者文化著称，招聘注重毕业院校和实战经验，并通过提供系统化培训确保员工能力与公司战略匹配。华为通过"天才少年计划"高薪招募全球顶尖技术人才。它设立"首席科学家""FELLOW"等顶级技术职位，赋予技术权威创新决策权。在进行干部队伍建设时，华为坚持"从成功实践中选拔干部"，并在更具挑战的业务实践中进行干部的"优胜劣汰"。华为在培养人才时不仅关注能力和绩效，更关注品德、核心价值观，并且通过跨职能、跨区域的轮岗，令人才可以发展更加全面的视野和能力。

- **全球化人才布局：** 华为在全球设立研发中心，吸纳本地化人才，并通过轮岗、跨国项目等方式提升员工跨文化协作能力。从 2001 年 1 月开始，华为颁布了一系列激励措施，鼓励员工出征海外。除了根据赴海外工作的员工所在国家和地区的经济发展和安全系数，每天给予 50 ～ 200 美元不等的补贴，华为规定员工直系亲属每年可以去海外探亲 3 次，并报销往返机票，同时华为还规定在海外工作年满 3 年的员工，可以得到 15 万元的安家费，这极大地激发了员工赴海外工作的积极性。在干部任命和晋升问题上，华为也注重坚持两个原则：第一，员工是否曾主动申请去海外；第二，不服从去海外工作的干部不能再给予提拔。以至于华为总部流行着这样一句话：

"要想进步快，赶快去海外。"

- **研究与创新结合，持续投入**：坚持基础研究不动摇，坚持开放创新不动摇，这句话不仅被放在华为官网的醒目处，更在一组组数据中得到印证。近十年来，华为公司累计投入的研发费用超过 11 100 亿元。2023 年，华为研发费用支出为 1 647 亿元，占全年收入的 23.4%；截至 2023 年 12 月 31 日，研发员工约 11.4 万名，占总员工数量的 55%；截至 2023 年年底，华为在全球共持有有效授权专利超过 14 万件。

员工思维：使命驱动与利益捆绑双管齐下

- **清晰的使命和价值观**：从国产替代到自主研发，任正非创业早年就有打造一家技术自主的世界级中国企业的愿景。除了强大使命，华为明确了"以客户为中心、以奋斗者为本"的文化理念，并贯穿到业务和人事决策的方方面面。华为还将核心价值观内化到干部任用、人才选拔、评价、晋升、荣誉表彰和长效激励等一系列人力资源管理制度当中，其管理之规范，值得很多企业学习。
- **目标与结果导向**：华为的奖金与绩效和职级晋升绑定，公司整体的激励政策永远是向价值创造者倾斜，非常强调员工对目标的承诺；但与此同时，华为也能灵活针对不同团队特点进行差异化管理，对基础研究允许"十年无产出"，如 5G 极化码技术研发就历时 10 年。
- **促进长期共同奋斗**：华为投资控股有限公司是 100% 由员工持有的民营企业，华为大约有 70% 的员工参与到员工持股计划当中，公司所形成的是共同奋斗和共同分享机制，这对于人才的保留起到了非常重要的作用。为了激励外籍员工，华为还推出了 TUP（奖励期权计划），加大对海外优秀人才的中长期激励力度。

员工治理：建立以客户为中心驱动的跨部门高效协作机制，更快、更好地为客户创造价值

- **考核跨部门协同**：华为不仅关注个人绩效考核，也关注组织绩效考核。在

考核过程中，华为强调简化 KPI 设置，聚焦结果性考核，简化过程性管控，同时还强调要促进组织协作；另外，强调要合理设置组织考核颗粒度，避免作战组织过多关注自身局部目标完成而淡化对全局目标的支持；运用"双算虚拟考核""周边协同评价"等机制，引入作战组织评价职能来支撑组织的考核方法，促使各级各类组织左右同心、上下同欲。

- **流程化组织建设**：华为快速长大的过程中，如何有效满足客户需求的挑战也变得更加明显。1997 年任正非到美国考察时，访问了 IBM 公司，谈到了公司在研发管理方面存在的问题和困惑。随着公司规模的迅速扩大，华为的产品线越来越长，但是研发效率、产品质量与响应速度等方面爆发出的问题越来越多，集中表现在：串行研发导致开发周期很长，产品研发被动地响应市场需求、缺乏整体规划导致维护成本很高，影响了客户的满意度；研发部门对技术与功能的开发比较重视，但对产品的可靠性与稳定性则重视不够，产品研发闭门造车、脱离客户需求，研发浪费十分严重；产品交付质量不稳定，频发的售后服务冲击了研发节奏、蚕食了利润；严重依赖英雄，成功难以复制，部门墙较厚，组织能力较弱；缺乏结构化端到端流程，运作过程割裂，内耗严重等。

为了打造一家真正以客户为中心的协同型组织，帮助实现需求从客户中来、解决方案到客户中去的闭环管理，华为决定持续建设流程化组织，重大的公司级变革项目包括集成产品开发（IPD）、集成供应链（ISC）、人力资源管理、质量管理和财务管理、集成财务服务（IFS）、客户关系管理（CRM）、从线索到回款的端到端流程（LTC）。近几年的重大变革项目还有集成服务交付（ISD）、从战略到执行（DSTE）、从市场到线索（MTL）等。

- **灵活的组织架构**：华为的组织架构，从早期的职能型组织，到矩阵型组织，再到平台型组织，逐渐形成了客户、产品和区域三维协同作战的组织形态，共同为客户创造价值。组织形态呈现"项目团队＋区域平台＋总部平台＋外部合作伙伴"的特征。
- **分权与授权机制**：针对不同的作战场景，华为创造了不少组织机制和名词，如"铁三角""班长的战争""重装旅""军团作战"等。"班长的战争"是希望"让听得见炮声的人呼唤炮火"。对于华为来说，"班长的战争"不是班长一个人的孤军奋战，而是组织与系统支持下进行任务式指挥，是一种灵活、轻便和高效的组织运作，实现一线呼唤炮火。

华为所进行的这些员工治理方面的尝试，都是为了建立以客户为中心驱动的跨部门高效协作机制，更快、更好地为客户创造价值。

以上主要总结了华为公司 To B 相关业务的组织能力建设做法。近年来华为也积极进入 To C 业务，但不在本案例说明之内。当然，在管理多业务、跨多国、多职能的庞大团队过程中，华为在组织能力建设方面也走过弯路，也面对着官僚主义和大企业病等疑难问题。但华为在组织能力建设方面，无疑是值得很多 To B 企业学习的标杆。

小结

本章我们分别介绍了 To C 和 To B 企业，尤其是互联网企业的特点和组织能力的建设要点。腾讯从 To C 业务发展起来，形成了一套行之有效的组织管理方式。2018 年它开始进入 To B 业务，发现之前的很多管理方式不能直接复制到新的业务之中，后来通过对 To B 标杆企业进行学习研究，逐渐发展出了一套适合 To B 企业的组织和人才管理模式。相反，华为则长期从事 To B 业务，为电讯公司提供大型交换机等技术解决方案，近年开始切入以手机为代表的 To C 业务，同样面对很多组织管理和企业文化方面的适应问题。无论是腾讯还是华为的例子，都说明从事 To C 和 To B 业务的企业，在进行组织能力打造时需要进行差异化思考和设计，才能符合对应业务制胜的特性。

由于 To C 和 To B 业务确实有很多差异，曾经有人甚至提出企业的基因论——一家擅长做 To C 或 To B 业务的企业能否转型开展针对另外一类客户群的业务？答案是可以，但关键是创始人及高管团队的进化和学习能力，创始人进化驱动高管团队进化，从而实现组织进化。当然，发展过程中保持开放的心态，采取适合其业务的组织、文化和人才管理模式至关重要。

我将在下一章基于企业生命周期发展阶段的差异，探讨企业组织能力建设的重点。

参考资料

［1］　华为公司官网（https://www.huawei.com/cn/）。

［2］　三问 To B 企业组织能力｜腾讯 SaaS 加速器再开课　为企业组织能力做个诊断（https://baijiahao.baidu.com/s?id=1711233745970092206&wfr=spider&for=pc）。

［3］　想要投身 To B 业务，这 9 个"坑"你都知道吗？（https://mp.weixin.qq.com/s/RSyzRJveBW3xcfjns8ZWDA）。

［4］　华为如何打破 2B 企业不能 2C 的魔咒？（https://new.qq.com/rain/a/20240520A06L4I00/）。

［5］　吴建国，景成芳. 华为组织力［M］. 北京：中信出版集团股份有限公司，2022.

［6］　谢宁. 华为战略管理法：DSTE 实战体系［M］. 北京：中国人民大学出版社，2022.

第 12 章

不同的企业生命周期

企业的生命周期

20 世纪 80 年代，美国管理学家伊查克·爱迪思（Ichak Adizes）提出了企业生命周期理论，认为企业与生物一样，都遵从生命周期的规律，会经历从出生、成长、老化直至死亡的历程。

在这里，我将企业生命周期的划分进一步简化，主要分为五个不同阶段：创业期、成长期、停滞期、壮年期和衰老期（见图 12-1）。

企业生命周期与组织能力的观察

关于企业生命周期与组织能力设计，有以下几点值得注意。

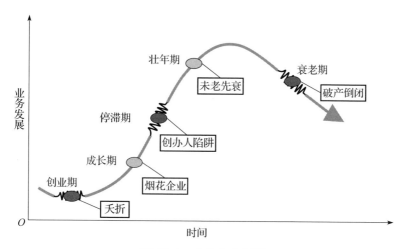

图 12-1　企业生命周期

注：□表示各时期的主要挑战。

资料来源：Adizes 企业生命周期。

- **处于不同生命周期的企业，其典型特征以及对组织能力的要求也不大相同。** 在所需的领军人物、考核激励设计、企业文化、组织架构等多个方面均有不同要求。在进行组织能力诊断并设计解决方案的过程中，企业应该关注自身所处的发展周期，采取对应的组织能力建设措施，不能"拿来主义"，也不应好高骛远，匹配才是关键。企业如无法克服当下的战略或管理挑战，可能直接导致衰退甚至倒闭，何谈未来乃至基业长青呢。

- **企业生命周期变化的速度与行业和国家经济有关。** 我曾先后服务于宏碁和腾讯两家公司，明显感觉到互联网企业的进化速度比个人电脑企业快得多。在中国改革开放前 30 年，年均 GDP 增长达到近 10%，中国企业的发展速度比欧美发达经济体的企业快得多。早期在华的欧美跨国公司沿用原有的组织管理体系在中国必然不适用，因为这些企业所熟悉的经济增长环境与中国很不一样。

- **整体来说，面对科技的突飞猛进、国内外形势的快速变化，企业的生命周期变化速度也在加快。** 更多创新的竞争形态、更个性化的客户需求、地缘政治和中美关系变化、经济增长速度放缓、政府监管逐步规范、人工智能的普及等，都在加速影响企业生命周期的变化。

- **企业内部不同业务线有不同的生命周期。**有些成熟业务处于壮年期，但有些新业务却处于创业期或成长期。因此，对待处于不同周期的业务，企业需要进行差异化管理。对此，滴滴创始人程维曾用一个生动的比喻加以说明，对于成熟业务，滴滴需要的是体系完备的"中原文化"，对于新业务，需要的是开疆拓土的"草原文化"。

企业不同发展阶段的成功关键和组织管理要求

创业期企业

创业期企业的第一优先事项是"活下来"，把产品做出来并卖出去，把钱收回来是活下来的关键。在这一阶段，企业的战略通常是不够明确的，创业者或团队在看到一个新技术或者好想法，认为可以为客户创造价值时，便开始了创业之旅。

早期创业者普遍存在的问题是"想当然"，认为自身的技术比竞争对手更优越，产品功能更强大，就必然有很多需求。这一思维往往忽略了客户或者市场真正的需求，从而导致企业做出来的产品要么功能太复杂、价格太高，要么其品牌及产品无法取信于市场或客户，存在自我感觉良好但脱离市场实际的问题。

这一阶段企业的两个成功关键是：①创始人的信念和韧性。因为客户会质疑你的产品或服务，觉得不靠谱，所以创始人和创始团队的坚持很关键，一旦他们放弃，企业就成为弃婴。其实大多数公司的早期产品往往都不太靠谱，因为好的产品也需要不断迭代和打磨，而只有创始人勇于面对质疑，坚定信念，才能赢得持续进步的机会，支撑公司最终做出被市场及客户所喜爱的靠谱产品。②对用户和市场深入了解，做出客户愿意买单的产品。通过产品及服务为客户提供价值，是创业期企业能够存在的根本，只有沉下心来了解用户需求，洞察市场机会，才能做出被市场及客户所认可的产品，突破"想当然"的陷阱。

值得提醒的是，对处在这一阶段的企业而言，组织能力建设的重要性较低，因为这类企业往往员工人数很少，可以依靠创始人的个人领导力推动业务发展。但很多企业由于产品定义不准确或创始人失去信心，未能活到下一阶段就已经夭折了。美国的数据显示，约 40% 的初创公司在一年内就破产了，相信国内的数据也有相似特点。

对于成熟企业内部的新业务，虽然业务领军人物所面临的风险会小很多，但该业务也会具备与初创企业类似的特点。针对企业内新业务的组织能力建设，我的建议是：

- **业务运行模式**：在开拓新业务时，最好单独运行。若是放在成熟事业部之下，事业部为了达成业绩考核指标，往往对新业务投入的精力不足，资源投入的优先级也较低。所以，最好成立独立的单元、由独立的团队来负责新业务，确保他们全力以赴。
- **团队人员构成**：新业务的领军人物最好首先在企业内部选择那些立过"战功"，并对开拓新业务感兴趣的老人，再通过外部招聘，配置新业务所需补充的专业团队。新业务存在很多不确定性，新人在企业内需要时间才能获得别人的信任。假如新人直接带新业务，风险过高，企业的信任和支持都不足，失败率更高。
- **考核方式**：新业务不应考核利润，而应该考核营收增长、用户增长和产品开发进度。这一阶段新业务最关键的是"活下来"和"涨上去"，不应过早考虑利润问题。
- **管理模式**：容许管理上的"特区"，避免把成熟业务的管理流程和体系直接生搬硬套到初创业务，因为新老业务处于不同周期，对管理和团队的要求都存在较大差异，采取同一套方法，会导致新业务灵活性不足，从而导致成长困难。

成长期企业

进入这一阶段的企业由于找到了对的产品或服务切入点，得到客户和市场的认同，业务会快速增长，每年增长翻倍，甚至以 2 ～ 3 倍的速度增长也是常见的。随着业务的快速增长，员工人数也会迅速扩充。2004 ～ 2013 年我在中欧国际工商学院任教期间，如何打造组织能力支撑业务快速成长是企业家学员最为关注的管理议题。因为当时中国经济增长很快，市场需求旺盛，企业的困扰都是由快速成长带来的"快乐的烦恼"，这在成长期企业当中也是最为普遍的现象。在本章中，我会对成长期企业如何进行组织能力建设做重点介绍。

好比处于青春期的青少年有普遍的"叛逆"特点一样，成长期企业在管理方面也存在常见的小问题：

- **业务增长快，管理跟不上**：成长期企业处在野蛮生长阶段，业务快速扩张并抢占资源，忙着"跑马圈地"，业务规模每年翻几倍也很常见。与业务高速增长相对应的是，企业战略和管理比较灵活多变，甚至稍显混乱。
- **员工能力**：企业在用人方面容易因人设岗，这背后的根本原因在于人才储备严重不足，无法匹配公司的发展需求，于是就出现了看到谁能干就同时让其负责多项职责的情况。组织架构也有许多看似不合理之处，比如某位主管同时负责多个部门，于是就将这些部门合并，无管理逻辑，更多是对于人的信任。
- **员工思维**：企业快速成长让大家有很足的信心，觉得企业在改变这个世界或者行业，因此员工工作投入且充满激情。另外，由于成长期企业在招募人才时能够提供的现金薪酬有限，因此需要以股权作为激励手段，当员工个人利益与公司利益高度一致时，就会同心同欲，竭力发展业务，希望公司越来越好。
- **员工治理**：成长期企业的管理流程、标准和制度都比较简单，没有太多体系和规范可言。好处是避免了复杂的审批决策流程，容许企业快速响应市场，减少内部流程和审批对业务的影响。

以上情景在成长期企业是常见且正常的。成长期企业为了进一步发展，会引入拥有更大、更先进公司经验的高管，对于公司的业务和管理流程与机制，这些高管容易产生批评"不合理"现状的倾向。然而他们必须清楚，现阶段企业有此种状态是有其合理性的，空降高管必须先了解企业为何如此，再思考如何改善，机械套用大公司成熟阶段的方式来管理成长期企业是一定行不通的。

企业在该阶段吸引高端人才还比较困难，员工能力不是强化重点，员工治理亦不能复杂；建设重点应放在员工思维方面，激励平凡人做不平凡的事，做到上下同欲，打造敢冲敢拼的团队文化。

　　成长期企业最大的风险是成为"烟花企业"。企业快速成长引起内外关注，不少媒体开始关注并分析企业能够脱颖而出的原因。然而部分企业热闹了一阵子之后，突然很快衰退，甚至倒闭。出现此类现象的常见原因在于，当企业取得初步成功后，容易高估自身能力，面对不同的市场机遇，贸然切入。太早多元化使企业对快速成长的核心业务不够专注，从而无法规模化。同时新业务也摊薄了高管团队的精力和企业有限的资金，往往带来新老业务都不行的结果，甚至出现现金流断裂的情况，导致企业倒闭破产。成长期企业应该如何克服挑战，取得进一步发展和成长呢？

成长期企业要进一步发展的成功要素

- **战略**：必须量力而为。战略适度聚焦主赛道，确保业务在规模化过程中，质量和效率有保障。切忌太早多元化，避免因业务遍地开花带来的精力和资源过度分散。

- **员工能力**：招聘是重中之重，特别要关注管理团队升级。成长期企业业务发展速度快，对人才成长速度也提出了很高要求。学习能力强的员工，在这个阶段会得到大量的实战锻炼机会，能力会快速且全面成长。但也会有一些老员工无法跟上企业发展步伐，支撑不了业务持续发展。此时企业必须及时进行人才换血，从外部引进更多优秀人才，同时调整跟不上发展的老员工，避免因为团队能力问题影响业务发展。

- **员工思维**：避免因快速成长所带来的文化稀释。很多处在成长期的企业，新员工占比很高，有时甚至工龄不足一年的员工占比超过企业总人数的50%，因此文化稀释问题会是一大挑战。企业应提炼并广泛宣导企业核心价值观及待人处事的方法，确保新员工理解和融入。除文化价值观之外，股权激励的有效使用也非常重要。它是吸引、激励和保留人才的一个重要手段。然而很多企业在早期发展阶段对股权的价值认识不够，认为使用股权激励成本很低，以至于没有进行合理的规划。股权发给谁？发多少？如何发？保留多少股权份额给未来的人才？如何退出和回购？税务如何考虑？这些问题都要通盘考量。

- **员工治理**：由于业务发展压力大，同时缺乏有效的沟通协调机制，此时企业容易出现不同团队或部门各自为政、缺乏合力的情况。基于此种情况，信息共享如会议制度变得重要。好的共享机制可以让不同团队的方向和步伐一致。企业的组织架构也应按需迭代。当企业发展到一定阶段，如果组织架构没有进行升级，容易造成部门分工不合理、职责重叠或缺位的情况。企业发展初期业务较为单一，组织架构采用职能部门制是适合的。随着业务多元化发展，为了让不同业务得到更好发展，需要适当的授权和差异化管理，组织架构采用事业部制更加合适。当企业进一步发展到平台型阶段，市场化生态组织则可能更加合适。用一句话来总结就是：随着企业业务发展和规模变化，组织架构也需要不断迭代。

停滞期企业

经历了高速发展的成长期后，企业容易进入停滞期，虽然创始人和高管团队在制定年度目标时，依然会参照成长期时的惯性设定高增长目标，但年底经常会发现企业增长乏力，目标无法达成。创始人往往也难以找到业务原地踏步的原因，力不从心。这是停滞期企业的典型状态。

停滞期企业的挑战

前文提到的现象通常由内外多方面原因导致。外部原因是经历了快速发展，企业的成功模式吸引了竞争对手的加入或模仿，从而增加了价格和其他方面的竞争压力。但更重要的原因是创始人本身——他们继续以管理小企业的模式来管理大企业。沟通点对点，管理一竿子插到底，过于关注日常细节，却缺乏驾驭大团队的系统作战机制，最终造成战略与执行之间的巨大落差，这就陷入了典型的"创始人陷阱"，成也创始人，败也创始人。创始人在创业和成长阶段的强项和成功模式无法全面统领企业完成下一阶段的发展。

部分创始人选择在此时退出，开始新的创业，专注于他们最擅长的企业发展阶段。也有创始人选择继续管理现有企业，但是假如其自身无法完成能力突破，企业最终只能停留在一个规模不大的阶段，难以继续发展。在欧美企业的公司治理案例中，我们看到一些董事会或投资人比较强势时，也可能会辞退创始人并另聘高手，以期把企业带向下一个发展阶段。硅谷的苹果、思科等企业都经历过类似情况。

停滞期企业进一步发展的成功要素

当然，也有一些企业顺利度过停滞期，进入壮年期。我看到常见的路径有两条，一是创始人完成自我突破，通过深刻观察反思或他人辅导，突破过去的模式，认真学习并完成企业管理体系和组织能力的建设。二是创始人了解自身的强项和能力边界，意识到需要引进新的高管团队，帮助其完成第二次创业。例如，谷歌的联合创始人拉里·佩奇和谢尔盖·布林于 1998 年创立企业之后，意识到自身无法驾驭业务增长带来的团队增长以及一系列管理问题，决定于 2001 年引进埃里克·施密特成为公司 CEO。同样，腾讯在 2005 年上市之后，五位创始人也决定引进和组建新的高管团队，助力公司在下一阶段取得更好的发展。

壮年期企业

壮年期企业的营收和利润均重拾增长动力，成为行业主要玩家之一；新旧高管团队充分互信、分工协作，员工士气和信心恢复。除了主要业务的发展达到一定的水平之外，企业也开始业务多元化和多地区扩张，不断寻求进一步成长和获利空间，团队规模也在逐渐扩大。

壮年期企业的挑战

随着业务越来越复杂、产品越来越多、市场覆盖越来越广，企业的管理难度也相应提高。此时企业需要更多的层级、部门、流程和制度来管理日益复杂的业务。这一阶段企业所面临的最大挑战是大企业病问题，因为审批多、流程长、会议频繁以及部门协作艰难等问题，内部的沟通协调工作消耗了员工大量时间和精力，造成对市场变化的反应变慢、内部导向而不是客户导向、缺乏创新激情、成本日益提高等很多问题凸显，企业逐渐失去了原先的竞争力。

壮年期企业进一步发展的成功要素

要减少大企业病带来的敏捷下降、忽略客户和创新减弱等挑战，壮年期企业需要更好地平衡公司整体管控的一致性与不同事业部或地区的灵活性。伴随着不同事业部业务的差异性、不同区域市场需求的差异性、业务发展所处周期的差异性，壮年期企业需要更多授权，把决策权下放到不同作战单元，正如华为任正非所说："让听到炮声的人呼唤炮火。"但同时，为了建设公司整体的作战能力，总部在一些关键领域必须要有统一的要求，如业务边界（做什么、不做什么）、重大投资决策、关键人才盘点和任免、统一使命和价值观、防范风险和腐败的高压线等。在这方面，正如第 11 章中的案例所介绍的，华为作为一家壮年期企业在组织管理、业务流程、企业文化和干部管理方面始终不断进化，可以给很多企业带来启示。

衰老期企业

企业进入衰老期或衰退期，更多是外在环境发生颠覆性变化造成的。更好的技术、产品和商业模式的出现，都会导致企业丧失竞争优势从而进入衰老期。除此之外，国内外大环境发生变化，如美国关税加重、欧美国家对供应链外移的要求、行业法规监管变化等，也可能会造成企业业绩大幅下滑，利润受压甚至亏损，从而带来一系列的恶性循环。比如，过去几年房地产行业自"三条红线"政策出台后，上、中、下游的产业链都经历了重大变化，不少企业因为现金流周转问题处于停滞、衰退甚至倒闭状态。这与我在 2004 ～ 2013 年于中欧国际工商学院任教期间很多企业面对快速成长所带来的"快乐的烦恼"截然不同，因为无论如何，企业的成长可以掩盖很多管理问题。近年来进入衰老期的企业越来越多，下面将重点介绍处于这一周期的企业应对挑战的方法。

衰老期企业的常见现象和挑战

- **大环境**：由于整体经济增长放缓，消费和投资需求不足，很多企业面对的市场从增量市场变为存量市场，这些变化带来的进一步结果是行业内卷，价格战和同质化竞争严重，行业内众多企业无利可图，企业倒闭和兼并数目增多，市场无法再容纳原有的玩家数量。

- **企业业绩**：衰老期企业成长乏力，营收和利润下滑，上市公司还可能股价受压。尽管企业会尝试不同举措以改变情况，对内降本增效、裁员、关闭不盈利业务，对外向客户提供更多让利补贴，但还是难以改变整体业绩下滑的趋势。
- **员工能力**：经历过一段时间的努力和尝试后，在大市场和经济形势下滑的情况之下，团队无法看到新的拐点，普遍出现焦虑和高度不安的情绪，士气持续低落，优秀的人才开始流失，走向机遇更好的行业或企业。
- **员工思维**：为了保住饭碗，避免成为裁员或被淘汰对象，管理团队思考问题变得更加短视和保守，创新突破不足。产生问题时，还会出现彼此推诿的情况。
- **员工治理**：因为害怕犯错，部门本位主义更加严重，大家守着部门最基本的职责和要求，采取少做少错原则，以避免出现不必要的风险。

很明显，此时企业已经陷入恶性循环，营收和利润下滑、不同的战略举措尝试后无效、主管和员工信心不足、怕犯错、人才流失、营收继续下滑。除非能找到第二增长曲线拉动成长，或出现整体经济好转及行业增长，否则很多企业将面临破产倒闭或者低价被兼并的结局。

穿越衰老期的成功关键

想要扭转企业的衰退下滑并不容易，但拥有良好组织能力的企业往往可以穿越周期，重拾增长动力。我所看到的成功转型的企业，一般采取短期和中长期举措并重，降本的同时还要探索新的增长突破点，否则单一的降本最终会造成企业元气大伤，无法挽回败局。同样，单一地投资新赛道，企业也可能会现金流断裂，加快倒闭速度。常见的成功举措包括以下几点：

- **短期举措，确保企业现金流充足，能够"活下去"**：当面对高度不确定性的经营环境时，企业需要比正常时期拥有更多的现金储备，以确保万无一失。当然，在外部增长不易的情况之下，企业内部必须进行降本增效，通过业务聚焦，减少不盈利（或短期不盈利）业务，裁减因业务下滑而冗余的人员，提升财务纪律，控制营销、行政和差旅的不合理开支。

- **零基思维，打破过去企业好日子时的惯性思维**：在企业成长阶段，其惯性思维是每年增加财务预算、员工人数，调薪、发奖金。但面对全新的经营环境和形势，企业高管需要具备零基思维，对现状和传统做法做更多的灵魂拷问。比如，假如我今天重新创业的话，我是否会进入这个行业并采取现在的商业模式？假如不会的话，为什么我们还困在这个业务或模式里？这就是 20 世纪 80 年代初，韦尔奇出任通用电气 CEO 时经常反思的问题。深度反思帮助韦尔奇为通用电气的业务重组做出重大调整，包括在行业数一数二的要求、从制造业延伸到服务业和高科技的新赛道、积极实行全球化等。零基思维也可以应用在组织管理方面，假如我今天重新创业，我需要这么多员工吗？我需要支付这样的薪酬吗？

- **拥抱变化**：企业高管心态上必须拥抱变化，不然很难积极应对新形势，切忌怨天尤人，有受害者思维。所以，企业在确保短期安全的基础上，也应该思考中长期的发展和突破。面对经营环境的高度不确定性，企业家们普遍非常焦虑，忙于应对短期的种种挑战，以致迷失方向。在我看来，面对短期不确定性最好的方法就是以长期确定性倒推。其实我们把时间拉长，中国经营环境依然有很多确定性的趋势，如人口老龄化、少子化、碳中和、国产替代、数智化转型等，企业可以找到适合自身发展的确定性趋势，并进行深入探索，在找到对的时机和好的业绩反馈后，进一步加大资源投入，把新业务规模化，力求在现有主营业务之外找到第二或者第三增长曲线。

- **升级组织**：基于新的战略思考，企业可以重新理顺组织思路，更换领军人物，并提供企业转型成功的激励（如期权）。在人才管理方面，更多重用学习意愿高、敢于尝试和开拓的年轻人（也指心态上年轻），不合适的干部要快速替换，因为企业在这一阶段已经没有太多时间和资源浪费了。

最后我想说，扭转衰退的最稀缺资源是信心。企业需要让上下各级员工看到出路，看到企业新的战略或管理模式是有希望的，可以带来新的契机。因此，在转型过程中最好寻找速赢，取得阶段性成功后广为宣导，强化团队信心，带动整个团队全力前进。

小结

　　从企业生命周期角度看待不同阶段企业如何建设组织能力，可以让我们更好地为企业"把脉开方"，有针对性地建设组织能力和采取相应的管理举措。在本章中，我们也特别重点介绍了成长期、衰老期企业的挑战和进一步发展的成功关键。

　　在前面三章中，我们从组织能力杨三角的通用框架，进入到颗粒度更小、更精准的不同情景下组织能力建设的思考。简而言之，在进行组织能力诊断和提升方案设计时，企业必须充分考虑三大维度：行业是知识密集还是劳动密集，客户是 To C 还是 To B，所处的生命周期阶段是哪一阶段？当然，在现实世界中，企业是处于三个维度的交集之中的，比如华为是知识密集、To B 为主、壮年期企业，海底捞是劳动密集、To C 为主、壮年期企业。腾讯是知识密集为主的企业，兼具 To C 和 To B 的业务板块，有些处在壮年期，有些是创业期或成长期，也有一些是衰老期。所以基于不同维度的考量，企业在实践组织能力杨三角时，需要因地制宜地进行差异化设计，避免过度标准化和一刀切现象。

　　当然，精准诊断是"开药"成功的第一步，但最终这些"药方"能否提升企业的组织能力，核心考验是企业的落地能力。这离不开三群人的承诺，包括一把手的重视、要求和坚持，人力资源部门在工具设计上的针对性和适配性，以及直线管理者在组织管理方面投入足够的时间和精力，三群人共同努力，企业最终才能建构良好的组织能力，使企业的持续成功成为可能。

第四部分

给中国企业家的一些忠告

▼

第 13 章
CHAPTER 13

打造世界级的中国企业

建设组织能力的关键

在过去的 30 多年里，我的研究课题一直是如何帮助企业持续成功。这显然不是一个容易的课题，但我仍然希望通过这本书，能够让企业家、管理者以及人力资源从业者一窥门径，以杨三角理论作为企业成功的基础：持续成功 = 战略方向 × 组织能力（组织能力 = 员工能力 × 员工思维 × 员工治理）。

在本书的最后一章，我要再次强调，组织能力的打造是费时耗力的系统工程，远比战略制定更加考验企业的耐心，也是制约很多中国企业成长的关键因素。在中国改革开放后 40 多年里，我看到一批又一批的中国企业被淘汰，其中很多是空有美好战略构想，却不愿坚持投入、勤练内功的企业。没有强劲的内力支撑，企业注定短命。反之，那些能够在本土和全球市场的惊涛骇浪中生存壮大的中国企业，无一不是抱着踏实的心态，根据行业的竞争态势和企业的资源优劣势选择正确战略的。更重要的是，它们能耐住寂寞、年复一年地专注于打造和提升组织能力，这不仅帮助它们赢得今天的商战，也为未来的成功打下良好的基础。

组织能力的打造需要员工能力、员工思维和员工治理三大支柱强有力的支撑，一如人体的良好运作依赖于充足健康的血液、健全的骨骼和正常运转的内脏系统。如果这三大支柱参差不齐、强弱不一，企业的整体竞争力就会大打折扣。此外，不同企业要打造的组织能力不尽相同，可能是用户导向、创新、敏捷、低成本、高质量，又或者是全球运营管理等，因此每个企业都要根据自身期望的组织能力，选择匹配的工具来强化三大支柱，确保所有的努力都聚焦于同一目标而不是互相牵扯抵消。例如，要打造创新的组织能力，企业就要提升员工的创新能力，激励他们的创新意识，并创造有利于创新的管理环境。如果又希望员工创新，又绑住他们的手脚，不允许他们犯任何错误，不仅员工会无所适从，创新更会无法落到实处，成为一纸空谈。

组织能力的成功建设也离不开三群人的共同承诺和努力：CEO、人力资源团队和直线主管。大家各司其职，互相配合，持之以恒，才能有效地落实组织能力的打造。如果只有人力资源部门唱独角戏，没有 CEO 的承诺和表率，公司上下不会重视组织能力；没有直线主管的身体力行，人力资源部门的工具设计得再好也无法落实。

中国企业，世界级跨越

回顾过去的 40 多年，中国造就了一批在世界舞台上起舞的企业，中国制造的产品也在众多领域引领风骚。《财富》杂志 2024 世界 500 强排行榜中，中国共有 133 家公司上榜，仅次于美国的 139 家公司，上榜企业数量位列世界第二。然而，中国企业仍面临着很多挑战。一方面，虽然中国企业数量众多，但平均盈利能力和市值相对较低，这在一定程度上反映了中国企业在转型升级过程中遇到的困难。中国的国有企业主要集中在传统行业，如能源、制造和基础设施，这些行业的平均盈利能力相对较低。另一方面，虽然中国企业在高技术领域的竞争力有所提升，但与美国等发达国家相比，仍存在一定差距。美国企业在科技、医疗健康和金融服务等高附加值行业中占据主导地位，显示出在这些领域中的高增长率和高利润率。

此外，中国企业还需要在全球产业链重构中提升竞争力。虽然中国企业在数量和规模上取得了显著进步，但在技术创新、产品研发和品牌形象等方面仍有提升空间。加强与各国企业的合作，提高国际竞争力，是中国企业未来发展的关键。

我国正处于多重叠加的转型期，从劳动密集、低附加值、能源消耗高的产业向创新驱动、高附加值、发挥新质生产力的产业转型升级。展望未来10～20年，得益于市场容量大、供应链完备、知识型员工和劳动型员工的充沛和勤奋，相信中国经济前景应该会整体趋势向好，更重要的是中国拥有一批适应能力强、勇于尝试和创新的企业家。我觉得企业家精神是推动中国经济发展非常关键的资源。

尽管当前中国消费者对自身消费相对谨慎，但从趋势看，居民整体消费结构将不断升级，生存型消费占比将降低，而发展型和体验型消费占比将提升。这些都为中国企业的发展提供了广阔的成长空间和创新升级的练兵之地。但是，受到逆全球化趋势、中国人口红利降低、环境成本上升、发达国家制造业回流等因素的影响，中国经济将进入"增长速度更慢、产业升级更急迫、机遇与挑战更多"的新常态。我们看到许多中国企业正在加大创新力度、拥抱 AI、全面出海、寻找新增长赛道等。中国企业要成为世界级企业，赢得世界消费者的尊敬和佩服，实现从"中国制造"到"中国创造""中国智造"的跨越，需要在经营战略、组织能力和领导能力三方面进行突破和跨越。

经营战略的跨越

1. 从做大到做强

中国企业以往追求做"大"而不是做"强"，强调"量"而不是"质"，热衷于增加市场份额、生产规模、资产总值以及员工人数。但是有研究显示，在很多行业当中，最大的不一定是最赚钱、最受尊重的。例如，中国许多航空公司虽然拥有数量惊人的客户，但它们的管理和盈利能力与美国西南航空公司相比，差距很大；中国有些大学吸收的学生数量远超美国的常春藤盟校，但是在教学质量和声誉上却和后者存在不少差距。中国企业要发展成世界级企业，必须把发展重点从规模扩张转移到增加影响力和美誉度上，应该重点去关注如何提升创新能力、获利能力、服务客户的等级（行业领先的全球大客户还是区域内的小客户）、同台竞争的对手级别（世界级的对手还是国家级的对手）以及业界的认可和荣誉，这些才是企业变得强大和卓越的标志。

2. 从低成本、同质化到高价值、差异化

过去，我国有很多利用模仿，生产同质却更廉价的产品冲击市场的企业。它们以更低的成本切入市场，使整个行业很快变得无利可图。这种竞争模式不管在国内还是国外都难以持续，因为国外对于中国这些价廉物美的产品已经采取不同的进口障碍，以保障自身产业发展和本国人民的就业机会。一位拥有海归背景的CEO曾经跟我说，他绝不会也没兴趣跟中国人抢饭碗。这种主流的"经营生态"，致使中国虽然拥有众多靠低价获得市场的企业，但是缺乏真正具备世界级技术水平的企业（如 OpenAI）、引领潮流的创新型企业（如苹果、英伟达）或品牌全球闻名的企业（如 LV、可口可乐）。中国企业要更上一层楼，单纯依靠低成本策略进行市场竞争是不够的，而是要创造更多差异化、发掘更高的附加价值来赢得市场。要做到这点，中国企业必须往施振荣提出的"微笑曲线"（见图 13-1）的两端发展，一方面要掌握自主核心技术，摆脱受制于人的处境，另一方面，要基于深度理解用户应用场景，强化差异化创新，从而建立高端品牌形象，一改"中国制造"价廉质劣的对外印象。要实现这些目标，企业就要求拥有更出色的人才素质以及更强大的组织管理能力。不少日本和韩国的企业已经完成了这项跨越，中国企业没有理由做不到。美的集团 2012 年看到中国劳动成本和市场需求的变化，提出了"产品领先、效率驱动、全球经营"的战略指引，设计更智能、差异化、软硬件一体化的产品，以机器人和柔性制造提高生产效率和定制化能力，从 OEM 代工到建立自生全球品牌。

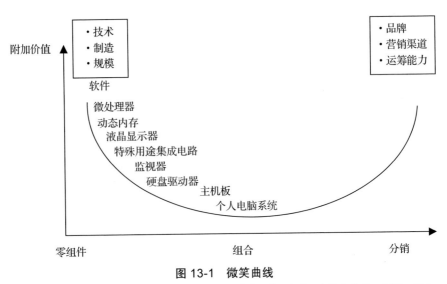

图 13-1   微笑曲线

资料来源：施振荣. 再造宏碁：开创、成长与挑战 [M]. 北京：中信出版社，2005：214.

3. 从中国领先到全球领先

很多中国企业已经能在中国的区域市场（如华东、华南）甚至整个国内市场取得优势，打败国内外竞争对手。但若要成为真正意义上的世界级企业，必须在接下来的 5 ~ 10 年，借助中国完整强大的供应链、充沛勤奋的人才（特别是工程师红利）、数智化创新的应用（如直播、短视频）等资源优势，有节奏地"走出去、走进去、走上去"，进入符合自身行业特点和企业发展战略的市场，凭借自己的实力与世界级的对手同台竞技，从中国领先走向全球领先。经过一段时间的探索和尝试，有一批中国企业已经在全球舞台占有一席之位，包括通信设备领域的华为、动力电池领域的宁德时代、新能源汽车领域的比亚迪、建筑机械领域的三一重工、手游端游领域的腾讯、无人机领域的大疆、医疗诊断领域的迈瑞等。这些企业都能在开放的市场竞争中，实现在其所在领域的全球领先地位。

4. 从机会驱动到战略驱动

企业要做强，要提高内在价值，要能成功走出国门，就必须学会专注。过去很多中国企业觉得什么都可以做，无论是房地产、金融投资或是钢铁，什么行业赚钱，它们就一拥而上，结果是哪一行都做不精。与它们相反，具有全球竞争力的中国企业表现出的是专注。迈瑞专注做医疗设备，中集专注做集装箱和半挂车，华为的主要专注点在通信设备领域，腾讯和阿里巴巴专注于互联网行业，比亚迪是相对多元化的，但是比亚迪的不同产品（汽车和电池）之间有相关性，拥有相似的新品开发和生产流程。汽车和电池在开发过程中都要经历从产品设计、工艺分析、加工、组装到试模的过程，可以发挥比亚迪在模具制造上的优势。企业在战略上能否做到专注取决于管理层做事的态度。只有管理层不浮躁，他们管理的企业才能专注于核心业务，做精做强。即使企业要走多元化道路，也是从战略出发，量力而行，进行相关多元化，而不是受机会导向影响，盲目发展多元化。

在过往的研究中，我很高兴地看到有部分具备了全球竞争力的新一代中国企业正在崛起，它们的产品的全球竞争力变得越来越强，如 AI 领域的 DeepSeek、游戏领域的《黑神话：悟空》、动画电影领域的《哪吒之魔童闹海》。以前国外跨国企业垄断高端市场，中国企业只能在低端市场竞争，但现在中国企业已经可以和世界级的跨国竞争对手在国内外市场同时展开竞赛，跨国企业从高端往下走，中国企业从低端往上攀升，双方的战场已经延伸到中端市场。而且，中国企业的竞争优势不再是低成本、低质量，而是通过积累和提升技术水平，发展差异化的品牌，向"微笑曲线"的两端延伸，为客户提供更高附加价值的产品和服务，为股东创造更高的投资回报。

组织能力的跨越

那么，这些中国企业凭借什么提升了它们的全球竞争力，并在可以预见的未来与世界级的跨国企业同台竞争？中国企业在过去 20 年已经在低成本、速度、敏捷、服务甚至质量方面建立起一定的竞争基础，但要成为世界级企业，我认为中国企业未来 10 年内必须在两个组织能力上有所跨越：技术创新和全球经营管理能力（含海外品牌和渠道建设）。

技术创新能力

中国已有少数企业在技术创新方面做出很好的尝试，也取得了一定的成果。

这说明中国企业绝对有能力在这方面实现突破，关键是企业内最高领导者的意识和意愿。以"技术为王、创新为本"的原则，打造全球竞争力的比亚迪是中国企业学习的榜样。

⊞ 案例分享 ⊞

比亚迪

王传福是搞技术发明出身的企业家，对技术痴迷，因此毫不吝惜地投入大量资源到研发中。谈到技术创新，王传福认为企业不能急功近利，而要注重中长期的发展：

> 搞研发可能要五年，培养人才可能要六七年。尽管时间和资本投入都很大，然而比亚迪做每个产业的时候却都十分注重研究部门的设立。无论做任何产品，哪怕仅是一个很小的产品，例如一把门锁，我们也要看有没有通过研究提升产品性能的可能。要洞察产品中最核心的技术是什么。有的企业做产品就只看到产品本身，比亚迪的目标是要掌握产品背后的东西，因此我们很注重产品技术的沉淀、精密技术的研究。产生不良产品的原因是你没能掌握足够的技术。对技术掌握深了，就可以解析为什么会出现问题，从而避免再次生产出不合格的产品。只有真正地掌握技术，才能真正地掌握产品。我们很善于研究，当你研究出道道以后，就一下子上升到另外一个境界。

凭着对技术研究的不断投入、挑战和突破自我，比亚迪在IT、汽车和新能源三大产业内，无论在制造流程还是在产品开发中，都能依靠自主技术不断进行创新，不必因为缺乏核心技术而走模仿路线。在比亚迪进入锂电池领域时，王传福发现当时所有主导这一产业的日本公司都是采用全封闭、干燥、高清洁度的车间和全自动化生产线进行生产，一条生产线的成本要一两亿元，而且只能生产一种产品。当时的比亚迪根本买不起这样的生产线，采用同样的生产方法也不会让它取得任何竞争优势。于是，王传福就考虑能不能找到既能降低成本又能取得相同效果的方法。在他的带领下，比亚迪人从镍镉电池开放式的生产环境中受到启发：用半封闭的车间、半人工的生产线取代全自动化的生产线；同时在设计产品配方时下功夫，加入吸水的药剂，起到相当于干燥剂的作用，从而实现了和用日本全自动化生产线生产的同样效果。在全自动化生产线中，移位都是固定的。比亚迪的生产线虽然增加了手工操作的成分，但通过固定目标位置的方法，确保了同样的结果。公司还自行设计了能把毛刺压平的压片机，以此工艺来弥补人工的不足。就这样，通过采用让国际大客户难以置信的"土办法"，比亚迪生产出了高性价比的产品：比亚迪一块锂电池的成本只要 1.3 美元，三洋要 4.9 美元；日本一块锂电池售价 10 美元，而比亚迪只卖 3 美元。除了价格优势，比亚迪的产品质量和安全性能也都达到了客户要求。2000 年，国际客户来比亚迪测试样品时不敢相信自己的眼睛，他们不相信比亚迪可以用这样的方式造出符合要求的产品，比亚迪的管理人员花了很大力气才说服他们。此外，自动化生产线一旦出错，通常导致大批的产品出现同样的问题，而半人工的生产方式就可以避免这一风险。这一生产方式的另一大优势是灵活性。客户更换产品或增加订货量时，比亚迪可以灵活地做出调整。日本企业从引进自动化生产设备到完成安装调试需要至少 1 年的时间，比亚迪只要 3 个月就可以了。

　　比亚迪的创新也体现在产品上。2008 年 12 月 15 日，比亚迪生产的全球第一款不依赖专业充电站的双模电动车 F3DM 正式上市，售价 14.98 万元。这款电动车的问世是为了应对汽油价格的上升以及减少汽车尾气对环境造成的污染。电动车结合了比亚迪在多个领域的核心技术（如发动机电控技术、电机技术、电池技术等），是一个名副其实的创新产物。它同时拥有电动车系统和混合动力系统，短途用电长途用油。其核心驱动力是铁电池。这一高科技和低成本相结合的车型降低了油耗和尾气排放，提高了汽车动力和操纵性能，是世界上主流的新能源汽车系统。这款车可以加油，也可通过充电站、充电桩（利用家用 220V 交流电源）进行充电。研发双模车结合了比亚迪在电池领域的核心技术和在模具制造等领域的优势，从发动机到各种零部件，都是比亚迪自己开发，生产设备有 2 000 多项也是比亚迪自行研发制造的。仅这一车型，比亚迪就拥有 600 多项技术专利，竞争对手如果没有掌握跨领域的技术则难以模仿。这款车一次充电可以行驶 400 公里，动力 200 千瓦，最高时速 140～150 公里，行驶 400 公里后，可以通过充电桩充电，10 分钟就可以充好 70% 的电量。2008 年这个环保领先的产品在美国参展时引起了很大的反响。这款车定价约 15 万元，价格略高于类似配置的传统车，但使用时很省钱，每百公里耗电 15 度，只需要不到 9 元钱的电量，如果在晚间充电，成本只有不到 4 元钱。由于比亚迪在汽车行业中取得技术上的突破，2008 年吸引了股神巴菲特入股，引起世人的瞩目。2013 年 12 月，比亚迪采用最新 DM Ⅱ 双模技术的插电式混合动力车"秦"一上市，就取得了国内新能源汽车销量冠军的地位。

比亚迪之所以能不断创新，快速抓住商机，并在一个又一个领域实现突破，我认为主要有赖于以下几个关键因素。

（1）在比亚迪的发展过程中，公司高层一直十分重视核心竞争力的培养，认为只有提高技术含量，才能打造核心竞争力。由于王传福本人和管理团队对于技术领域的浓厚兴趣，比亚迪一直把"技术创新"当作核心竞争力，从不担心缺乏核心技术。他们相信如果遇到问题解决不了，不是因为没有能力，而是因为没有勇气，因此愿意在时间和资源上大量投入，建立多个中央研究院和技术研发中心。因为高管的重视，比亚迪才积累了深厚的技术底蕴。

（2）充分利用中国的人才资源优势，尤其是发挥知识型员工的潜力。正如王传福所说："中国丰富的人力资源和快速增长的市场是天赐之福……只有在中国，比亚迪才能雇得起这么多的工程师进行不同产品和技术的研发。在拥有这么多'廉价'的工程师的情况下，100 个项目中只要有一两个可以成功商业化，我就很高兴了。"比亚迪也善于管理工程师，工人可以用"高薪高压"的方式管理，而工程师却不能。企业要管理好工程师，要通过创造宽松的氛围、提供足够的发展空间、给予充分的尊重、赢得文化的认同来实现。2024 年比亚迪拥有近 100 万名员工，其中工程师超过 11 万名。在 2024 年国内企业发明专利授权量排行榜中，比亚迪位居汽车领域的第一名。

（3）善于探索和发展出一种能发挥中国团队战斗力的管理模式。不同国家有着不同的文化背景，每个企业必须根据当地市场的特点和文化背景，建立独特的、能发挥本地资源优势的管理模式。比亚迪通过培养人才、为他们提供发展空间、创造尊重平等的工作氛围、推行股权激励，以及提供子女教育服务和住房等做法，把工程师的群体价值发挥到极致。

除了比亚迪，华为、迈瑞、腾讯这些技术导向型企业已经在技术创新这项组织能力上取得一定的成就，也为中国其他企业树立了成功典范。我衷心期盼，在不久的未来，更多中国企业也能通过朝这方面努力，提高其核心竞争力和产品及服务的附加价值。

全球经营管理能力

中国企业要成为世界级企业，不仅要能在国内与一流跨国企业竞争，也要能走出国门，在海外市场与这些企业一比高下，开拓更大的市场商机。例如，迈瑞虽然已经在中国市场站稳脚跟，但是中国市场毕竟只占全球市场的 5%，走出去是唯一能实现可持续发展的选择。此外，全球化也是为了获得更好的资源。除了充分利用好本土的优势资源，中国企业也需要通过在海外获取关键资源（如前沿技术、高端人才、能源矿产），强化全球的竞争力。

中国企业目前在全球化经营管理方面还是比较薄弱。尽管诸如华为、宁德时代、万向、三一重工、联想等这些企业在其行业的全球市场中已占据一席之地，但这些 B2B 企业的主要服务对象是少数的企业客户和运营商，对全球经营管理能力的要求相对较低。如果中国企业需要在国际市场上推广 B2C 的自有品牌产品，建立起销售渠道，面对几百万甚至几千万的用户，其挑战将会大得多。目前在国际化方面取得成功的一些中国企业为此都付出了不小的代价，例如 TCL 在 2004 年希望借着并购汤姆逊彩电业务的契机，建立海外品牌和渠道，结果却在其后三年多的时间里，陷入财务困境，直到 2008 年才止跌回稳。李东生经过反思后发现，造成这个结果的主要原因是高管团队缺乏国际管理经验和能力，企业内部缺乏系统性的组织能力。与其类似的是，联想为了能快速打进欧美主流市场，在 2005 年并购了 IBM 个人电脑业务。整合头几年虽然还算顺利，但在 2008 年金融海啸的冲击下，企业也落得亏损的结局。柳传志迫于无奈，只得重披战袍，确定联想新的战略方向和企业文化。以上事例说明，中国企业离真正地建立起全球经营管理能力仍然有一段差距。在国际化人才（特别是全球品牌管理和海外渠道管理人才）严重缺乏的大背景下，中国企业必须坚持长期投入，才能建立起组织和人才的全球化能力。

在未来 10 年，中国企业要在全球经营管理方面更上一层楼，我有以下三个建议。

1. 打输得起的仗

全球化的经营管理能力是没法依靠书本或课堂教学完全掌握的，必须在实践锻炼中不断地总结经验，吸取教训，日积月累，逐步获得。因此，企业要建立全球化能力没有捷径，必须为人才提供实战的舞台，不断进行尝试。由于全球化尝试早期失败的概率很高，企业必须量力而为，从小做起，从易开始，打企业输得起的仗。假如企业采取内部成长的全球化策略，可以通过"农村包围城市"的方法，从邻近的发展中国家开始做起，取得成功了以后再进入竞争更为激烈的发达国家。假如采取跨国兼并的全球化战略，可以先尝试"以大吃小"，兼并规模较小的企业，从中学习跨国兼并的方法和技巧。当然，企业永远要考量速度和风险的问题，但我认为处于早期全球化过程中的企业应更多地考虑风险，小步快跑。

2. 先在国内练兵

全球化不一定要走出国门。事实上，中国已经是一个高度全球化的竞技市场，乃欧美跨国企业的必争之地。所以，中国企业可以先在国内了解和分析跨国竞争对手的优劣点，并借着外部资源（如合作伙伴、管理顾问的协助），先练好内功，完善内部的管理系统和流程，如此这般，将来一旦走出去，就更容易与国际管理模式接轨。事实上，比亚迪就是通过学习诺基亚、摩托罗拉等国际一流客户的管理体系来提升自己的组织管理能力的。华为是借助IBM、Hay等咨询顾问公司的帮助，改善了产品开发流程，提升了全球领导力。中国企业只有先在国内做好充分准备，走出国门时，无论是与当地竞争对手比拼，还是兼并当地企业、管理和培养当地人才，取得成功的机会才会更大。

3. 全球化不等于"欧美化"

虽然在全球市场运营方面，很多领先的欧美国家已通过制定相关的国际准则（如财会准则、公司治理制度）和游戏规则，取得了先机，中国企业作为后进者，必须遵从，但这并不意味着中国企业在建立全球经营管理模式时，就只能模仿欧美那套。在向优秀跨国企业学习的同时，如果没有独创的、基于中国独特资源和文化特色的中国式管理模式，中国企业也难超越现在的跨国竞争对手，升级为世界级企业。所以，中国企业不需要只顾崇洋媚外，完全照搬国外企业的做法（学得再好也难以超越对手），而要在管理中融入独特的中国元素。20世纪七八十年代，日本结合自身的文化和国情，以质量管理和精益管理的日本式管理模式崛起于世界舞台。几千年来，中国的文化和经营模式以企业家精神和快速灵活著称，在全球各地都看得到华人创业的动力和企业家精神，部分中国企业家信奉"宁为鸡首，不为凤尾"的理念。所以，我认为中国企业也必须结合中国特有的文化和经营环境，提炼有效的管理方法。另外，中国人讲人情，善于建立和利用关系。中国式关系背后，不仅包括利益，更为突出的是互相的信任。这种人情和关系对外可以帮助企业得到政府、供应商的支持，对内有助于吸引和留住人才。如何在学习欧美企业的系统化管理的同时，结合中国自身的特长和优点，发展出具有中国特色的经营管理模式，将是中国企业更上一层楼必须思考的问题。

领导能力的跨越

中国企业能否超越自我成为世界级企业，最终考验的是领导团队（特别是最高领导者）的能力、心态和素质。假如领导团队的能力始终囿于过去的经验、思路和做法，要实现以上所提到的经营战略和组织能力的跨越，希望渺茫。

通常来说，高管团队（特别是最高领导者）最需要跨越的是以下三个方面的局限。

1. 全球的战略创新

面对当今全球全球化和逆全球化趋势并存的环境以及中国经济在全球崛起的局面，新一代的企业高管必须改变过去"以中国看世界"的思考角度，培养"从全球看中国"的战略眼光。高效对接国内外资源与国内外市场机遇，依靠的是高管的全球视野和战略思维。这里我看到三大类的战略打法：

- **海外资源、中国市场**：过去 20～30 年，中国市场发展迅速，有一定规模的中国企业会通过兼并欧美企业，获得前沿技术或者高端品牌，从而提高它们在国内市场的竞争力和品牌溢价，联想兼并 IBM 个人电脑、TCL 兼并汤姆逊的电视业务都是基于这个逻辑。
- **中国资源、海外市场**：随着中国市场从增量市场竞争转为存量市场竞争，同质化竞争和杀价压力加大，这几年不少中国企业积极出海，充分利用中国资源优势（如：完整高效的供应链、充沛勤奋的劳动力、数智科技的熟练应用），不但实现了业务走出去（如：产品通过跨境电商、抖音电商或者经销商渠道卖到海外市场），更实现了走进去（把各个经营环节进一步因地制宜地本地化，包括产品设计、研发、生产、服务、人才等）、走上去（成为当地领先的知名品牌）。

- **全球市场、中国资源**：最后，有一些华人企业家一开始就在美国或者新加坡等地创业，企业生而全球（born global），中国只是他们服务的市场之一，这些企业基于对中国环境的熟悉，充分利用中国的工程师红利，在北京、上海、深圳等地设立研发基地或者供应链中心。

当然，在看得见的未来，估计有一批中国企业家会用好全球资源、开拓全球市场，打造多总部的企业。

2. 从强人领导到体系保障

大部分成功的中国企业早期都是依靠一位有魅力、高瞻远瞩的企业家建立起来的，如海尔的张瑞敏、联想的柳传志、华为的任正非等。但是随着第一代创始人的逐渐退隐，企业在未来要实现持续成长和成功，必须依靠制度和体系来保障。在两岸华人企业中，出现了不少企业创始人退休后，又重出"江湖"的现象，如联想集团的柳传志、富士康的郭台铭、台积电的张忠谋等，这些现象都令人担心中国企业的成功总是离不开一位"强人"。反观像宝洁、可口可乐这类百年老店，却能够持续发掘和培养出很多优秀 CEO 和高管，确保企业持续成功。所以，中国企业必须在人才培养和接班人规划上下更大的功夫，源源不绝地造血，才能避免出现"某个领导在，企业在；领导不在，企业亡"的潜在危机。

3. 光明正大地赚钱

企业持续成功的另外一个关键就是行稳致远，光明正大地赚钱。过去部分中国企业，为了生存或追求短期利润，对外不择手段，违规行贿，偷工减料，对内过度追求业绩和利润的最大化，往往令企业文化出现偏差，让公司和个人陷入不必要的风险。事实上，美国 2008 年的金融危机和中国国内的三聚氰胺等事件都是人为造成的，是过度贪婪的结果，这与公司从上而下的价值观和做事方法相关。在改革开放初期，法规和管理制度尚不完善，很多人在创业早期可能不知不觉地在灰色地带成长和发展。但随着中国经济的发展和市场规律的完善，中国企业家不应也不再需要依靠行贿之类的违规手段来经营。原因有三：第一，随着中国体制的完善和政府打击腐败的决心，不阳光的做事方法会给个人和公司带来越来越大的风险；第二，随着市场竞争越来越激烈和透明，客户选择供应商的标准也越来越依靠产品或服务本身的价值来决定，依靠行贿受贿才能生存的企业，由于资源获取过于容易，受到的保护多，往往没有意识到提升核心竞争力或打造客户价值才是企业生存发展的根本，忽视了内功的锻造，迟早会被时代所淘汰；第三，所谓上梁不正下梁歪，假如公司高管对外不择手段获利，对内以权谋私，公司的内部管理必定混乱，难以留住人才，造成员工士气低落。所以，中国企业要成为世界级的企业，诚信、正直、阳光型的企业文化非常重要。

给 CEO 的忠告

改革开放后的中国企业只有 40 年的发展经验，和世界级的企业相比，存在差距是正常的。但是，中国人勤奋、聪明、善于学习，假以时日，中国企业一定会跻身于世界一流的全球企业行列。然而，这并非一朝一夕之功就可以达到，要缩短这种差距，CEO 首先要起带头作用。中国企业常常是能人企业，企业成功的关键在于少数几位能人，其中最关键的莫过于 CEO。如果他高瞻远瞩，公司就能发现商机；如果他善于运筹帷幄，调动各种社会资源，公司就能拿到订单；如果他心胸开阔、善于学习，公司就能很快吸收外界先进的管理理念和做法；如果他重视人才培养、亲自授课，其他高管也会效仿，形成良好的带教文化。但是，当一个公司的成功过多依赖于一个或少数几个能人的时候，风险是极大的。

要做一个基业长青的企业，关键不在于有一个能干的 CEO，而在于能建立体系，不断培养有能力又符合公司价值观的人才，打造统一的公司核心价值观，建立可以在全球复制的管理体系，这样企业才能建立扎实的组织能力去参与竞争。很多世界级的跨国企业，例如，微软、宝洁、3M，虽然它们在历史上也有过个人魅力十足的明星 CEO，但是这些公司的发展靠的并不是一个 CEO。万一 CEO 出现任何问题，公司也会照样正常运作而不会受太大影响。从这个意义上讲，有些中国企业一旦出现类似当年苹果公司掌舵人乔布斯的健康问题，就会导致股价大幅波动，这对企业来讲是很危险的。中国企业要成为世界级的中国企业，进而再成为世界级的世界企业，就一定要跳出能人企业的框架，建立体系，这样在 CEO 离开的时候，公司还可以继续做大做强，达到基业长青境界。而要实现这一切，必须从现任 CEO 做起，培养自己的接班人，在借鉴西方企业先进管理体系的同时，发挥中国式管理模式的优势，充分发扬中国企业自古就具有的创业精神、快速和灵活的特点，提升企业的全球竞争力。

目前，中国经济处于经济增长速度换挡期、结构调整阵痛期、前期刺激政策消化期"三期叠加"阶段，对中国企业既是挑战，也是机遇。我期待一批优秀的中国企业能抓住这一历史机遇，从机会驱动向战略驱动转型，做强做大，成为世界级的中国企业，并进而成为世界级的世界企业。我更期望随着中国企业在世界舞台上的崛起，中国也能为世界贡献中国式的管理智慧！

参考资料

［1］ 施振荣. 再造宏碁：开创、成长与挑战［M］. 北京：中信出版社，2005：214.

［2］ 全球首款双模电动车比亚迪 F3DM 售价 14.98 万（https://m.pcauto.com.cn/x/75/757584.html）。